우리말 사서四書

금장태 옮김

우리말 사서四書

논어·대학·중용·맹자

머리말

우리 문화를 키워 왔던 뿌리의 가장 큰 가닥을 이루고 있는 유교사상을 이해하려고 하면, 무엇보다 유교경전을 이해하지 않을 수 없고, 유교경전을 이해하려면, 가장 좋은 길잡이는 『사서』(四書: 논어·대학·중용·맹자)일 것이다. 『사서』는 공자에서 맹자에 이르는 옛 성현聖賢이 유교정신을 밝혀주는 생생한 목소리가 살아 숨쉬고 있으며, 우리 문화의 정신적 원류로서 소중한 의미를 지니고 있다.

유교경전의 성립과정을 돌아보면 먼저 춘추시대에 공자가 '육경'(六經: 詩·書·禮·樂·易·春秋)을 편찬하면서 시작하지만, 한漢나라 때 경전이 재정리되면서 '오경'(五經: 詩·書·易·禮·春秋)이 중심이 되었다. 그후 송宋나라 때 주자朱子에 의해 '사서'가 확립되면서, '오경'중심에서 '사서'중심으로 경학經學의 역사에 획기적 전환이 일어났다. 그래서 옛 사람들은 '오경'에 앞서 '사서'를 읽도록 강조해 왔던 것이다.

『사서』의 성립순서는 공자의 말씀을 중심으로 『논어』가 가장 먼저 이루어졌고, 그 후학인 증자曾子와 자사子思에 의해 「대학」편과 「중용」편이 이루어졌으며, 다시 그 후학인 맹자에 와서 『맹자』가 저술되었던 것이다. 옛 유학자들은 공자 → 증자 → 자사 → 맹자로 내려오면서 『사서』가 편찬되는 계보를 유교의 도통道統으로 중시해 왔다. 이에 비해 『사서』의 독서순서는 성립순서와 달리, 「대학」 → 『논어』 → 『맹자』 → 「중용」의 순서를 강조해 왔다. 주자는 "먼저 「대학」을 읽어 그 규모를 정립하고, 그 다음 『논어』

를 읽어 그 근본을 세우며, 다음에『맹자』를 읽어 그 펼쳐짐을 살피고, 다음에「중용」을 읽어 옛사람의 미묘한 경지를 찾아가야 한다."〈『朱子語類』〉고 하였다.『사서』의 독서순서도 소중하지만, 성립순서는 사상의 성장과정을 보여주는 중대한 의미가 있다.

그동안『사서』가 한글로 번역된 경우는 수없이 많고,『논어』의 경우 한글번역도 130종이 넘는다고 한다. 그럼에도 불구하고 역량이 크게 부족한 역자가『사서』의 번역을 새로 시도하였던 것은 오랫동안 마음 속에 두 가지 과제를 간직해 왔기 때문이다. 하나는 원문의 뜻을 다치지 않는 범위에서 우리말로 쉽게 읽을 수 있는 번역을 해보고 싶었던 것이다. 그래서 표제를『우리말 사서』라 붙였다. 또 하나는『사서』의 편·장·절이 간결하게 표기되어 누구나 쉽게 인용할 수 있는 번역본이 필요하다는 것이다. 한문의 원문이 없이 우리말로 읽고 생각하며 생활 속에 인용할 수 있기를 바란 것이다.

우리말로 번역과정에서 주자의 주석에만 의존하는 데서 벗어나 정약용의 주석을 비롯한 여러 주석들을 가능한 널리 참고하려고 노력하였다. 그러나 아직 깊은 이해가 부족하고 정교하게 다듬는 작업에도 미숙한 점이 많음을 절실하게 자각하고 있다. 앞으로 많은 지적을 받아 계속하여 수정하고 보완하는 작업에 힘쓰고자 한다.

2013년 8월 29일 금 장 태

목차

머리말 /4
일러두기 /8

『논어』　1편 (학이學而) /11　　2편 (위정爲政) /15
　　　　3편 (팔일八佾) /19　　4편 (이인里仁) /24
　　　　5편 (공야장公冶長)/28　6편 (옹야雍也) /34
　　　　7편 (술이述而) /40　　8편 (태백泰伯) /46
　　　　9편 (자한子罕) /50　　10편 (향당鄕黨) /55
　　　　11편 (선진先進) /60　　12편 (안연顔淵) /67
　　　　13편 (자로子路) /74　　14편 (헌문憲問) /82
　　　　15편 (위령공衛靈公) /91　16편 (계씨季氏) /97
　　　　17편 (양화陽貨) /102　　18편 (미자微子) /109
　　　　19편 (자장子張) /113　　20편 (요왈堯曰) /118

『대학』 /121

『중용』 /133

『맹자』　1편 (양혜왕상梁惠王上) /157
2편 (양혜왕하梁惠王下) /170
3편 (공손추상公孫丑上) /186
4편 (공손추하公孫丑下) /200
5편 (등문공상滕文公上) /213
6편 (등문공하滕文公下) /227
7편 (이루상離婁上) /241
8편 (이루하離婁下) /254
9편 (만장상萬章上) /266
10편 (만장하萬章下) /280
11편 (고자상告子上) /293
12편 (고자하告子下) /306
13편 (진심상盡心上) /320
14편 (진심하盡心下) /333

사서 인명목록 /346

● 일러두기

1. 『사서』의 배열은 경전의 성립순서에 따라 『논어』→『대학』→『중용』→『맹자』의 순서로 하였다.
2. 편·장·절의 구분은 『논어』·『맹자』의 경우 북경 중화서국본(전자판 『13경』)을 따랐고, 『대학』·『중용』의 경우 주자의 『대학장구』와 『중용장구』를 따랐다.
3. 편·장·절의 표기는 예를 들어 '12편 15장 27절'의 경우 '12-15:27'로 하였다. 『논어』는 편과 장만 있고, 절이 없으며, 『대학』과 『중용』은 편이 따로 없고 장과 절만 있다. 『맹자』의 경우에는 편·장·절이 있고, 절 아래의 소절은 본문에 윗첨자의 숫자로 표기하였다.
4. 본문에 한자의 병기는 혼동이 되는 경우(진秦·진晉…등)나 특수한 용어의 경우(정전井田·충서忠恕·호연지기浩然之氣…등)로 최소화하였다.
5. 인명과 지명은 밑줄을 그어 구별했고, 인명목록은 책 뒤에 붙였다.

논어
論語

우리말 사서

『논어』
1편 (학이學而)

1-1　<u>공자</u>께서 말씀하셨다. "배우고 때에 맞게 익히면 기쁘지 아니하랴. 벗이 멀리서 찾아오면 즐겁지 아니하랴. 남이 알아주지 않더라도 노여워하지 않으면 군자가 아니랴."

1-2　<u>유자</u>가 말했다. "그 사람됨이 효성스럽고 우애 있으면서 윗사람을 범하기 좋아하는 자는 드물다. 윗사람을 범하기 좋아하지 않으면서 난리를 일으키기 좋아하는 사람은 없다. 군자는 근본에 힘써야 하니, 근본이 세워지면 거기서 도리가 나온다. 효도하고 우애함은 어진 덕을 행하는 근본이다."

1-3　<u>공자</u>께서 말씀하셨다. "말을 교묘하게 하며 얼굴 빛을 꾸미는 자에는 어진 사람이 드물구나."

1-4　<u>증자</u>가 말했다. "나는 날마다 세 가지로 나 자신을 반성한다. 남을 위해 일을 도모하면서 충직하지 않았던가? 벗들과 사귀면서 믿음직하지 않았던가? 배운 것을 익히지 않았던가?"

1- 5 공자께서 말씀하셨다. "전차 천대를 가진 제후의 나라를 이끌어가는 데도 일을 신중하게 하여 백성의 믿음을 얻어야 하고, 지출을 절도 있게 하여 백성을 아껴야 하며, 때에 맞게 백성을 부려야 한다."

1- 6 공자께서 말씀하셨다. "자제들은 집에 들어 와서는 효도하고, 밖에 나가서는 공경하며, 행동은 근실하게 하고, 말은 믿음 있게 하며, 널리 대중을 사랑하면서도 어진 사람과 친해야 한다. 이렇게 실행하고서 남는 힘이 있으면 글을 배워야 한다."

1- 7 자하가 말했다. "현명한 사람 존중하는 마음으로 아름다운 여인 좋아하는 마음을 바꿔놓을 수 있고, 힘을 다해 부모를 섬길 수 있으며, 몸을 바쳐 임금을 섬길 수 있고, 벗들과 사귀면서 그 말에 믿음이 있다면, 비록 글을 배우지 않았다고 말하더라도 나는 반드시 배웠다고 하겠다."

1- 8 공자께서 말씀하셨다. "군자는 신중하지 않으면 위엄이 없고, 배워도 확고하지 못하다. 충직함과 미더움을 주장으로 삼아야 하고, 자기만 못한 자를 벗 삼지 않아야 하며, 허물이 있으면 꺼리지 말고 고쳐야 한다."

1- 9 증자가 말했다. "부모가 돌아가실 때에는 상례를 신중하게 하고, 부모가 세상을 떠나신 뒤에는 제사를 드려 추모하면 백성의 덕이 두터워질 것이다."

1-10 자금이 자공에게 물었다. "스승님께서는 어느 나라에 이르거나 반드시 그 나라의 정치에 관해 들으시는데, 듣기를 요구하신 것인가? 그렇지 않으면 그들 스스로 들려준 것인가?"

자공이 대답하였다. "스승님께서는 온화하고 선량하시며 공손하고 검소하시니, 사양하셔도 얻어 듣게 되는 것이다. 스승님께서 요구하시는 것은 남들이 요구하는 것과 다른 것이 아니겠는가?"

1-11 공자께서 말씀하셨다. "아버지가 살아계실 때는 그 뜻을 본받고, 아버지가 돌아가시면 그 행적을 본받아, 삼 년 동안 아버지의 법도를 바꾸지 않는다면 효도라 할 수 있다."

1-12 유자가 말했다. "예법의 시행은 조화로움을 귀하게 여긴다. 옛 임금의 도리는 이 점이 아름다워 크고 작은 일이 조화로움에서 말미암는다. 조화로움이 시행되지 않는 것이 있으니, 조화로움을 알고서 조화롭게 하더라도 예법으로 절제하지 않는다면, 역시 시행될 수가 없다."

1-13 유자가 말했다. "믿음이 의로움에 가까우면 그 말이 실행될 수 있고, 공손함이 예법에 가까우면 치욕을 멀리할 수 있으니, 그래서 부모형제의 마음을 잃지 않는다면 역시 높일 만하다."

1-14 공자께서 말씀하셨다. "군자는 먹을 때 배부르기를 바라지 않고, 거처할 때 편안하기를 바라지 않으며, 일하는 데는 민첩하고 말하는 데는 신중하며, 도리를 아는 사람에게 나아가 자신의 말과 행실을 바로잡는다면, 배우기를 좋아한다고 할 수 있다."

1-15 자공이 여쭈었다. "가난하면서도 아첨하지 않고, 부유하면서도 교만하지 않는다면 어떠합니까?"

공자께서 대답하셨다. "괜찮구나. 그렇지만 가난하면서도 즐거워하고, 부유하면서도 예법을 좋아하는 것보다는 못하다."

자공이 다시 여쭈었다. "『시경』(「위풍: 기욱」)에 이르기를, '끊고 나서 다듬듯이 하고, 쪼고 나서 갈 듯이 한다.'라 하였는데, 이것을 말하는 것입니까?"

공자께서 말씀하셨다. "사(자공)야, 비로소 더불어 시를 말할 수 있게 되었구나. 지나간 것을 알려주었는데 다가올 것을 아는구나."

1-16 <u>공자</u>께서 말씀하셨다. "남이 자기를 알아주지 않음을 근심하지 않고, 내가 남을 알아주지 못함을 근심한다."

『논어』
2편 (위정 爲政)

2- 1 　공자께서 말씀하셨다. "도덕으로 정치를 하는 것은 비유하면 북극성이 제 자리를 잡으니 모든 별들이 따라 도는 것과 같다."

2- 2 　공자께서 말씀하셨다. "『시경』의 3백편은 한 마디로 덮어서 말하면, 생각에 사특함이 없는 것이다."

2- 3 　공자께서 말씀하셨다. "정치로 이끌어가고 형벌로 다스리면 백성들은 빠져나가려고만 하고 부끄러워할 줄 모른다. 그러나 도덕으로 이끌어가고 예법으로 다스리면 백성들은 부끄러워할 줄 알고 또 감화된다."

2- 4 　공자께서 말씀하셨다. "나는 열다섯에 배움에 뜻을 두었고, 서른에 자신을 확립하였고, 마흔에 미혹되지 않았고, 쉰에는 천명을 알았고, 예순에는 남의 말이 귀에 거슬리지 않았고, 일흔에는 마음이 하고자 하는 대로 따라가도 법도를 넘지 않았다."

2- 5 　맹의자가 효도에 대해 물었다.

공자께서 대답하셨다. "어김이 없는 것이다."

번지가 수레를 모는데, 공자께서 말씀하셨다. "맹손(맹의자)이 나에게 효도에 대해 묻기에, 내가 '어김이 없는 것'이라 대답해주었네."

번지가 여쭈었다. "무슨 말씀이십니까?"

공자께서는 대답하셨다. "부모가 살아계실 때는 예법에 따라 섬기며, 돌아가시면 예법에 따라 장사 지내고, 그리고 나서는 예법에 따라 제사 드려야 하는 것일세."

2- 6 맹무백이 효도에 대해 물었다.

공자께서 대답하셨다. "부모는 오직 자식이 병이 날까 근심합니다."

2- 7 자유가 효도에 대해 여쭈었다.

공자께서 대답하셨다. "오늘날 효도라는 것은 봉양할 수 있음을 말하네. 개나 말도 모두 인간을 봉양함이 있으니, 공경하지 않는다면 어떻게 구별하겠는가?"

2- 8 자하가 효도에 대해 여쭈었다.

공자께서 대답하셨다. "안색을 온화하게 하기가 어려운 법이다. 일이 있으면 자제들이 그 수고로움을 맡아 하거나, 술과 음식이 있으면 어른이 드시게 한다고 해서 효도라 하겠느냐?"

2- 9 공자께서 말씀하셨다. "나는 회(안연)와 더불어 이야기를 할 때, 회는 종일토록 듣기만 하니 어리석은 듯이 보이는데, 물러난 뒤 개인적인 언행을 살펴보면 역시 들은 말의 뜻을 넉넉히 펼쳐내니, 회는 어리석지 않구나."

2-10 공자께서 말씀하셨다. "그가 무엇 때문에 하는지를 보고, 어떤 도리를 따라가는지를 살피며, 어디에 이르러 그치는지를 자세히 살펴보면, 사람됨을 어찌 숨길 수 있으랴, 사람됨을 어찌

숨길 수 있으랴."

2-11 공자께서 말씀하셨다. "옛 지식을 배워 익혀서 새로운 것을 알아내면 스승 노릇을 할 수 있다."

2-12 공자께서 말씀하셨다. "군자는 쓰임이 정해진 그릇이 아니다."

2-13 자공이 군자에 대해 여쭈었다.
　　　공자께서 대답하셨다. "말하기에 앞서 실행하고, 그 다음에 말이 따라가야 한다."

2-14 공자께서 말씀하셨다. "군자는 두루 친밀하지만 무리지어 친하지 않으며, 소인은 무리지어 친하지만 두루 친밀하지는 못하다."

2-15 공자께서 말씀하셨다. "배우기만 하고 생각하지 않으면 속임을 당하게 되고, 생각하기만 하고 배우지 않으면 위태롭다."

2-16 공자께서 말씀하셨다. "이단을 오로지 공부하면 해로울 따름이다."

2-17 공자께서 말씀하셨다. "유(자로)야, 너에게 안다는 것에 대해 가르쳐주겠노라. 아는 것을 안다 하고 모르는 것을 모른다 하면, 이것이 아는 것이다."

2-18 자장이 녹봉 받는 법을 배우고자 하였다.
　　　공자께서 말씀하셨다. "많이 듣되 의심스러운 것은 비워놓고 그 나머지를 신중하게 말한다면 허물이 적을 것이요, 많이 보되 위태로운 것을 비워놓고 그 나머지를 신중하게 행한다면 후회가 적을 것이다. 말함에 허물이 적고 행함에 후회가 적으면 녹봉은 그 가운데 있을 것이다."

2-19 애공이 물었다. "어떻게 하면 백성이 복종하겠습니까?"
　　　공자께서는 대답하셨다. "정직한 사람을 들어 올려 부정직한 사람 위에 두면 백성이 복종할 것이요, 부정직한 사람을 들어 올려 정직한 사람 위에 두면 백성이 복종하지 않을 것입니다."

2-20 계강자가 물었다. "백성들을 공경하고 충성스럽도록 권유하려면 어떻게 합니까?"

공자께서 대답하셨다. "장중함으로써 백성을 대하면 공경할 것이요, 효성스럽고 자애롭게 하면 충성스러울 것이며, 착한 사람을 들어 올려서 잘하지 못하는 사람을 가르친다면 권유될 것입니다."

2-21 어떤 사람이 공자께 말했다. "선생께서는 어찌하여 정치를 하지 않으십니까?"

공자께서 대답하셨다. "『서경』(「군진」)에 이르기를 '효도로다. 오직 효도하고, 형제간에 우애하여 정치에 베풀 수 있다'라 하였으니, 이것도 역시 정치를 하는 것이다. 어찌 권력을 잡아야 정치하는 것이겠는가?"

2-22 공자께서 말씀하셨다. "사람으로서 신의가 없으면 무엇을 할 수 있을지 모르겠다. 큰 수레에 끌채 끝 가로대가 없고 작은 수레에 끌채 끝 멍에가 없다면 그 수레가 어떻게 갈 수 있겠는가?"

2-23 자장이 여쭈었다. "10왕조 뒤를 알 수 있습니까?"

공자께서 대답하셨다. "은나라는 하나라의 예법을 따랐으나 줄이기도 하고 더하기도 하였음을 알 수 있고, 주나라는 은나라의 예법을 따랐으나 줄이기도 하고 더하기도 하였음을 알 수 있다. 혹시 주나라를 이은 나라가 있다면, 비록 100왕조 뒤라도 알 수 있다."

2-24 공자께서 말씀하셨다. "제사를 드려야 할 귀신이 아닌데 제사를 드린다면 아첨하는 것이요, 의로움을 보고서도 행하지 않는다면 용기가 없는 것이다."

『논어』
3편 (팔일 八佾)

3-1 공자께서 계씨에 대해 말씀하셨다. "뜰에서 천자의 의례인 팔일무(여덟줄 춤)를 추게 하니, 이런 일을 차마 한다면 무슨 일을 차마 못하겠느냐?"

3-2 노나라 중손·숙손·계손 세 대부의 집안에서 제사상을 물리는데, 『시경』(주송)의 「옹」편을 노래했다.

공자께서 말씀하셨다. "'제후들이 제사를 도우니, 천자는 경건하고 온화하시도다.'라는 「옹」편의 뜻을 세 대부 집안의 사당에서 어찌 취할 수 있겠는가?"

3-3 공자께서 말씀하셨다. "사람으로 어질지 못하다면 예법은 어디에 쓰겠는가? 사람으로 어질지 못하다면 음악은 어디에 쓰겠는가?"

3-4 임방이 예법의 본래 의도를 여쭈었다.

공자께서 대답하셨다. "크도다. 그 질문이여! 예법이란 사치

하기보다는 검소함이 낫고, 상례는 절도에 따라 익숙하게 하기
보다는 슬퍼함이 낫다."

3- 5 　공자께서 말씀하셨다. "오랑캐에 임금이 있는 것은 중국에
임금이 없는 것만 못하다."

3- 6 　계씨가 태산에 고유제를 드렸다.
　　공자께서 염유에게 물으셨다. "자네가 말릴 수 없었던가?"
　　염유가 대답했다. "말릴 수 없었습니다."
　　공자께서 말씀하셨다. "아아! 그래 태산이 임방만도 못하다
고 말할 수 있겠는가?"

3- 7 　공자께서 말씀하셨다. "군자는 다투는 일이 없다. 반드시 활
쏘기 하듯이 할 것이로다! 읍하여 사양하고서 당에 오르고, 지
면 술을 마시니, 그것이 군자다운 다툼이다."

3- 8 　자하가 여쭈었다. "'방긋 웃는 모습, 어여쁘도다. 아름다운 눈
매, 하얀 눈자위에, 까만 눈동자 반짝이도다. 흰 바탕 위에 곱게
색칠하도다.'(『시경』, 위풍: 석인)라 하니, 무슨 말입니까?"
　　공자께서 대답하셨다. "그림 그리는 일은 바탕을 희게 한 뒤
에 해야 한다."
　　자하가 여쭈었다. "예절도 바탕을 갖춘 뒤에 하는 것입니까?"
　　공자께서 말씀하셨다. "나를 일깨워주는 사람은 상(자하)이
로다. 비로소 더불어 시를 말할 수 있겠구나."

3- 9 　공자께서 말씀하셨다. "하나라 예법을 내가 말할 수 있지만
이어간 기나라는 증거삼기에 부족하고, 은나라 예법을 내가
말할 수 있지만 이어간 송나라는 증거삼기에 부족하다. 문헌
이 부족하기 때문이다. 문헌만 넉넉하다면 내가 증거할 수 있
을 것이다."

3-10 　공자께서 말씀하셨다. "'체'제사(종묘의 사시제사)에서 술을 땅

에 뿌려 강신의례를 하고난 다음부터는 내가 보고 싶지 않구나."

3-11 어떤 사람이 '체'제사의 뜻을 물었다.

공자께서 대답하셨다. "모르겠소. 그 뜻을 아는 사람은 천하에 나가서도, 여기에 보여주는 것과 같을 것이오." 그러면서 자신의 손바닥을 가리키셨다.

3-12 공자께서는 조상신께 제사드릴 때 조상이 그 자리에 계시는 듯이 하셨고, 다른 신에게 제사드릴 때에도 그 신이 그 자리에 계시는 듯이 하셨다.

공자께서 말씀하셨다. "내가 제사를 돕지 않으면 제사를 드리지 않은 것과 같다."

3-13 왕손가가 물었다. "'아랫목에 잘 보이기보다는 부뚜막에 잘 보이는 것이 낫다.'는 것은 무슨 말입니까?"

공자께서 대답하셨다. "그렇지 않습니다. 하늘에 죄를 얻으면 빌 곳이 없습니다."

3-14 공자께서 말씀하셨다. "주나라는 하와 은의 두 시대를 거울 삼았으니, 문채가 찬란하도다! 나는 주나라를 따르겠노라."

3-15 공자께서 태묘에 들어가셔서는 일마다 물으셨다.

어떤 사람이 말했다. "누가 추 땅 사람의 아들이 예법을 안다고 말했느냐? 태묘에 들어가서는 일마다 묻고 있구나."

공자께서 전해 들으시고 말씀하셨다. "그렇게 하는 것이 예법이다."

3-16 공자께서 말씀하셨다. "활쏘기 의례에서는 과녁 맞추는 것을 위주로 하지 않는 것은 역량이 같지 않기 때문인데, 그것은 옛날의 법도이다."

3-17 자공이 매달 초하루를 고하는 의례에서 희생으로 바치는 양을 없애려 하였다.

공자께서 말씀하셨다. "사(자공)야, 너는 그 양을 아끼느냐. 나는 그 예법을 아낀다."

3-18 공자께서 말씀하셨다. "임금을 섬김에 예절을 다하는데, 남들은 아첨한다고 여기는구나."

3-19 정공이 물었다. "임금이 신하를 부리고, 신하가 임금을 섬김은 어떻게 해야 합니까?"

공자께서 대답하셨다. "임금은 예법으로 신하를 부리고, 신하는 충성으로 임금을 섬겨야 합니다."

3-20 공자께서 말씀하셨다. "「관저」편의 시는 즐거워하면서도 방탕한 데 빠지지 않고, 슬퍼하면서도 애상에 젖지 않는구나."

3-21 애공이 재아에게 '사'(토지신)에 대해 물었다.

재아가 대답했다. "하나라 시절에는 사직에 소나무를 심었고, 은나라 사람은 잣나무를 심었습니다. 주나라 사람이 사직에 밤나무를 심었는데, 그것은 백성을 두려워 떨게 하려는 것이라 말합니다."

공자께서 전해 듣고 말씀하셨다. "이미 이루어진 일은 말할 수 없고, 다 끝난 일은 충고할 수 없고, 이미 지나간 일은 허물할 수 없는 것이다."

3-22 공자께서 말씀하셨다. "관중의 그릇됨이 작도다!"

어떤 사람이 물었다. "관중이 검소하였습니까?"

공자께서 대답하셨다. "관씨(관중)는 성이 다른 세 여인을 아내와 첩으로 맞이했고, 부하 관원들에게 관직의 일을 겸하게 하지 않았으니 어찌 검소하다 할 수 있겠는가?"

어떤 사람이 또 물었다. "그렇다면 관중은 예법을 알았습니까?"

공자께서 대답하셨다. "나라의 임금이라야 대문에 병풍 가리개를 하는데 관씨도 대문에 병풍 가리개를 하였고, 나라의 임금이라야 두 나라 임금이 우호를 맺는 회합 때 술잔을 내려놓는 받침대가 있는데 관씨도 술잔 내려놓는 받침대가 있었으니, 관씨가 예법을 안다면 누가 예법을 모르겠는가?"

3-23 　공자께서 노나라 악관 총책임자인 태사에게 음악에 대해 말씀하셨다. "음악을 알 수 있겠습니다. 시작할 때는 음률이 하나로 합하였다가 뒤따라 그 음률이 조화를 이루고, 선명해지며, 이어가다가 끝맺는군요."

3-24 　의땅의 사직을 맡은 관리가 공자를 뵙고자 청하면서 말했다. "군자가 이곳에 이르면 제가 뵙지 않은 적이 없습니다."

　　모시는 사람들이 뵙게 했더니, 그 관리가 뵙고 나와서 말했다. "여러분들은 선생께서 지위를 잃었다고 무슨 근심이 있겠습니까? 천하에 도리가 없어진 지 오래되었습니다. 하늘이 장차 선생을 목탁으로 삼고자 하시는 것입니다."

3-25 　공자께서 순임금의 음악인 '소' 악곡에 대해 말씀하셨다. "극진하게 아름답고 또 극진하게 선하도다."

　　공자께서 무왕의 음악인 '무' 악곡에 대해 말씀하셨다. "극진하게 아름다우나 극진하게 선하지는 못하구나."

3-26 　공자께서 말씀하셨다. "윗자리에 있으면서 너그럽지 못하고, 의례를 행하면서 공경하지 못하고, 초상에 나아가서 슬퍼하지 않는다면, 내가 그에게서 무엇을 볼 것이 있겠는가?"

『논어』
4편 (이인 里仁)

4- 1 공자께서 말씀하셨다. "마을이란 어진 풍속이 아름다운 것인데, 마을을 가려 살려고 하면서 어질게 살지 않는다면 어찌 지혜롭다 하겠는가?"

4- 2 공자께서 말씀하셨다. "어질지 못한 사람은 곤궁함을 오랫동안 견딜 수 없고, 즐거움을 기리 누릴 수 없다. 어진 사람은 어진 덕을 편안하게 여기고, 지혜로운 사람은 어진 덕을 이롭게 여긴다."

4- 3 공자께서 말씀하셨다. "오직 어진 사람이라야 만이 사람을 좋아할 줄 알고, 사람을 미워할 줄 안다."

4- 4 공자께서 말씀하셨다. "진실로 어진 덕에 뜻을 두었다면 악함이 없다."

4- 5 공자께서 말씀하셨다. "부유함과 고귀함은 누구나 바라는 바이지만, 도리에 맞게 바라는 것이 아니라면 누리지 말아야 한

다. 가난함과 비천함은 누구나 싫어하는 바이지만, 도리에 맞게 싫어한 것이 아니라면 버리지 말아야 한다. 군자가 어진 덕을 버리고서야 어떻게 군자라는 이름을 이룰 수 있겠는가? 군자는 밥먹을 사이에도 어진 덕을 어기지 말아야 하고, 급작스러울 때에도 반드시 어진 덕을 따르고, 넘어지는 순간에도 반드시 어진 덕을 따라야 한다."

4-6 공자께서 말씀하셨다. "나는 자신의 어진 덕을 좋아하는 사람과 자신의 어질지 못함을 미워하는 사람을 못 보았다. 자신의 어진 덕을 좋아하는 사람이라면, 최상으로 더 높일 것이 없다. 자신의 어질지 못함을 미워하는 사람이라면, 그가 어진 덕을 행하는 방법으로, 어질지 못한 것이 조금이라도 자신에게 베풀어지지 못하게 한다. 하루라도 그 힘을 어진 덕에 쓸 수 있었던 사람이 있는가? 나는 어진 덕을 행하기에 힘이 부족한 사람을 아직 못보았다. 아마 있겠지만 나는 아직 못보았다."

4-7 공자께서 말씀하셨다. "사람의 허물은 각각 그 무리에 따른다. 그 허물을 관찰하면 그 어진 덕을 알 수 있다."

4-8 공자께서 말씀하셨다. "아침에 도리를 듣는다면 저녁에 죽어도 좋다."

4-9 공자께서 말씀하셨다. "선비가 도리에 뜻을 두었으면서도 거친 의복과 거친 음식을 부끄러워한다면 더불어 도리를 논의할 수 없다."

4-10 공자께서 말씀하셨다. "군자가 천하의 온갖 일에 대응함에는, 그렇게 해야만 한다는 것도 없고, 그렇게 해서는 안된다는 것도 없으며, 의로움에 견주어 행한다."

4-11 공자께서 말씀하셨다. "군자는 덕을 마음에 두고, 소인은 땅을 마음에 두며, 군자는 형벌을 마음에 두고, 소인은 은혜를 마

음에 둔다."

4-12　공자께서 말씀하셨다. "이익에 따라 행동하면 원망이 많아진다."

4-13　공자께서 말씀하셨다. "예법과 사양으로 나라를 다스릴 수 있다면 무슨 어려움이 있겠는가? 예법과 사양으로 나라를 다스릴 수 없다면 예법은 어디에 쓰겠는가?"

4-14　공자께서 말씀하셨다. "지위가 없음을 걱정하지 말고, 그 지위에 서서 시행할 방법을 근심해야 한다. 자기를 알아주지 않음을 근심하지 말고, 알려질 만한 실상을 위해 힘써야 한다."

4-15　공자께서 말씀하셨다. "참(증자)아! 나의 '도'는 하나로 꿰뚫어져 있느니라." 증자가 "예"하고 대답하였다. 공자께서 나가시자, 다른 제자들이 증자에게 "무슨 말씀인가?"하고 물으니, 증자가 대답하였다. "선생님의 '도'는 '진심으로 나를 미루어 남에 이르는 것'(忠恕)일 뿐이네."

4-16　공자께서 말씀하셨다. "군자는 의리에 밝고, 소인은 이익에 밝다."

4-17　공자께서 말씀하셨다. "어진 사람을 보면 그와 같아지기를 생각해야 하고, 어질지 못한 사람을 보면 마음 속에서 스스로 반성해야 한다."

4-18　공자께서 말씀하셨다. "부모를 섬김에는 부드럽게 권고하여 부모의 명을 따를 수 없는 뜻을 드러낼 것이요, 또한 공경하여 어기지 않으며, 수고로워도 원망하지 않아야 한다."

4-19　공자께서 말씀하셨다. "부모가 살아 계시면 멀리 떠나 노닐지 않으며, 나가서 노닐 때는 반드시 장소가 알려져 있어야 한다."

4-20　공자께서 말씀하셨다. "돌아가신 뒤 삼 년 동안 아버지의 법도를 바꾸지 않는다면 효도라 할 수 있다."

4-21　공자께서 말씀하셨다. "부모의 나이는 알고 있지 않으면 안 된다. 한편으로는 기쁘고, 한편으로는 두려운 것이다."

4-22　공자께서 말씀하셨다. "옛 사람이 말을 함부로 내놓지 않는 것은 자기의 행실이 미치지 못함을 부끄러워하였던 것이다."

4-23　공자께서 말씀하셨다. "단속하면 허물에 빠지는 자는 드물다."

4-24　공자께서 말씀하셨다. "군자는 말은 어눌하게 하더라도 실행은 민첩하게 하고자 한다."

4-25　공자께서 말씀하셨다. "덕은 외롭지 않으니 반드시 이웃이 있는 법이다."

4-26　자유가 말했다. "임금을 섬김에 자주 권고하면 모욕을 당하고, 붕우 사이에 자주 권고하면 멀어진다."

『논어』
5편 (공야장 公冶長)

5-1 　공자께서 공야장에 대해, "사위 삼을 만하다. 비록 포승에 묶여 감옥에 있었으나, 그의 죄가 아니었다."라 하시고, 딸을 시집보내셨다.

5-2 　공자께서 남용에 대해, "나라에 법도가 있으면 버려지지 않을 것이고, 나라에 법도가 없더라도 형벌은 면할 것이다."라 하시고, 형님의 딸을 시집보내셨다.

5-3 　공자께서 자천에 대해 말씀하셨다. "군자로다 이 사람이여! 노나라에 군자가 없었다면 이 사람이 어디에서 그 덕을 취했겠는가?"

5-4 　자공이 여쭈었다. "저는 어떠합니까?"
　　　공자께서 말씀하셨다. "너는 그릇이다."
　　　자공이 다시 여쭈었다. "어떤 그릇입니까?"
　　　공자께서 말씀하셨다. "종묘의 제사에 쓰는 그릇이다."

5- 5   어떤 사람이 말했다. "옹(중궁)은 어질지만 말재주가 없습니다."

공자께서 말씀하셨다. "말재주를 어디에 쓰겠는가? 유창한 말재주로 남의 말을 막는다면 자주 남의 미움을 받게 될 것이다. 그가 어진지는 모르겠지만 말재주를 어디에 쓰겠는가?"

5- 6   공자께서 칠조개에게 벼슬을 시키려 하셨다.

칠조개가 대답했다. "저는 벼슬하는 일에 아직 자신할 수 없습니다."

공자께서 기뻐하셨다.

5- 7   공자께서 말씀하셨다. "도리가 시행되지 않으니, 내가 뗏목을 타고 바다를 건너간다면, 나를 따를 사람은 유(자로)일 것인가?" 자로가 그 말씀을 듣고서 기뻐하였다.

공자께서 말씀하셨다. "유는 용감함을 좋아함이 나를 넘어서지만, 사리가 마땅한지 헤아리지 않는다."

5- 8   맹무백이 물었다. "자로는 어진 사람입니까?"

공자께서 대답하셨다. "모르겠습니다."

맹무백이 다시 물었다.

공자께서 대답하셨다. "유(자로)는 전차 천 대를 가진 제후의 나라에서 군사행정을 담당하게 할 수 있지만, 그가 어진 사람인지는 모르겠습니다."

맹무백이 물었다. "구(염유)는 어떻습니까?"

공자께서 대답하셨다. "구는 일천 호의 큰 고을이나 전차 백 대를 가진 대부의 집안에서 총괄하는 관리를 시킬 수는 있지만, 그가 어진 사람인지는 모르겠습니다."

맹무백이 물었다. "적(공서화)은 어떻습니까?"

공자께서 대답하셨다. "적은 허리에 띠를 두르고 조정에 서서 빈객을 맞아 대화하게 할 수는 있지만, 그가 어진 사람인지는 모르겠습니다."

5-9 공자께서 자공에게 물으셨다. "너와 회(안회)는 누가 나으냐?"

자공이 대답했다. "사(자공)가 어찌 감히 회를 바라보겠습니까? 회는 한 가지를 들으면 열 가지를 알지만, 사는 한 가지를 들으면 두 가지를 압니다."

공자께서 말씀하셨다. "회만 못하다. 나와 너는 회만 못하다."

5-10 재여(재아)가 낮잠을 잤다.

공자께서 말씀하셨다. "썩은 나무는 조각을 할 수 없고, 거름 흙으로 쌓은 담장은 흙손질을 할 수 없다. 재여를 꾸짖어 무엇하겠는가?"

공자께서 말씀하셨다. "처음에는 내가 남에 대해서 그 말을 듣고는 그 행실을 믿었는데, 이제는 내가 남에 대해서 그 말을 듣고 그 행실을 살피게 되었다. 재여 때문에 이렇게 고치게 되었구나."

5-11 공자께서 말씀하셨다. "나는 아직 굳센 사람을 못보았다."

어떤 사람이 대답했다. "신정이 있습니다."

공자께서 말씀하셨다. "신정은 욕심스러운 것이지 어찌 굳센 것이겠는가?"

5-12 자공이 말했다. "남이 저에게 베풀기를 바라지 않는 일은 저도 남에게 베풀지 않으려고 합니다."

공자께서 말씀하셨다. "사(자공)야, 네가 미칠 수 있는 일이 아니다."

5-13 자공이 말했다. "선생님의 문장은 얻어들을 수 있지만, 선생

님께서 성품과 천도를 말씀하시는 것은 얻어들을 수 없구나."

5-14 자로는 선생님의 말씀을 듣고서도 아직 실행하지 못한 것이 있으면, 또 새로운 말씀을 들을까 두려워 하였다.

5-15 자공이 여쭈었다. "공문자는 어찌하여 '문'이라 일컫습니까?"
공자께서 대답하셨다. "민첩하면서도 배우기를 좋아하고, 아랫사람에게 묻기를 부끄러워하지 않았으니, 이 때문에 '문'이라 일컫는다."

5-16 공자께서 자산에 대해 말씀하셨다. "군자의 도리로 네 가지를 가지고 있다. 그 몸가짐은 공손하고, 윗사람을 섬김은 공경스러우며, 백성을 양육함은 은혜롭고, 백성을 부림은 의로웠다."

5-17 공자께서 말씀하셨다. "안평중은 남들과 사귀기를 잘하는구나! 사귄지 오래되어도 공경하고 있다."

5-18 공자께서 말씀하셨다. "장문중은 임금이 점치는 큰 거북을 간직하며, 기둥머리에 산 그림을 새겨넣고 들보 위의 동자기둥에 물풀을 그려넣었으니, 어찌 그가 지혜롭다 하겠는가?"

5-19 자장이 여쭈었다. "영윤 직책에 있는 자문은 세 번 벼슬에 나가 영윤을 하면서도 기뻐하는 기색이 없었고, 세 번 벼슬을 그만두면서도 노여운 기색이 없었으며, 반드시 옛 영윤의 행정사무를 새 영윤에게 알려주었으니, 어떠합니까?"
공자께서 대답하셨다. "충성스럽구나."
자장이 또 여쭈었다. "어질다 하겠습니까?"
공자께서 대답하셨다. "모르겠다. 어찌 어질다 하랴?"
자장이 여쭈었다. "최자가 제나라 임금을 시해하자, 진문자는 말 40필을 가지고 있었는데 버리고 떠나 다른 나라에 이르러서는, '우리나라의 대부 최자와 같구나.'라 말하고 떠났으며,

어느 나라에 이르러서는, 또 '우리나라의 대부 최자와 같구나.'
라 말하고 떠났으니 어떠합니까?"
　　공자께서 대답하셨다. "지조가 맑구나."
　　자장이 또 여쭈었다. "어질다 하겠습니까?"
　　공자께서 대답하셨다. "모르겠다. 어찌 어질다 하랴?"

5-20　계문자는 세 번 생각한 다음에 행동하였다.
　　공자께서 이 말을 듣고서 말씀하셨다. "두 번만 생각해도 괜찮다."

5-21　공자께서 말씀하셨다. "영무자는 나라에 법도가 있으면 처신이 지혜로웠고, 나라에 법도가 없으면 처신이 우직하였으니, 그 지혜로움은 미칠 수 있겠지만, 그 우직함은 미칠 수가 없구나."

5-22　공자께서 진陳나라에 계실 때 말씀하셨다. "돌아가야지! 돌아가야지! 우리 고을의 젊은이들이 뜻은 크나 일은 소략하고, 찬란하게 문채를 이루었으나 마름질하여 완성할 줄을 모르는구나."

5-23　공자께서 말씀하셨다. "백이와 숙제는 옛날의 나쁜 일을 마음에 두지 않았으니, 원망함이 드물었다."

5-24　공자께서 말씀하셨다. "누가 미생고를 곧다고 하였는가? 어떤 사람이 식초를 얻으러 오자, 이웃집에서 얻어다 주었다."

5-25　공자께서 말씀하셨다. "말을 교묘하게 하고 얼굴 빛을 꾸미며 공손함이 지나친 것은 좌구명이 부끄러워하였고, 나도 부끄러워한다. 마음 속에 원망을 숨기고서 그 사람과 벗하는 것은 좌구명이 부끄러워하였고, 나도 부끄러워한다."

5-26　안연과 계로(자로)가 공자를 모시고 있었다.
　　공자께서 말씀하셨다. "각자의 뜻을 말해보지 않겠는가?"
　　자로가 대답했다. "말이나 수레와 가벼운 갖옷을 친구들과 함께 쓰다가 낡아서 못쓰게 되더라도 아쉬운 마음이 없고자 합니다."

안연이 대답했다. "잘한 일을 자랑하지 않고 노고를 드러내지 않고자 합니다."

자로가 말했다. "선생님의 뜻을 듣고 싶습니다."

공자께서 말씀하셨다. "늙은이를 편안하게 해주고, 벗들을 미덥게 해주고, 젊은이를 품어주고자 한다."

5-27 공자께서 말씀하셨다. "어쩔 수 없구나! 나는 자기 허물을 알고도 마음 속에서 자신과 송사를 벌이는 사람을 아직 못 보았다."

5-28 공자께서 말씀하셨다. "열 집이 사는 작은 마을에도 반드시 나만큼 충직하고 미더운 사람이 있겠지만, 나만큼 배우기 좋아하는 사람은 없을 것이다."

★『논어』
6편 (옹야雍也)

6-1 공자께서 말씀하셨다. "옹(중궁)은 임금이 남쪽을 바라보고 앉아 나라를 다스릴 수 있도록 해줄 만하다."

6-2 중궁이 자상백자에 대해 여쭈었다.
  공자께서 대답하셨다. "그의 간결함이 괜찮다."
  중궁이 여쭈었다. "공경함을 지키면서 간결하게 행동하여 백성들을 대한다면 괜찮지 않겠습니까? 간결함을 지키면서 간결하게 행동한다면 너무 간결함이 아니겠습니까?"
  공자께서 대답하셨다. "옹의 말이 옳다."

6-3 애공이 물었다. "제자들 가운데 누가 배우기를 좋아합니까?"
  공자께서 대답하셨다. "안회(안연)라는 자가 배우기를 좋아하여, 노여움을 옮기지 않았고, 허물을 되풀이하지 않았습니다. 불행히도 일찍 죽고 말아 지금은 없으니, 그러고는 아직 배우기 좋아하는 자를 듣지 못했습니다."

6- 4   자화(공서화)가 제나라에 심부름 가는데, 염자(염유)가 자화의 모친을 위해 곡식을 주도록 청했다.
　　　공자께서는 말씀하셨다. "여섯 말 넉 되를 주어라."
　　　염자가 더 주기를 청했다.
　　　공자께서 말씀하셨다. "열여섯 말을 주어라."
　　　염자는 곡식 8백 말을 주었다.
　　　공자께서 말씀하셨다. "적(공서화)이 제나라에 갈 때 살찐 말을 타고 가벼운 갖옷을 입었더구나. 내가 들으니 '군자는 곤궁함을 구출해주지, 부유함에 보태주지 않는다.' 하였다."

6- 5   원사(원헌)가 공자의 가신이 되었는데 곡식 9백 말을 주자, 사양하였다.
　　　공자께서 말씀하셨다. "사양하지 말아라. 너의 이웃집이나 이웃마을 사람들에게 나누어 주려무나."

6- 6   공자께서 중궁에게 말씀하셨다. "검정소의 새끼가 털빛이 붉고 뿔이 나와 있다면, 비록 큰 제사에서는 희생으로 쓰고자 하지 않겠지만, 산천의 제사에서야 어찌 버려두겠는가?"

6- 7   공자께서 말씀하셨다. "회(안연)는 그 마음이 석 달 동안 어진 덕을 어기지 않았다. 나머지 사람들은 하루 동안이나 한 달 동안 어기지 않을 뿐이다."

6- 8   계강자가 물었다. "중유(자로)는 정무를 담당하게 할 만합니까?"
　　　공자께서 대답하셨다. "유(자로)는 결단력이 있으니, 정무를 담당하는 데 무슨 어려움이 있겠습니까?"
　　　계강자가 또 물었다. "사(자공)는 정무를 담당하게 할 만합니까?"
　　　공자께서 대답하셨다. "사는 사리에 통달하니, 정무를 담당하는 데 무슨 어려움이 있겠습니까?"

계강자가 또 물었다. "구(염유)는 정무를 담당하게 할 만합니까?"
공자께서 대답하셨다. "구는 재능이 많으니, 정무를 담당하는 데 무슨 어려움이 있겠습니까?"

6- 9 계씨가 민자건을 비읍의 수령으로 삼으려 하였다.
민자건이 심부름 온 사람에게 말했다. "나를 위해 말을 잘 해 주시오. 만약 다시 나를 찾아오는 사람이 있다면, 나는 반드시 제나라 문수 언저리에 가 있을 것이오."

6-10 백우(염경)가 병이 들었다.
공자께서 문병하실 때 남쪽 창문 밖에서 그의 손을 잡고 말씀하셨다. "가망이 없구나. 천명이로다! 이 사람에게 이런 병이 있다니! 이 사람에게 이런 병이 있다니!"

6-11 공자께서 말씀하셨다. "현명하도다. 회(안연)여! 밥 한 그릇과 물 한 쪽박으로 누추한 골목에서 사는데, 남들은 그 근심을 견디지 못하지만 회는 그 즐거움을 바꾸지 않는구나. 현명하도다. 회여!"

6-12 염구가 말했다. "선생님의 도리를 기뻐하지 않는 것은 아닙니다마는 힘이 모자랍니다."
공자께서 말씀하셨다. "힘이 모자라는 사람은 도중에 주저앉는데, 이제 너는 미리 한계를 긋는구나."

6-13 공자께서 자하에게 말씀하셨다. "너는 군자다운 선비가 되어야 할 것이요, 소인 같은 선비가 되지 말아야 한다."

6-14 자유가 무성의 수령이 되었다.
공자께서 물으셨다. "너는 인재를 얻었느냐?"
자유가 대답했다. "담대멸명이란 자가 있는데, 길을 가도 지름길로 가지 않고 공식적인 일이 아니면 일찍이 저의 집에 온 일이 없습니다."

6-15 공자께서 말씀하셨다. "맹지반은 공적을 자랑하지 않았다. 패배하여 달아날 때는 군사들의 뒷줄에 처져있다가 성문에 들어서려고 할 때는 그 말에 채찍질을 하면서, '감히 후미를 맡겠다고 나선 것이 아니라 말이 나아가지 않았던 것이다.'라 말했다."

6-16 공자께서 말씀하셨다. "종묘 축관인 축타의 말재주가 있거나 송나라 제후의 아들인 송조의 아름다운 용모가 있지 않으면 오늘날 세상에서 재난을 면하기 어렵겠구나."

6-17 공자께서 말씀하셨다. "누가 문을 통하지 않고 방에서 나갈 수 있겠는가? 그런데 어찌해서 이 도리를 따르지 않는단 말인가?"

6-18 공자께서 말씀하셨다. "바탕이 문채보다 우세하면 촌사람이요, 문채가 바탕보다 우세하면 문서관리인이다. 문채와 바탕이 찬란하게 어우러진 다음에 군자일 것이다."

6-19 공자께서 말씀하셨다. "사람이 살아가는 도리는 정직함이다. 속이고서 사는 것은 요행이 형벌을 모면한 것이다."

6-20 공자께서 말씀하셨다. "안다는 것은 좋아하는 것만 못하고, 좋아한다는 것은 즐거워하는 것만 못하다."

6-21 공자께서 말씀하셨다. "중간 정도 이상의 사람에게는 높은 도리를 말할 수 있지만, 중간 정도 이하의 사람에게는 높은 도리를 말할 수가 없다."

6-22 번지가 지혜로움에 대해 여쭈었다.
공자께서 대답하셨다. "백성이 지켜야 할 의로움에 힘쓰며, 귀신을 공경하되 거리를 두어 욕되지 않게 한다면 지혜롭다고 할 수 있다."
번지가 어진 덕에 대해 여쭈었다.
공자께서 대답하셨다. "어진 사람이란 어려운 일에는 앞장서고, 이익을 얻는 일에는 뒤로 빠지니, 어질다고 할 수 있다."

6-23 공자께서 말씀하셨다. "지혜로운 자는 물을 좋아하고, 어진 자는 산을 좋아한다. 지혜로운 자는 활동적이고, 어진 자는 고요하다. 지혜로운 자는 즐거워하고, 어진 자는 장수한다."

6-24 공자께서 말씀하셨다. "제나라의 풍속이 한번 바뀌면 노나라에 이를 것이요, 노나라의 풍속이 한번 바뀌면 도리에 이를 것이다."

6-25 공자께서 말씀하셨다. "모난 술잔이 모가 나지 않았다면 모난 술잔이라 하겠는가! 모난 술잔이라 하겠는가!"

6-26 재아가 여쭈었다. "가령 누가 '우물 속에 어진 사람이 빠져있다.'고 알려주면, 어진 사람은 자기도 우물 속으로 따라들어 가겠습니까?"

　　공자께서 대답하셨다. "어찌 그렇게 하겠는가? 군자는 구하러 갈 수는 있어도 우물에 빠질 수는 없으며, 이치로 속일 수는 있어도 터무니없는 말로 미혹시킬 수는 없다."

6-27 공자께서 말씀하셨다. "군자는 글을 널리 배우고 예법으로 자신을 단속하면 또한 도리에 어긋나지 않을 것이다."(12:15)

6-28 공자께서 남자를 만나셨는데, 자로가 기뻐하지 않았다.
　　선생님께서 맹서하여 말씀하셨다. "내가 예법에 어긋남이 있었다면 하늘이 싫어하셨으리라! 하늘이 싫어하셨으리라!"

6-29 공자께서 말씀하셨다. "중용은 덕이 됨이 지극하도다! 백성은 오래 지키는 자가 드물구나."

6-30 자공이 여쭈었다. "만약 백성에게 널리 베풀고 대중을 구제할 수 있는 사람이 있다면 어떠합니까? 어질다고 할 수 있겠습니까?"

　　공자께서 대답하셨다. "어찌 어진 덕에 한정된 일이겠는가!

반드시 성스러운 덕일 것이로다! 요임금과 순임금도 못미칠까 염려하였던 것이다. 무릇 어진 사람은 자기가 나서고자 하면 남을 내세워 주며, 자신을 통달하게 하고자 하면 남을 통달하게 해준다. 가까이 자신에게서 취하여 남에게 미루어갈 수 있으면 어진 덕을 실행하는 방법이라 할 수 있을 것이다."

★『논어』
7편 (술이 述而)

7-1   공자께서 말씀하셨다. "풀이하기만 하고 새로 짓지 않으며, 옛 것을 독실하게 믿고 좋아하니, 나를 가만히 <u>노팽</u>에게 견주어 보노라."

7-2   공자께서 말씀하셨다. "묵묵하게 마음 속으로 알아내고, 배우기를 싫어하지 않으며, 남을 가르치기를 게을리 하지 않는 것이 어찌 나에게 있다고 하랴."

7-3   공자께서 말씀하셨다. "덕이 닦여지지 않는 것과, 배운 것이 밝혀지지 않는 것과, 의로운 일을 듣고서도 실행에 옮길 수 없는 것과 선하지 않음을 고치지 못하는 것은 내가 근심하는 것이다."

7-4   공자께서 한가로이 계실 때는 말씀이 자상하셨고 안색이 온화하셨다.

7-5   공자께서 말씀하셨다. "나의 노쇠함이 심하도다! 내가 꿈에

주공을 뵙지 못한 지 오래되었구나."

7-6 공자께서 말씀하셨다. "도리에 뜻을 두고, 덕행에 근거하며, 어진 덕을 따르고, 여섯 가지 교육(예·악·사·어·서·수)에 노닌다."

7-7 공자께서 말씀하셨다. "마른 물고기 한 묶음 이상으로 제자의 예절을 행한 사람이면 내가 일찍이 가르치지 않은 일이 없다."

7-8 공자께서 말씀하셨다. "분발하지 않으면 막힌 것을 열어주지 않으며, 애태우지 않으면 가려진 것을 헤쳐주지 않으며, 한 모서리를 들어주었는데 세 모서리로 응답하지 않으면 다시 일러주지 않는다."

7-9 공자께서는 초상을 당한 사람 곁에서 음식을 먹을 때에는 배불리 먹은 적이 없으셨다.

7-10 공자께서는 조문가서 곡을 하신 날에는 노래를 부르지 않으셨다.

7-11 공자께서 안연에게 말씀하셨다. "써주면 시행하고 버려지면 감추어 간직하는 것은 오직 나와 너만이 이렇게 할 수 있겠구나!"

자로가 여쭈었다. "선생님께서 군대를 통솔하신다면 누구와 함께 하시겠습니까?"

공자께서 대답하셨다. "맨손으로 호랑이를 잡으려들고, 맨몸으로 큰 강을 건너려들면서, 죽더라도 후회하지 않는 자와는 내가 함께 하지 않겠다. 반드시 일을 처리하면서 두려워하고, 잘 도모하여 성공시키는 자라야 한다."

7-12 공자께서 말씀하셨다. "부유함이 얻고자 할 만한 것이라면 비록 말채찍 잡는 직책이라도 내가 하겠지만, 만약 얻고자 할

만한 것이 아니라면 나는 내가 좋아하는 바를 따르겠노라."

7-13　공자께서 신중히 하셨던 것은 재계와 전쟁과 질병이셨다.

7-14　공자께서 제나라에 계실 때 순임금의 음악 '소'를 들으시고는 석 달 동안이나 고기 맛을 모르셨으며, "음악이 이러한 경지에 이를 줄을 생각하지 못했노라."고 말씀하셨다.

7-15　염유가 물었다. "선생님께서는 위나라 군주를 도우실까?"
　　　자공이 대답했다. "좋다. 내가 여쭈어 보겠다."
　　　자공이 들어가서 공자께 여쭈었다. "백이와 숙제는 어떤 사람입니까?"
　　　공자께서 대답하셨다. "옛날의 현명한 인물이다."
　　　자공이 다시 여쭈었다. "원망하였습니까?"
　　　공자께서 대답하셨다. "어진 덕을 얻고자 했는데 어진 덕을 얻었으니 다시 무슨 원망이 있으리오."
　　　자공이 나와서 말했다. "선생님께서는 위나라 군주를 돕지 않을 것일세."

7-16　공자께서 말씀하셨다. "거친 밥 먹고 물 마시며, 팔을 베고 누웠어도 즐거움이 그 속에 있도다. 의롭지 않은데 부유하고 고귀함이란 나에게 뜬 구름과 같도다."

7-17　공자께서 말씀하셨다. "하늘이 나에게 몇 년의 목숨을 빌어 주셔서 오십의 나이에 『역』을 배우게 된다면 큰 허물은 없을 것이다."

7-18　공자께서 항상 말씀하시는 것은 『시』와 『서』와 『의례』이었다. 이것은 모두 항상 말씀하시는 것이었다.

7-19　섭공이 자로에게 공자에 대해 물었는데, 자로가 대답을 못했다.
　　　공자께서 말씀하셨다. "너는 '그 사람됨이 분발하여 먹는 것도 잊었고, 즐거워하여 근심도 잊었으며, 늙음이 닥쳐오는 줄도 모르더라'고 어찌 말하지 않았느냐."

7-20 공자께서 말씀하셨다. "나는 타고나면서 아는 사람이 아니다. 옛 것을 좋아하여 재빠르게 얻고자 하는 사람이다."

7-21 공자께서는 괴이한 것과 힘을 과시하는 것과 도리를 어지럽히는 것과 신령한 것은 말하지 않으셨다.

7-22 공자께서 말씀하셨다. "세 사람이 같이 가는 데는 반드시 내가 스승삼아야 할 사람이 있으니, 그 선한 점을 가려서 따르고, 그 선하지 않은 점을 보면 반성하여 자신의 허물을 고쳐야 한다."

7-23 공자께서 말씀하셨다. "하늘이 나에게 덕을 내려주셨으니, 환퇴가 나에게 어찌 하겠느냐?"

7-24 공자께서 말씀하셨다. "자네들은 내가 무엇을 숨긴다고 여기는가? 나는 자네들에게 아무것도 숨기는 것이 없네. 나는 자신이 행하고서도 자네들에게 보여주지 않은 것이 없는 사람이네. 이런 사람이 날세."

7-25 공자께서는 네 가지로 가르치셨으니, 문장과 행실과 충직함과 미더움이다.

7-26 공자께서 말씀하셨다. "성인이야 내가 만나볼 수 없더라도, 군자를 만나볼 수 있으면 좋겠다."

공자께서 말씀하셨다. "선한 사람을 내가 만나볼 수 없더라도, 변함없이 지키는 사람을 만나볼 수 있으면 좋겠다. 아무것도 없으면서 있는 척하고, 빈 그릇을 가지고서 가득 찬 척하고, 가진 것이 부족하면서 충실한 척하고서는 변함없이 지키기가 어려운 법이다."

7-27 공자께서는 낚시로 물고기를 잡으셨지만 그물로 잡지는

않으셨고, 주살을 쏘아 새를 잡으셨지만 잠자는 새를 쏘지 않으셨다.

7-28 공자께서 말씀하셨다. "알지도 못하면서 글을 짓는 사람이 있지만, 나는 이런 일이 없노라. 많이 듣고서 그 좋은 점을 가려서 따르고, 많이 보고서 기록해두는 것은, 알고서 글을 짓는 것의 그 다음은 간다."

7-29 호향땅 사람과는 더불어 말하기 어려운데, 그 마을의 어린 아이가 공자를 찾아뵙자 제자들이 이상하게 여겼다.

공자께서 말씀하셨다. "그가 나아오면 받아들이고 물러나면 그만 두는 것이니, 어찌 심하게 대하겠는가? 사람이 자신을 깨끗이 하고 나아오면 그 깨끗함을 받아들이는 것이지, 전날의 과오를 옳다고 보증해주려는 것은 아니다."

7-30 공자께서 말씀하셨다. "어진 덕은 멀리 있는가? 내가 어진 덕을 행하고자 한다면 여기에 어진 덕이 이르는 법이다."

7-31 진陳나라의 법을 담당한 벼슬에 있는 자가 물었다. "소공은 예법을 압니까?"

공자께서 대답하셨다. "예법을 압니다."

공자께서 물러가시자, 그는 무마기에게 인사를 하고 나와서 말했다. "내가 듣기로 군자는 편당짓지 않는다 하였는데 군자도 편당짓는 것입니까? 임금(소공)이 오나라에서 같은 성씨의 아내를 맞이하고서도 오맹자라 일컬었는데, 이 임금이 예법을 안다면 누가 예법을 모르겠습니까?"

무마기가 공자께 알려드렸다.

공자께서 말씀하셨다. "나는 다행하구나. 혹시라도 허물이 있으면 남들이 반드시 알려 주니."

7-32 공자께서는 남들과 더불어 노래를 하다가, 그 노래가 좋으면

반드시 다시 부르게 하시고, 그 다음에 화답하여 부르셨다.

7-33 공자께서 말씀하셨다. "문장이야 내가 남들만 못하겠는가마는, 군자의 도리를 몸소 실행하는 것은 내가 아직 이루지 못하였도다."

7-34 공자께서 말씀하셨다. "성스러움과 어진 덕이야 내가 어찌 감당하리오? 다만 배우기를 싫어하지 않고 남을 가르치기를 게을리하지 않는 것으로 말하면 그렇다고 말할 수 있겠다." 공서화가 말했다. "바로 이 점이 저희 제자들이 배우고자 해도 할 수 없는 점입니다."

7-35 공자께서 병환이 위중하시자, 자로가 기도하기를 청하였다.
공자께서 물으셨다. "예법에 있는가?"
자로가 대답했다. "있습니다. 제문에는 '너를 위해 위와 아래로 천지의 신명에게 기도하였다.'라는 말이 있습니다."
공자께서 말씀하셨다. "나는 기도해온 지 오래 되었다."

7-36 공자께서 말씀하셨다. "사치하면 불손하고, 검소하면 고루한데, 불손하기보다는 오히려 고루한 편이 더 낫다."

7-37 공자께서 말씀하셨다. "군자는 너그럽고 툭 터져있으며, 소인은 늘 근심에 젖어있다."

7-38 공자께서는 온화하면서 준엄하시고, 위엄이 있으나 사납지 않으시며, 공손하시면서 편안하셨다.

『논어』
8편 (태백 泰伯)

8-1   공자께서 말씀하셨다. "태백은 덕이 지극하다고 할 수 있겠구나. 천하를 세 번이나 사양하였지만 백성들이 자취를 몰라 칭송할 수도 없었다."

8-2   공자께서 말씀하셨다. "공손하면서 예법이 없으면 편안하지 못하고, 삼가면서 예법이 없으면 기뻐함이 없고, 용감하면서 예법이 없으면 분수를 어지럽히고, 올곧으면서 예법이 없으면 박절하다. 군자가 친척들을 돈독하게 하면 백성들에 어진 덕이 일어나고, 선왕의 옛 신하를 버리지 않으면 백성들도 경박하지 않게 된다."

8-3   증자가 병이 위중하자 제자들을 불러 말했다. "이불을 걷고 나의 발을 보아라. 이불을 걷고 나의 손을 보아라. 『시경』(「소아: 소민」)에, '벌벌 떨며 두려워하기를 깊은 못가에 나와 있는 듯 하고, 엷은 얼음을 밟듯 한다.'고 하였는데, 이제야 내가 이

몸이 형벌에 훼상됨을 면한 줄 알겠구나! 제자들아!"

8-4 증자가 병이 위중하자 맹경자가 문병을 왔다.
증자가 말했다. "새가 죽으려 할 때는 그 울음 소리가 슬프고, 사람이 죽으려 할 때는 그 말이 착합니다. 군자가 소중하게 여기는 도리가 세 가지 있으니, 몸가짐에서는 거칠고 태만함을 멀리하며, 낯빛을 바로잡는 데서는 믿음직함에 가깝게 하며, 말하는 기세는 비루하고 이치에 어긋남을 멀리해야 하는 것입니다. 제사에서 그릇을 다루는 일이야 담당자가 있습니다."

8-5 증자가 말했다. "유능하면서도 무능한 사람에게 묻고, 많이 알면서도 적게 아는 사람에게 물으며, 간직하고 있으면서도 없는 듯하고, 가득 찼지만 빈 듯하며, 누가 자신에게 잘못을 범해도 되갚지 않는 것은 옛날에 나의 벗이 일찍이 이 일을 힘써 행했었네."

8-6 증자가 말했다. "어린 임금을 부탁할 만하고, 제후의 운명을 맡길 만하며, 국가의 안위가 걸린 큰 일을 당해서도 그 지조를 뺏을 수 없다면, 군자다운 사람이겠는가? 군자다운 사람이로다!"

8-7 증자가 말했다. "선비란 도량이 크고 뜻이 굳세지 않으면 안 되니, 임무는 무겁고 갈 길은 멀다. 어진 덕을 자기 임무로 삼았으니 무겁지 않겠는가? 죽은 다음에야 끝나니 멀지 않겠는가?"

8-8 공자께서 말씀하셨다. "시에서 감동되어 착한 마음을 일으키고, 예법에서 몸을 단속하여 자신을 확립하고, 음악에서 뜻을 화합하게 하여 덕을 이루는 것이다."

8-9 공자께서 말씀하셨다. "백성은 따르게 할 수는 있어도 알게 할 수는 없다."

8-10 공자께서 말씀하셨다. "용맹을 좋아하고 빈곤을 싫어하면 난

동을 일으킬 것이요, 사람이 어질지 못함을 너무 미워하면 난동을 일으킬 것이다."

8-11   공자께서 말씀하셨다. "만일 주공과 같은 아름다운 재능을 가졌다 하더라도 가령 교만하고 인색하다면, 그 나머지는 볼 것이 없다."

8-12   공자께서 말씀하셨다. "삼 년을 배우고 나서도 녹봉에 뜻을 두지 않은 사람은 쉽게 얻을 수 없구나."

8-13   공자께서 말씀하셨다. "독실하게 믿어 배우기를 좋아하고, 죽음으로 지켜 도리를 닦아야 한다. 위태로운 나라에는 들어가지 않고, 혼란한 나라에는 살지 않으며, 천하에 도리가 있으면 드러내고 천하에 도리가 없으면 숨어야 한다. 나라에 도리가 있는데 가난하고 비천한 것은 부끄러운 일이요, 나라에 도리가 없는데 부유하고 고귀한 것은 부끄러운 일이다."

8-14   공자께서 말씀하셨다. "그 지위에 있지 않으면 그 정치를 도모하지 않아야 한다."

8-15   공자께서 말씀하셨다. "악관인 지가 연주를 시작했는데, '관저'의 마지막 악장은 아득히 넘치는 아름다운 음률이 귀에 가득하구나!"

8-16   공자께서 말씀하셨다. "멋대로 하면서도 곧지 못하고, 무지하면서도 근실하지 못하고, 무능하면서도 믿음이 없다면, 나는 그런 사람에 대해서는 모르겠노라."

8-17   공자께서 말씀하셨다. "배움은 못미칠까 걱정하는 듯하면서도 잃을까 두려워하는 듯해야 한다."

8-18   공자께서 말씀하셨다. "높고 높음이여! 순임금과 우임금은 천하를 차지하셨지만 천하를 얻는 데 뜻을 두지 않으셨다."

8-19   공자께서 말씀하셨다. "위대하도다. 요의 임금노릇하심이여!

높고 높도다. 오직 하늘만이 더욱 크며, 오직 요가 본받으셨도다! 아득히 넓도다. 백성은 형용하여 이름을 붙일 수 없도다! 높고 높도다. 그 공적을 이루심이여! 빛나도다, 그 예법과 음악의 제도여!"

8-20 순임금은 신하가 다섯이 있었는데 천하가 다스려졌다.
무왕이 말했다. "나에게는 다스리는 신하 열 사람이 있다."
공자께서 말씀하셨다. "인재를 얻기가 어렵다 했는데 어찌 그렇지 않겠습니까? 당(요)과 우(순)의 시대보다 주나라 때에 더욱 융성하였으나, 열 사람 가운데 부인이 한 사람 있었으니 남자는 아홉 사람뿐입니다. 천하를 셋으로 나누었을 때 주나라는 둘을 차지하고서도 은나라를 섬겨 복종하였으니, 주나라 문왕의 덕은 지극한 덕이라 이를 만합니다."

8-21 공자께서 말씀하셨다. "우임금은 나로서 흠잡을 데가 없도다! 자신의 음식은 간소하게 하면서 귀신에게는 효도를 다하셨고, 평소의 의복은 거칠게 입으면서 제사의 예복은 아름다움을 다하셨고, 거처하는 궁궐은 낮았지만 치수사업에는 힘을 다 기울이셨다. 우임금은 나로서 흠잡을 데가 없도다!"

★『논어』
9편 (자한子罕)

9-1 　공자께서는 이익과 천명과 어진 덕에 관해서는 드물게 말씀하셨다.

9-2 　달항마을 사람이 말했다. "위대하시도다 공자여! 널리 배우고서도 한 가지 재주로 이름을 내지는 않으셨다."
　　　공자께서 들으시고 문하의 제자들에게 말씀하셨다. "내가 무슨 재주를 붙잡고 있어야겠느냐? 말 몰기를 해야 할까? 활쏘기를 해야 할까? 나는 말 몰기를 하겠노라."

9-3 　공자께서 말씀하셨다. "삼으로 짠 제복의 관을 쓰는 것이 예법인데, 지금은 실로 짠 것을 쓰니 나는 대중을 따르겠다. 신하가 당 아래에서 절하는 것이 예법인데, 지금은 당 위에서 절하니, 교만하다. 비록 대중에 어긋나더라도 나는 당 아래에서 절하는 것을 따르겠노라."

9-4 　공자께서 네 가지를 끊으셨다. 억측함이 없으시고, 기필함이

없으시고, 고집함이 없으시고, 나를 내세움이 없으셨다.

9- 5 공자께서는 광땅에서 위협을 당하셨을 때 말씀하셨다. "문왕이 이미 돌아가시고, 글은 여기 나에게 있지 않으냐! 하늘이 장차 이 글을 버리고자 하신다면, 뒤에 죽는 사람으로서 이 글에 간여할 수 없겠지만, 하늘이 아직 이 글을 없애려 하지 않으신다면, 광땅 사람이 나를 어찌겠느냐?"

9- 6 오나라의 태재가 자공에게 물었다. "선생님께서는 성인이십니까? 어찌 재능이 많으십니까?"
　　　자공이 대답했다. "진실로 하늘이 내신 성인일 것입니다. 그래서 재능도 많으시지요"
　　　공자께서 듣고서 말씀하셨다. "태재는 나를 아는구나! 내가 젊어서 미천하였으니, 그래서 자질구레한 일에 재능이 많다. 군자가 재능이 많겠는가? 많지 않을 것이다."

9- 7 뇌(금뇌)가 말했다. "공자께서는, '내가 세상에 쓰이지 못하였으니, 그래서 재능이 많아졌다.'고 말씀하셨다."

9- 8 공자께서 말씀하셨다. "내가 아는 것이 있는가? 아는 것이 없도다. 어떤 고루한 사람이 나에게 물어왔을 때, 텅 빈 듯 아는 것이 없지만, 나는 그 질문의 양쪽 단서를 촉발시켜 남김없이 다 드러내노라."

9- 9 공자께서 말씀하셨다. "봉황새가 이르지 않고 황하에서 무늬 있는 구슬이 나오지 않으니, 나는 이미 끝났도다!"

9-10 공자께서는 상복입은 사람과 관복입은 사람과 눈먼 사람을 보면 비록 나이가 젊어도 반드시 자리에서 일어나셨고, 곁을 지날 때에는 반드시 빠른 걸음으로 지나셨다.

9-11 안연이 감탄하면서 탄식하여 말했다. "우러러 볼수록 더욱 높고, 뚫고 들어갈수록 더욱 단단하며, 쳐다보면 앞에 있었는

데 홀연히 뒤에 있으시구나. 선생님께서는 차근차근 사람을 잘 이끌어주셨다. 나를 문장으로 넓혀주시고, 나를 예법으로 집약시켜주셨으니, 그만두고자 해도 그만둘 수가 없구나. 이미 나의 재주를 다 기울였는데 우뚝 솟은 듯이 있으니, 비록 따르고자 하지만 따라갈 수가 없을 뿐이다."

9-12 공자께서 병이 깊어지자, 자로가 문인들로 가신家臣을 삼았다. 병이 좀 덜한 틈에 공자께서 말씀하셨다. "오래되었구나, 유(자로)가 속여 온 지! 가신이 없는데 가신이 있는 것으로 했으니, 내가 누구를 속이리오. 하늘을 속일 것인가! 또 내가 가신의 손에서 죽기보다는 차라리 자네들 손에서 죽는 것이 낫지 않으랴! 게다가 나에게 비록 큰 장례야 치러지지 않겠지만, 내가 길에서 죽기야 하랴?"

9-13 자공이 여쭈었다. "여기에 아름다운 옥이 있다면 상자에 넣어서 간직하시겠습니까? 좋은 값을 받고서 파시겠습니까?"
공자께서 대답하셨다. "팔아야지. 팔아야지. 나는 제값을 기다리는 사람이다."

9-14 공자께서 오랑캐 땅 구이에서 살고자 하셨다.
어떤 사람이 여쭈었다. "누추한데 어떻게 살 수 있겠습니까?"
공자께서 대답하셨다. "군자가 살게 되면 어찌 누추함이 있겠는가?"

9-15 공자께서 말씀하셨다. "내가 위나라로부터 노나라로 돌아온 다음에 음악이 바로잡히고 아악과 송가가 각각 제 자리를 얻게 되었다."

9-16 공자께서 말씀하셨다. "조정에 나가서는 군주와 대신을 섬기고, 집에 들어와서는 부모와 형을 섬기며, 상례의 일은 감히 힘쓰지 않음이 없고, 술로 괴로워지지 않음은, 그 중에 어느 것이

나에게 있겠느냐?"

9-17 공자께서 시냇가에 계시면서 말씀하셨다. "가는 것은 이 물과 같도다. 밤이나 낮이나 쉬지 않는구나."

9-18 공자께서 말씀하셨다. "나는 아직 덕을 좋아하기를 여인을 좋아하듯 하는 사람을 못보았노라."

9-19 공자께서 말씀하셨다. "비유하자면 산을 만드는 데 흙 한 삼태기만큼 다 못 이루고 그쳤더라도 내가 그친 것이며, 비유하자면 평지를 이루는 데 비록 흙 한 삼태기만큼 뒤엎고서 나아가더라도 내가 나아가는 것이니라."

9-20 공자께서 말씀하셨다. "말해주면 실행하기를 게을리 하지 않는 사람은 안회(안연)일 것이다."

9-21 공자께서 안연에 대해 말씀하셨다. "아깝도다! 나는 그가 나아가는 것만 보았고 그치는 것을 못 보았노라."

9-22 공자께서 말씀하셨다. "싹이 나왔지만 꽃이 피지 못하는 것이 있도다! 꽃이 피었지만 열매맺지 못하는 것이 있도다!"

9-23 공자께서 말씀하셨다. "후배들은 두려워할 만하구나. 어찌 앞으로 올 사람이 지금만 못한 줄을 알리오? 40세나 50세가 되어도 명성이 들리지 않는다면, 그 때에는 두려울 것이 없다."

9-24 공자께서 말씀하셨다. "법도로 일깨워주는 말이야 따르지 않을 수 있겠는가마는, 허물을 고치는 것이 소중하다. 부드럽게 도와주는 말이야 기뻐하지 않을 수 있겠는가마는, 이어가서 이루어내는 것이 소중하다. 기뻐하기만 하고 이어가서 이루어내지 않거나, 따라가기만 하고 허물을 고치지 않는다면 내가 어떻게 할 수가 없노라."

9-25 공자께서 말씀하셨다. "충성스럽고 믿음직함을 주장으로 삼으며, 자기보다 못한 사람과 벗하지 않으며, 허물이 있으면 고

치기를 꺼리지 않아야 한다."

9-26   공자께서 말씀하셨다. "삼군의 군대에서 장수를 빼앗을 수 있지만, 필부에게서 그 뜻을 빼앗을 수는 없다."

9-27   공자께서 말씀하셨다. "해진 솜옷을 입고서 여우나 담비가죽 옷을 입은 사람과 더불어 서서도 부끄러워하지 않을 사람은 <u>유</u>(<u>자로</u>)일 것이다. 남의 것을 해치지도 않고 탐내지도 않는다면 어찌 착하지 않겠는가?"

<u>자로</u>가 이 말을 평생 외우려 하였다. 공자께서 말씀하셨다. "이 도리가 어찌 넉넉히 선하다 하리오?"

9-28   공자께서 말씀하셨다. "겨울이 온 다음에라야 소나무와 잣나무가 시들지 않는 줄을 알겠도다."

9-29   공자께서 말씀하셨다. "지혜로운 자는 미혹되지 않고, 어진 자는 근심하지 않고, 용감한 자는 두려워하지 않는다."

9-30   공자께서 말씀하셨다. "더불어 함께 배울 수는 있지만, 더불어 도리를 따라갈 수는 없다. 더불어 도리를 따라갈 수는 있지만 더불어 자신을 확립할 수는 없다. 더불어 자신을 확립할 수는 있지만 더불어 권도를 행할 수는 없다." 『시』(누락된 시)에서 "산앵두 꽃이여! 바람에 펄럭이누나. 어찌 그대를 생각하지 않으리오? 집이 너무 멀도다."라 하였다.

공자께서 말씀하셨다. "생각하지 않을지언정 어찌 멀리 있다 하리오?"

『논어』
10편 (향당鄕黨)

10-1 공자께서 마을의 모임에서는 온화하고 공손하여 마치 말을 할 수 없는 사람 같았으며, 종묘와 조정에 계실 때는 말을 잘 하셨지만 오직 삼가셨다. 조정에서는 하대부와 말할 때는 화평하고 즐거운 듯하셨고, 상대부와 말할 때는 기뻐하면서 반듯한 듯하셨다. 임금께서 계실 때는 공경하면서 불안한 듯하시고, 삼가면서 두려운 듯하셨다.

10-2 임금께서 불러 국빈을 접대하게 하시면 낯빛을 바꾸어 엄숙하게 하고 발걸음을 조심스럽게 하셨다. 나란히 서 있는 국빈에게 읍할 때는 왼쪽 사람에게는 손을 왼쪽으로, 오른쪽 사람에게는 손을 오른쪽으로 하셨으며, 옷의 앞뒤 자락이 가지런하셨다. 빨리 나아가실 때는 날개를 편 듯하셨다. 국빈이 물러가면 반드시 돌아와 보고하기를, "국빈은 뒤돌아보지 않고 잘 가셨습니다."라 말씀하셨다.

10-3 궁궐의 문에 들어가실 때는 몸을 굽혀 움추려서 마치 용납 받지 못한 듯하셨다. 서 계실 때도 가운데 문에 서지 않으셨고, 다니실 때는 문지방을 밟지 않으셨다. 조정에서 신하들이 서는 자리를 지나갈 때는 낯빛을 바꾸어 엄숙히 하고 발걸음을 조심하셨으며, 말을 잘 못하는 것처럼 하셨다. 옷자락을 걷어잡고 마루에 오르실 때는 몸을 굽혀 움추린 듯하시고, 숨을 죽이시고 숨쉬지 않는 것처럼 하셨다. 나오실 때 한 층계를 내려오시면 낯빛을 펴서 기쁜 듯하시고, 층계를 다 내려오셔서는 빨리 나아가는데 날개를 편 듯하셨다. 제 자리에 돌아와서는 공경하면서 불안한 듯하셨다.

10-4 홀을 잡고서는 몸을 굽혀 움추린 듯하여, 무게를 이기지 못하는 듯하셨다. 홀의 위는 읍할 때와 같은 높이로 하고, 아래는 물건을 줄 때와 같은 높이로 하셨다. 낯빛은 변하여 떨고 있는 낯빛같이 하시고, 발걸음은 종종걸음으로 뒤꿈치를 끄는 듯이 하셨다. 예물을 드리는 의례에서는 낯빛을 푸셨고, 사사로이 만나보실 때는 화락한 듯하셨다.

10-5 군자는 검푸른 빛이나 검붉은 빛으로 꾸미지 않으시며, 붉은 빛이나 자주빛으로 평상복을 삼지 않으셨다. 더운 철에는 가는 갈포나 굵은 갈포의 홑옷을 반드시 겉에 입고 나가셨다. 검은 옷에는 염소가죽 갖옷을 입으시고, 흰 옷에는 사슴가죽 갖옷을 입으시고, 누른 옷에는 여우가죽 갖옷을 입으셨다. 평상시에 입는 갖옷은 길었지만 오른쪽 소매는 짧았다. 반드시 잠옷이 있었는데 길이가 키의 한 배 반이었다. 여우가죽과 담비가죽의 두꺼운 자리를 깔고 지내셨다. 상복을 벗고 나면 온갖 패물을 몸에 차셨다. 수레의 휘장이 아니라면 반드시 폭을 줄여서 바느질 하셨다. 염소가죽 갖옷과 검은 관을 갖추고서는 조문하지

않으셨다 초하룻날에는 반드시 조복을 입고서 조회에 나가셨다. 재계에는 반드시 '명의'를 입으셨는데, 베로 만드신 것이다.

10- 6 재계하실 때는 반드시 음식을 바꾸시고, 거처도 반드시 자리를 옮기셨다. 밥은 잘 찧은 쌀밥을 싫어하지 않으셨고, 회는 가늘게 썰어놓은 것을 싫어하지 않으셨다. 밥이 상하여 쉰 것이나 생선이 무르거나 고기가 부패한 것은 먹지 않으셨다. 빛깔이 나쁘면 먹지 않으시고, 냄새가 나쁘면 먹지 않으시고, 알맞게 익지 않은 것은 먹지 않으시고, 제철이 아니면 먹지 않으셨다. 바르게 자르지 않은 것은 먹지 않으시고, 맞는 간장을 얻지 못하면 먹지 않으셨다. 고기는 비록 많이 드시더라도 밥기운을 이기게 하지 않으셨고, 술은 일정한 한도를 두지는 않았지만 어지러운데 미치지는 않으셨다. 사온 술이나 저자에서 파는 포를 먹지 않으셨다. 생강 드시는 것을 그치지 않으셨지만 많이 먹지는 않으셨다. 나라에서 제사지낸 제육은 받고서 밤을 넘기지 않으셨고, 집에서 제사지낸 제육은 사흘을 넘기지 않으셨다. 사흘이 넘으면 먹지 않으셨다. 밥 먹을 때는 이야기를 하지 않으시고, 잠자리에 누워서 말하지 않으셨다. 비록 거친 밥과 나물국과 오이라도 고수레 하였는데, 반드시 엄숙하고 경건하셨다.

10- 7 자리가 바르지 않으면 앉지 않으셨다. 고을 사람들과 술을 마실 때는 지팡이 짚은 노인이 나가면 따라 나가셨다.

10- 8 고을 사람이 푸닥거리를 하면 조복을 입고서 사당의 동쪽 층계에 서 계셨다.

10- 9 다른 나라에 있는 사람에게 문안드릴 사람을 보낼 때는 두 번 절하고 보내셨다.

10-10 강자(계강자)가 약을 보내오자, 공자께서 절하고 받으시고

서, "구(공자)는 약의 성질을 알지 못하여 감히 먹을 수가 없습니다."고 말씀하셨다.

10-11   마굿간에 불이 났다.
　　　　공자께서 조정에서 퇴궐하셔서, "사람이 다치지는 않았느냐?"고 물으셨다. 그러고 나서 말에 대해 물으셨다.

10-12   군주가 음식을 내려주시면 반드시 자리를 바르게 하고서 먼저 맛보셨다.
　　　　군주가 날고기를 내려주시면 반드시 익혀서 사당에 올리셨다.
　　　　군주가 산 짐승을 내려주시면 반드시 기르셨다.
　　　　군주를 모시고 밥을 먹을 때, 군주가 고수레 하고 나면 먼저 밥을 먹었다.

10-13   병이 들었을 때 군주가 문병을 오시면, 머리를 동쪽으로 두고 조복을 몸에 올려놓고 띠를 그 위에 걸쳐놓으셨다.

10-14   군주가 명을 내려 부르시면 수레에 멍에하기를 기다리지 않고 걸어가셨다.

10-15   태묘에 들어가셔서는 일마다 물으셨다.

10-16   벗이 죽었는데 돌아갈 친족이 없으면, "우리 집에 빈소를 차려라." 하셨다.

10-17   벗의 선물은 비록 수레나 말이라도 제사에 올린 고기가 아니라면 절하지 않으셨다.

10-18   잠잘 때에는 죽은 사람 모습처럼 하지 않으셨고, 집에서 한가롭게 지내실 때는 용모를 꾸미지 않으셨다.

10-19   상복 입은 사람을 만나면 절친한 사이라도 반드시 낯빛을 엄숙하게 변하셨고, 관복 입은 사람이나 눈먼 사람을 만나면 비록 사사로운 자리에서라도 반드시 공경하는 모습을 하셨

다. 상복을 입은 사람은 공경하셨고, 지도와 호적을 짊어지고 가는 사람을 공경하셨다. 융성하게 차린 음식을 받으면 반드시 낯빛을 바꾸고 일어나셨다. 우레가 몰아치고 바람이 사나우면 반드시 낯빛을 변하셨다.

10-20 수레에 오르실 때는 반드시 바르게 서서 손잡이를 잡으셨다. 수레 속에서는 안을 돌아보지 않으시고, 빠르게 말씀하지 않으시고, 손가락으로 가리키지 않으셨다.

10-21 새가 놀라서 날아올랐다가 빙빙 돌고나서 내려와 앉았다.

10-22 공자께서 말씀하셨다. "산골짜기 작은 다리에 앉은 까투리야! 때를 만났구나. 때를 만났구나."

자로가 그 꿩을 잡아 올리니, 세 번 냄새를 맡으시고 일어나셨다.

『논어』
11편 (선진 先進)

11-1 공자께서 말씀하셨다. "예법과 음악에서 선배가 촌사람 같다면, 예법과 음악에서 후배는 군자답다. 만약 내가 인재를 등용 한다면 나는 선배부터 등용하겠노라."

11-2 공자께서 말씀하셨다. "진陳나라와 채나라에서 나를 따라다니던 제자들이 재난을 당했을 때 모두 뒤처져서 아직 위나라 성문에 이르지 못했구나."

11-3 덕행으로는 안연·민자건·염백우·중궁이었고, 언어로는 재아·자공이었고, 정치로는 염유·계로(자로)였고, 문학으로는 자유·자하였다.

11-4 공자께서 말씀하셨다. "회(안연)는 나를 돕는 사람이 아니로다. 내 말에 기뻐하지 않는 것이 없구나."

11-5 공자께서 말씀하셨다. "효성스럽도다. 민자건이여! 그 부모와 형제가 그를 칭찬하는 말에 남들이 흠잡지를 못하는구나."

11- 6   남용이 『시경』을 읽다가 '백규' 구절(「대아: 억」)에서는 세 번 반복해 외우니, 공자께서 형님의 딸을 아내로 삼게 하셨다.
11- 7   계강자가 물었다. "제자 가운데 누가 배우기를 좋아합니까?" 공자께서 대답하셨다. "안회(안연)라는 자가 있어서 배우기를 좋아하였는데, 불행하게도 단명하여 죽고, 지금은 없습니다."
11- 8   안연이 죽자 그 아버지인 안로가 선생님께 겉널을 마련하고자 수레를 달라고 청하였다. 공자께서 말씀하셨다. "재주가 있거나 재주가 없거나 역시 각기 자기 자식을 말하겠지. 내 아들 리(백어)가 죽었을 때는 속널만 있고 겉널은 없었다네. 내가 걸어 다니면서라도 겉널을 마련해주지 못하는 것은 내가 대부의 뒷줄에 따라다니니 걸어 다닐 수 없어서일세."
11- 9   안연이 죽자, 공자께서 말씀하셨다. "아아! 하늘이 나를 버리시는구나! 하늘이 나를 버리시는구나!"
11-10   안연이 죽자, 공자께서 곡하시다가 너무 애통해하셨다. 따라온 사람이 말했다. "선생님께서 너무 애통해하십니다." 공자께서 말씀하셨다. "너무 애통해 하였는가? 저 사람을 위해 애통해 하지 않는다면 누구를 위해 애통해하리오?"
11-11   안연이 죽자 제자들이 후하게 장례를 지내려 하니, 공자께서 "옳지 않다."고 말씀하셨다. 그런데도 제자들이 후하게 장례를 지냈다.
　　　　공자께서 말씀하셨다. "회(안연)는 나를 아비처럼 대했는데, 나는 그를 자식처럼 대하지 못하고 말았도다. 내가 그렇게 한 것이 아니라, 너희들이 그렇게 만들었구나."
11-12   계로(자로)가 귀신 섬기는 일에 대해 여쭈었다.
　　　　공자께서 대답하셨다. "아직 사람도 섬길 수 없는데 어찌 귀신을 섬길 수 있으랴?"

계로가 여쭈었다. "감히 죽음에 대해 여쭙니다."

공자께서 대답하셨다. "아직 삶도 알지 못하는데 어찌 죽음을 알리오?"

11-13 민자(민자건)는 곁에서 모시는 데 반듯한 듯하였고, 자로는 강직한 듯하였고, 염유와 자공은 화락한 듯하니, 공자께서 즐거워하셨다.

공자께서 말씀하셨다. "유(자로)같은 사람은 제 명대로 죽을 수 없을 것이로다."

11-14 노나라 사람이 '장부'라는 엽전을 만들었다.

민자건이 말했다. "옛 엽전을 그대로 쓰는 것이 어떻다는 것인가? 하필 고쳐서 만들어야 한단 말인가?"

공자께서 말씀하셨다. "이 사람(민자건)이 말을 하지 않을지언정, 말을 하기만 하면 꼭 들어맞는구나."

11-15 공자께서 말씀하셨다. "유(자로)는 비파를 어찌 나의 문 안에서 타느냐?"

그래서 제자들이 자로를 공경하지 않았다.

공자께서 말씀하셨다. "유는 마루에 올라왔지만 아직 방에 들어오지는 못한 것이다."

11-16 자공이 여쭈었다. "사(자장)와 상(자하)은 누가 현명합니까?"

공자께서 대답하셨다. "사는 지나치고 상은 못미치는구나."

자공이 다시 여쭈었다. "그렇다면 사가 더 낫습니까?"

공자께서 대답하셨다. "지나친 것은 못 미치는 것과 같으니라."

11-17 계씨가 주공보다 더 부유했지만 구(염유)가 계씨를 위해 세

금을 거두어들여 더욱 늘려 주었다.

공자께서 말씀하셨다. "구는 우리 무리가 아니니, 자네들은 북을 치며 성토해도 좋다."

11-18 공자께서 시(자고)는 어리석고, 참(증자)은 우둔하며, 사(자장)는 치우쳤고, 유(자로)는 거칠다고 하셨다.

공자께서 말씀하셨다. "회(안연)는 거의 도리에 가까웠지만 자주 끼니를 굶어야 했고, 사(자장)는 타고난 운명을 받아들이지 않고 재물을 늘렸으며, 억측을 했지만 자주 들어맞았다."

11-19 자장이 사람을 가르치는 방법을 여쭈었다.

공자께서 말씀하셨다. "옛 자취를 따라 밟아가지 않으면 방으로 들어갈 수 없느니라."

공자께서 말씀하셨다. "언론이 독실하다고 인정하는데, 과연 군자다운 사람이겠는가? 낯빛만 장중한 사람이겠는가?"

11-20 자로가 여쭈었다. "의로운 일을 들으면 이를 실행해야 합니까?"

공자께서 대답하셨다. "아버지와 형님이 계신데 어떻게 의로운 일을 듣는다고 이를 실행할 수 있겠는가?"

염유가 여쭈었다. "의로운 일을 들으면 이를 실행해야 합니까?"

공자께서 말씀하셨다. "의로운 일을 들으면 이를 실행해야 한다."

공서화가 여쭈었다. "유(자로)가 '의로운 일을 들으면 이를 실행해야 합니까?'라 여쭈니, 선생님께서는 '아버지와 형님이 계신다.'라 대답하시고, 구(염유)가 '의로운 일을 들으면 이를 실행해야 합니까?'라 여쭈니, 선생님께서는 '의로운 일을 들으면 이를 실행해야 한다.'라 대답하셨으니, 적(공서화)은 의혹이 일어나 감히 여쭙니다."

공자께서 말씀하셨다. "구는 물러나기 때문에 나아가게 하였고, 유는 두 사람 몫을 행하는 사람이기 때문에 물러나게 한 것이다."

11-21 공자께서는 광땅에서 위협을 당하셨는데, 이때 안연이 뒤쳐졌다.

공자께서 말씀하셨다. "나는 네가 죽은 줄로만 알았다."

안연이 대답했다. "선생님께서 계신데, 회(안연)가 어찌 감히 죽을 수 있겠습니까?"

11-22 계자연이 물었다. "중유(자로)와 염구(염유)는 대신이라 이를 만합니까?"

공자께서 대답하셨다. "나는 그대가 다른 일을 물을 것으로 여겼는데, 끝내 유(자로)와 구(염유)를 묻는구려. 이른바 대신이란 도리로 임금을 섬기니, 옳지 않으면 그만둡니다. 이제 유와 구는 숫자를 채워놓은 신하라 할 수 있습니다."

계자연이 물었다. "그렇다면 따르기만 하는 자입니까?"

공자께서 대답하셨다. "부모와 임금을 시해하는 일이라면 따르지 않을 것입니다."

11-23 자로가 자고를 시켜서 비의 수령으로 삼았다.

공자께서 말씀하셨다. "남의 자식을 해치는구나."

자로가 말했다. "백성이 있고, 사직이 있는데, 하필 글을 읽은 다음에라야 배웠다 하겠습니까?"

공자께서 말씀하셨다. "이래서 말재주 있는 자를 미워하는 것이다."

11-24 자로와 증석과 염유와 공서화가 모시고 앉아 있었다.

공자께서 말씀하셨다. "내가 너희들보다 나이가 얼마간 많다고 해서 나를 어려워하지 말아라. 평소에 말하기를 '나를 알아주지 않는다.'고 했는데, 만약 너희들을 알아준다면 어떻게 하겠느냐?"

자로가 재빨리 대답했다. "작은 제후국이 큰 나라들의 견제를 받다가 전란이 일어나고, 따라서 기근이 들더라도, 유(자로)가 다스릴 경우 3년에 이르면 백성들이 용감하게 될 것이고, 또 향하여 나아갈 바를 알게 할 것입니다."

선생님께서는 미소 지으셨다.

공자께서 물으셨다. "구(염유)야. 너는 어떻게 하겠느냐?"

염유가 대답했다. "사방이 6,70리나 5,60리 되는 땅을 구가 다스릴 경우, 3년에 이르면 백성의 살림을 넉넉하게 할 수 있겠으나, 예법과 음악에서는 군자를 기다리겠습니다."

공자께서 물으셨다. "적(공서화)아. 너는 어떻게 하겠느냐?"

공서화가 대답했다. "할 수 있다고 말하는 것이 아니요, 배우기를 원합니다. 종묘의 제사나 제후들이 회동하는 의례에서 예복을 갖추고서 자그마하게나마 돕기를 원합니다."

공자께서 물으셨다. "점(증석)아. 너는 어떻게 하겠느냐?"

비파 타는 소리가 잦아들더니, 덩그렁 소리를 내고나서 비파를 내려놓고, 증석이 일어나서 말했다. "세 사람이 열거한 것과는 다릅니다."

공자께서 말씀하셨다. "무슨 상관이 있겠느냐? 각자가 그 뜻을 말하는 것이다."

증석이 대답했다. "늦은 봄날 봄옷이 이미 갖추어지면, 어른 대여섯 사람과 아이들 예닐곱 사람이 함께 기수 물가에서 목욕한 다음, 무우 언덕에서 바람 쏘이고 나서, 노래 부르며 돌아오겠습니다."

『논어』

선생님께서 크게 감탄하고 나서 말씀하셨다. "나는 점(증석)의 뜻에 동의하노라!"

세 사람이 나갔는데 증석이 뒤에 남았다.

증석이 여쭈었다. "세 사람의 말이 어떠합니까?"

공자께서 대답하셨다. "각자 자기 뜻을 말한 것일 뿐이다."

증석이 여쭈었다. "선생님께서는 어찌하여 유(자로)의 말에 비웃으셨습니까?"

공자께서 대답하셨다. "나라를 다스리는 것은 예법으로 해야 하는데, 그 말에 사양함이 없었으니, 그래서 비웃었던 것이다."

증석이 여쭈었다. "구(염유)의 말은 나라를 다스리는 것이 아닙니까?"

공자께서 대답하셨다. "사방이 6,70리나 5,60리라고 어찌 나라가 아니겠느냐."

증석이 여쭈었다. "적(공서화)의 말은 나라를 다스리는 것이 아닙니까?"

공자께서 대답하셨다. "종묘의 제사나 회동의 의례가 제후의 일이 아니고 무엇이랴? 적이 하려 하는 것을 작은 일이라 여긴다면 누가 큰 일을 할 수 있겠느냐."

『논어』
12편 (안연 顔淵)

12-1 안연이 어진 덕에 대해 여쭈었다.

공자께서 대답하셨다. "자기를 이기고 예법을 회복하는 것이 어진 덕을 실행하는 것이다. 하루아침에 자기를 이기고 예법을 회복한다면 천하가 어진 덕으로 돌아갈 것이다. 어진 덕을 실행하는 것은 자기로 말미암는 것이지 남으로 말미암는 것이겠느냐?"

안연이 여쭈었다. "자기를 이기는 조목을 여쭙고자 청합니다."

공자께서 대답하셨다. "예법이 아니면 보지 말고, 예법이 아니면 듣지 말고, 예법이 아니면 말하지 말고, 예법이 아니면 행동하지 말아야 한다."

안연이 말했다. "회(안연)는 비록 영민하지 못하지만 이 말씀을 받들어 힘쓰고자 하옵니다."

12- 2   중궁이 어진 덕에 대해 여쭈었다.

공자께서 대답하셨다. "대문을 나서서 만나는 사람은 누구라도 큰 손님 뵙듯이 하고, 백성을 부리는 일은 큰 제사 받들 듯이 해야 한다. 자기가 하고자 하지 않는 것은 남에게 베풀지 말아라. 그러면 나라에 나가 벼슬을 해도 원망이 없고 가정 안에 머물러도 원망이 없을 것이다."

중궁이 말했다. "옹(중궁)이 비록 영민하지 못하지만 이 말씀을 받들어 힘쓰고자 하옵니다."

12- 3   사마우가 어진 덕에 대해 여쭈었다.

공자께서 대답하셨다. "어진 사람은 말을 삼간다."

사마우가 다시 여쭈었다. "말을 삼가면 이를 어진 덕이라 할 수 있습니까?"

공자께서 대답하셨다. "행하기가 어려운데, 말하기를 삼가지 않을 수 있겠느냐?"

12- 4   사마우가 군자에 대해 여쭈었다.

공자께서 대답하셨다. "군자는 근심하지 않고, 두려워하지 않는다."

사마우가 다시 여쭈었다. "근심하지 않고 두려워하지 않는다면, 이를 군자라 할 수 있습니까?"

공자께서 대답하셨다. "안으로 마음 속을 성찰하여 허물이 없으면 무엇을 근심하며, 무엇을 두려워하리오?"

12- 5   사마우가 근심하면서 말했다. "사람들은 모두 형제가 있는데, 나만 홀로 없구나."

자하가 말했다. "상(자하)이 듣자니, '죽고 사는 데는 운명이 있고, 부유함과 고귀함은 하늘에 달려 있다.'고 하네. 군자가 공경하여 실수하지 않고, 남들에 대해 공손하여 예법이 있다면 온 세상이 모두 형제라, 군자가 어찌 형제가 없다고 근심하겠는가?"

12-6 <u>자장</u>이 밝음에 대해 여쭈었다.
　　　공자께서 말씀하셨다. "은연 중에 파고들어오는 참소와 피부에 스며드는 하소연이 먹혀들지 않는다면 밝다고 할 수 있다. 은연 중에 파고들어오는 참소와 피부에 스며드는 하소연이 먹혀들지 않는다면 생각이 멀리 미친다고 할 수 있다."

12-7 <u>자공</u>이 정치에 대해 여쭈었다.
　　　공자께서 대답하셨다. "식량을 넉넉히 하고, 군사를 넉넉히 하고, 백성을 믿게 하는 것이다."
　　　<u>자공</u>이 여쭈었다. "부득이하여 반드시 하나를 제거해야 한다면, 이 세 가지에서 무엇을 먼저 제거해야 합니까?"
　　　공자께서 대답하셨다. "군사를 제거해야 한다."
　　　<u>자공</u>이 다시 여쭈었다. "부득이하여 반드시 하나를 제거해야 한다면, 이 두 가지에서 무엇을 먼저 제거해야 합니까?"
　　　공자께서 대답하셨다. "식량을 제거해야 한다. 예로부터 모든 사람에게는 죽음이 있지만, 백성이 신뢰하지 않으면 나라가 존립할 수 없는 법이다."

12-8 <u>극자성</u>이 말했다. "군자는 바탕일 따름이니, 어찌 문채로 군자를 삼겠습니까?"
　　　<u>자공</u>이 말했다. "애석하도다! 선생의 말씀이 군자에 대한 것이기는 한데, 네 마리 말이 끄는 마차도 그 혀의 가벼움을 따라갈 수 없구려. 문채가 있으면 바탕이 있어야 하고 바탕이 있으면 문채가 있어야 합니다. 호랑이와 표범의 털 없는 가죽은 개나 양의 털 없는 가죽과 다를 바가 없습니다."

12-9 <u>애공</u>이 <u>유약</u>에게 물었다. "한 해에 기근이 들고, 써야할 재

물이 부족하다면 어떻게 하겠는가?"

유약이 대답했다. "어찌 10분의 1 조세법을 시행하지 않으십니까?"

애공이 말했다. "10분의 2를 조세로 거두어도 나로서는 오히려 부족한데, 어떻게 10분의 1 조세법을 시행하겠는가?"

유약이 대답했다. "백성이 넉넉한데 군주가 누구와 더불어 부족하겠습니까? 백성이 넉넉하지 못한데 군주가 누구와 더불어 넉넉하겠습니까?"

12-10 자장이 덕을 높이고 미혹을 변별함에 대해 여쭈었다.

공자께서 대답하셨다. "충성과 신의를 주장으로 삼고 의로움에로 옮겨가면 덕을 높이는 것이요, 사랑하면 살게 하고자 하고 미워하면 죽게 하고자 하는 것인데, 이미 토지를 분배하여 살게 하고자 하고서 또 조세를 과중하게 거두어 죽게 하고자 하니, 이것이 미혹이네. 『시경』(「소아: 아행기야」)에서는 '진실로 부유하게 해주지는 못하고서, 단지 남과 다르게만 되고 말았구나.'라 하였네."

12-11 제나라 경공이 공자께 정치에 대해 물었다.

공자께서 대답하셨다. "임금은 임금답고, 신하는 신하답고, 아비는 아비답고, 자식은 자식다운 것입니다."

경공이 말했다. "좋은 말씀이오! 진실로 임금이 임금답지 않고, 신하가 신하답지 않고, 아비가 아비답지 않고, 자식이 자식답지 않다면, 비록 곡식이 있어도 내가 이 곡식을 먹을 수 있겠소?"

12-12 공자께서 말씀하셨다. "한쪽 편의 말만 듣고도 옥사를 판결할 수 있는 사람은 유(자로)일 것이다."

자로는 미리 허락하는 일이 없었다.

12-13 공자께서 말씀하셨다. "송사를 처리함은 나도 남만큼 하겠지만, 반드시 송사가 없게 해야 할 것이다."

12-14 자장이 정치에 대해 여쭈었다.
공자께서 대답하셨다. "처신함에 게으름이 없고, 시행함에 충성스러움으로 해야 한다."

12-15 공자께서 말씀하셨다. "글을 널리 배우고 예법으로 자신을 단속하면 또한 도리에 어긋나지 않을 것이다."

12-16 공자께서 말씀하셨다. "군자는 남의 아름다움을 이루어주고 남의 악함을 이루어주지 않으나, 소인은 이와 반대로 한다."

12-17 계강자가 공자께 정치에 대해 물었다.
공자께서 대답하셨다. "정치란 바로잡는 것입니다. 그대가 올바름으로 통솔하면 누가 감히 바르게 하지 않겠습니까?"

12-18 계강자가 도적을 근심하여 공자께 대책을 물었다.
공자께서 대답하셨다. "진실로 그대가 탐욕스럽지 않아 백성들을 잘 살게 해준다면, 비록 상을 주더라도 도적질 하지 않을 것입니다."

12-19 계강자가 공자께 정치에 대해 물었다. "만약 무도한 자를 죽여서 백성을 도리가 있는 데로 따르게 한다면 어떠합니까?"
공자께서 대답하셨다. "그대는 정치를 하면서 어찌 살육의 방법을 쓰려합니까? 그대가 선하고자 하면 백성은 선하게 됩니다. 군자의 덕은 바람이요 소인의 덕은 풀이라, 풀은 위로 바람이 불어오면 반드시 바람 따라 눕습니다."

12-20 자장이 여쭈었다. "선비는 어떻게 해야 통달했다고 말할 수 있습니까?"
공자께서 물으셨다. "네가 통달이라고 말하는 것이 무

엇이냐?"

자장이 대답했다. "나라에서 벼슬해도 반드시 명성이 들리고, 집안에 있어도 반드시 명성이 들리는 것입니다."

공자께서 말씀하셨다. "이것은 명성이 들리는 것이요, 통달하는 것이 아니다. 통달한다는 것은 질박하고 정직하며 의로움을 좋아하면서, 남의 말을 관찰하고 남의 낯빛을 살펴서 남의 뜻을 알고, 자신의 생각을 남의 아래에 낮춘다면, 나라에서 벼슬해도 반드시 통달할 것이요 집안에 있어도 반드시 통달할 것이다. 명성이 들린다는 것은 낯빛을 꾸며서 어진 덕의 이름을 가졌지만 행실에서는 어긋나며, 모든 것을 점거하고서도 자신을 낮추지 않으니, 나라에 벼슬해도 명성이 들리고 집안에 있어도 명성이 들리는 것이다."

12-21   번지가 공자를 따라 무우의 언덕 아래에서 노닐었다.

번지가 여쭈었다. "감히 덕을 높이고, 간특함을 다스리며, 미혹됨을 분별하는 일을 여쭙고자 합니다."

공자께서 대답하셨다. "그 질문이 좋구나! 일하는 데는 남들보다 앞장서고, 이익 얻는 데는 남들보다 뒤에 서면, 덕을 높이는 것이 아니겠는가? 자기의 악을 다스리고 남의 악을 다스리지 않으면 간특함을 다스리는 것이 아니겠는가? 하루아침에 일어나는 분노로 그 자신을 잊고 부모에게 재앙이 미치게 하면 미혹함이 아니겠는가?"

12-22   번지가 어진 덕에 대해 여쭈었다.

공자께서 대답하셨다. "사람을 사랑하는 것이니라."

번지가 앎에 대해 여쭈었다.

공자께서 대답하셨다. "사람을 알아보는 것이니라."

번지가 그 말씀의 뜻에 통달하지 못하였다.

공자께서 말씀하셨다. "곧은 사람을 들어 올려 비뚤어진 사람 위에 두면 비뚤어진 사람도 곧게 될 수 있다."

번지가 물러나와 자하를 만나보고서 물었다. "지난번에 내가 선생님을 뵙고서 앎에 대해 여쭈었는데, 선생님께서 '곧은 사람을 들어 올려 비뚤어진 사람 위에 두면 비뚤어진 사람도 곧게 될 수 있다.'고 하셨는데, 무슨 말씀인가?"

자하가 말했다. "풍성하도다. 그 말씀이여! 순임금이 천하를 다스릴 적에 고요를 무리에서 선발하여 들어 올리니 어질지 못한 자들이 멀리 사라졌습니다. 탕임금이 천하를 다스릴 적에 이윤을 무리에서 선발하여 들어 올리니 어질지 못한 자들이 멀리 사라졌습니다."

12-23 자공이 벗에 대해 여쭈었다.

공자께서 말씀하셨다. "충심으로 알려주고 잘 이끌어주되, 할 수 없으면 그만두어서 스스로 욕됨이 없도록 해야 한다."

12-24 증자가 말했다. "군자는 학문으로써 벗을 모으고, 벗으로써 어진 덕을 돕는다."

『논어』
13편 (자로子路)

13-1 자로가 정치에 대해 여쭈었다.
　　　　공자께서 대답하셨다. "솔선해야 하며, 몸소 수고를 다해야 한다."
　　　　자로가 한 말씀 더해주시기를 청하였다.
　　　　공자께서 말씀하셨다. "게을리함이 없어야 한다."
13-2 중궁이 계씨의 가신이 되고 나서, 정치에 대해 여쭈었다.
　　　　공자께서 대답하셨다. "담당 관리보다 앞서 하고, 작은 허물은 용서하며, 현명한 인재를 천거해야 한다."
　　　　중궁이 여쭈었다. "어떻게 현명한 인재를 알아보고 천거합니까?"
　　　　공자께서 말씀하셨다. "네가 아는 자를 천거하면, 네가 알지 못하는 자를 남들이 버려두겠는가?"
13-3 자로가 여쭈었다. "위나라 군주가 선생님을 기다려서 정

치를 하려 하시는데, 선생님은 장차 무엇을 먼저 하시겠습니까?"

공자께서 대답하셨다. "반드시 명분을 바로잡아야 할 것이다!"

자로가 말했다. "이럴 줄 알았습니다. 선생님께서는 실정에 너무 동떨어지셨습니다. 명분을 바로잡아가지고서 무엇하신다는 것입니까?"

공자께서 말씀하셨다. "속되구나. 유(자로)는! 군자란 자기가 알지 못하는 것은 비워두고 말하지 않는 법이다. 명분이 바르지 않으면 말이 순조롭지 않고, 말이 순조롭지 않으면 일이 이루어지지 않으며, 일이 이루어지지 않으면 예법과 음악이 일어나지 않고, 예법과 음악이 일어나지 않으면 형벌이 적절하게 행해지지 않으며, 형벌이 적절하게 행해지지 않으면 백성은 손발을 둘 곳이 없게 된다. 그러므로 군자가 명분을 세우면 반드시 말을 할 수 있게 되고, 말을 하면 반드시 실행할 수 있게 되니, 군자는 그 말에서 구차한 것이 없을 뿐이다."

13-4 번지가 농사짓는 법 배우기를 청했다.

공자께서 말씀하셨다. "나는 늙은 농사꾼만 못하다."

번지가 채마밭 가꾸는 법 배우기를 청했다.

공자께서 "나는 늙은 채소농군만 못하다."

번지가 나가자 공자께서 말씀하셨다. "번수(번지)는 소인이로구나. 윗사람이 예법을 좋아하면 백성들은 감히 윗사람을 공경하지 않는 일이 없을 것이요, 윗사람이 의로움을 좋아하면 백성들은 감히 윗사람에 복종하지 않는 일이 없을 것이며, 윗사람이 미더움을 좋아하면 백성들은 감히 실정대로 하지 않는 일이 없을 것이다. 이렇게 한다면 사방의 백성들은 자식을 포대기에 싸서 업고 찾아올 것이니, 어찌 농사짓는 법을 쓰고 있겠는가?"

13- 5 공자께서 말씀하셨다. "『시』3백 편을 외우면서도 정치를 맡겼을 때 밝게 처리하지 못하거나, 사방에 사신으로 나가서 독자적으로 대처하지 못한다면, 비록 많이 외우고 있다한들 무엇에 쓰겠느냐?"

13- 6 공자께서 말씀하셨다. "그 자신이 바르면 명령하지 않아도 시행되며, 그 자신이 바르지 못하면, 비록 명령을 하더라도 따르지 않을 것이다."

13- 7 공자께서 말씀하셨다. "노나라와 위나라의 정치는 형제 사이로다."

13- 8 공자께서 위나라 군주의 아들 형에 대해 말씀하셨다. "집에 거처하기를 잘하는구나. 처음 자신의 살림을 시작하였을 때 '이만하면 적당하다.' 하였고, 조금 재산을 가지게 되자, '이만하면 갖추었다.' 하였고, 재산을 부유하게 가지게 되자, '이만하면 아름답다.' 하였다."

13- 9 공자께서 위나라에 가실 때 염유가 수레를 몰았다.
　　공자께서 말씀하셨다. "백성들이 많구나!"
　　염유가 여쭈었다. "이미 백성이 많다면 또 무엇을 더해야 합니까?"
　　공자께서 대답하셨다. "부유하게 해주어야 한다."
　　염유가 다시 여쭈었다. "이미 부유하게 되었다면 또 무엇을 더해야 합니까?"
　　공자께서 말씀하셨다. "가르쳐야 한다."

13-10 공자께서 말씀하셨다. "진실로 나를 써주는 사람이 있다면, 한 해만에라도 성과를 낼 수 있을 것이요, 삼 년이면 정치가

이루어질 것이다."

13-11 공자께서 말씀하셨다. "옛말에 '선한 사람이 백 년 동안 나라를 다스리면 잔학한 사람을 교화시키고 살육하는 풍속을 제거할 수 있다.'고 하는데, 진실하도다. 이 말씀이!"

13-12 공자께서 말씀하셨다. "만약에 왕도로 천하를 다스리는 임금이 있다 하더라도 반드시 한 세대가 지난 다음에 풍속이 어질게 될 것이다."

13-13 공자께서 말씀하셨다. "진실로 자신을 바르게 한다면 정치를 하는 데 무슨 어려움이 있겠는가? 자신을 바르게 할 수 없다면 어떻게 남을 바르게 할 수 있겠는가?"

13-14 염자(염유)가 조정에서 물러나왔다.
공자께서 물었다. "어찌 늦었느냐?"
염자가 대답했다. "나라의 일이 있었습니다."
공자께서 말씀하셨다. "그것은 계씨의 집안일이었을 것이다. 나라의 일이 있었다면, 비록 내가 등용되지는 않았더라도 내가 참여하여 들을 수 있었을 것이다."

13-15 정공이 물었다. "한 마디 말로 나라를 흥성하게 할 수 있다 하는데, 그런 일이 있습니까?"
공자께서 대답하셨다. "말이란 그렇게 할 수 있는 것이 아닙니다. 사람들의 말에, '임금노릇 하기도 어렵고, 신하노릇 하기도 쉽지 않다.'고 합니다. 만약 임금노릇 하기가 어려운 줄을 안다면, 그것이 '한 마디 말로 나라를 흥성하게 할 수 있다.'는 것에 가깝지 않겠습니까?"
정공이 물었다. "한 마디 말로 나라를 잃을 수 있다 하는데, 그런 일이 있습니까?"
공자께서 대답하셨다. "말이란 그렇게 할 수 있는 것이 아닙니다. 사람들의 말에, '나는 임금노릇 하는 데는 즐거울 것이 없지만, 오직 말을 하면 나를 어기지 않는 것이 즐겁다.'고 합니다. 만약 그 말이 착한데 어기는 자가 없다면, 역시 좋지 않겠습니까? 만약 그 말이 착하지 않은데도 어기는 자가 없다면, 그것이 '한 마디 말로 나라를 잃게 한다.'는 것에 가깝지 않겠습니까?"

13-16 섭공이 정치에 대해 물었다.

공자께서 대답하셨다. "가까이 있는 사람들은 기뻐하게 하고, 멀리 있는 사람들은 찾아오게 하는 것입니다."

13-17 자하가 거보고을의 수령이 되고나서, 정치에 대해 여쭈었다.

공자께서 대답하셨다. "일을 급속하게 하려 들지 말아야 하고, 작은 이익을 탐내지 말아야 할 것이다. 일을 급속하게 하려 들면 성공할 수가 없고, 작은 이익을 탐내면 큰 일이 이루어지지 않게 된다."

13-18 섭공이 공자께 말했다. "우리 고을에 자신을 정직하게 하는 자가 있습니다. 그 아비가 양을 훔쳤는데, 자식이 이를 증거하였습니다."

공자께서 대답하셨다. "우리 고을의 정직한 사람은 이와 다릅니다. 아비는 자식을 위해 감추어주고, 자식은 아비를 위해 감추어주는데, 정직함이 그 가운데 있습니다."

13-19 번지가 어진 덕에 관해 여쭈었다.

공자께서 말씀하셨다. "거처할 때에는 공순하게 하고, 일을 담당해서는 경건하게 하며, 사람을 대할 때는 충직하게 하는 것이다. 비록 오랑캐 땅에 가더라도 버려서는 안된다."

13-20 자공이 여쭈었다. "어떠해야 선비라 할 수 있습니까?"

공자께서 대답하셨다. "자신의 행함에 부끄러워함이 있어야 하고, 사방으로 사신을 나가서 임금의 명령을 욕되지 않게 해야 선비라 할 수 있다."

자공이 또 여쭈었다. "감히 그 다음 가는 선비에 대해 여쭙니다."

공자께서 대답하셨다. "친족들이 효성스럽다 일컫고, 고을 사람들이 우애 있다 일컫는 것이다."

자공이 또 여쭈었다. "감히 그 다음 가는 선비에 대해 여쭙니다."

공자께서 말씀하셨다. "말을 하면 반드시 믿을 수 있고, 행동하면 반드시 성과가 있으며, 자잘하게 고집하여 덕이 작은 사람이라. 그래도 그 다음 간다고 할 수 있다."

자공이 여쭈었다. "오늘날 정치에 종사하는 사람들은 어떠합니까?"

공자께서 말씀하셨다. "아! 인물의 국량이 한 말들이나 한 말 두 되들이 밖에 안되는 편협한 사람들이니, 어찌 헤아릴 만하겠는가?"

13-21 공자께서 말씀하셨다. "중용의 도리를 지닌 선비를 얻어서 함께 할 수 없다면, 반드시 과격한 자나 고집스러운 자와 함께 하리라. 과격한 자는 진취적이고, 고집 센 자는 함부로 행하지 않는 바가 있다."

13-22 공자께서 말씀하셨다. "남쪽 나라 사람의 말에, '사람이 항상함이 없으면 무당이나 의원이 될 수 없다.'고 하였는데, 좋은 말이로다!"

(『역경』에서는) "그 덕이 항상하지 않으면 혹 수치스러움에 나아간다."고 하였다.

공자께서 말씀하셨다. "점이 쳐지지 않을 따름이니라."

13-23 공자께서 말씀하셨다. "군자는 화합하지만 동조하지 않으며, 소인은 동조하지만 화합하지 않는다."

13-24 자공이 여쭈었다. "고을 사람이 모두 좋다고 하면 어떠합니까?"

공자께서 말씀하셨다. "아직 괜찮다고 할 수 없구나."

자공이 여쭈었다. "고을 사람들이 모두 미워하면 어떠합니까?"

공자께서 말씀하셨다. "아직 괜찮다고 할 수 없구나. 고을 사람 가운데 착한 자가 좋아하고 착하지 못한 자가 미워하는 것만 못하다."

13-25 공자께서 말씀하셨다. "군자는 섬기기 쉽지만 기쁘게 하기는 어렵다. 도리로 기쁘게 하지 않으면 기뻐하지 않으며, 사람을 부림에서는 국량에 따라 쓰기 때문이다. 소인은 섬기기 어렵지만 기쁘게 하기는 쉽다. 비록 도리가 아닌 것으로 기쁘게 하여도 기뻐하며, 사람을 부림에서는 모든 능력을 갖추도록 요구하기 때문이다."

13-26 공자께서 말씀하셨다. "군자는 태연하지만 교만하지 않고, 소인은 교만하지만 태연하지 못하다."

13-27 공자께서 말씀하셨다. "강직하고 굳게 지키며, 질박하고 어눌하면, 어진 덕에 가깝다."

13-28 자로가 여쭈었다. "어떻게 해야 선비라 말할 만합니까?"

공자께서 대답하셨다. "절실하게 타일러주고, 자상하게 이끌어주며, 화락하다면, 선비라 할 수 있다. 벗들과는 절실하게 타일러주고, 자상하게 이끌어주며, 형제 사이에는 화락하여야 한다."

13-29 　공자께서 말씀하셨다. "덕망과 역량이 있는 사람이 7년 동안 백성을 가르치면, 전쟁에도 내보낼 수 있다."

13-30 　공자께서 말씀하셨다. "백성을 가르치지 않고서 전쟁에 내보내는 것은 백성을 버리는 것이다."

『논어』
14편 (헌문憲問)

14- 1 원헌이 수치스러움에 대해 여쭈었다.
　　　　공자께서 대답하셨다. "나라에 법도가 있어도 녹봉을 받고, 나라에 법도가 없어도 녹봉을 받는다면 수치이다."
　　　　원헌이 여쭈었다. "이기려들거나 자랑하거나 원망하거나 욕심 부리는 일을 행하지 않는다면 어진 덕이 될 수 있습니까?"
　　　　공자께서 대답하셨다. "어려운 일이라 할 수는 있겠지만, 어진 덕인지 나는 모르겠다."

14- 2 공자께서 말씀하셨다. "선비로서 가정생활의 즐거움만 그리워한다면 선비라 하기에 부족하다."

14- 3 공자께서 말씀하셨다. "나라에 법도가 있으면 강직하게 말하고 강직하게 행동할 것이지만, 나라에 법도가 없으면 강직하게 행동하되 말은 온순하게 해야 한다."

14- 4 공자께서 말씀하셨다. "덕이 있는 사람은 반드시 말씀을 남

기지만, 말씀을 남긴 사람이라고 반드시 덕이 있는 것은 아니다. 어진 사람은 반드시 용기가 있지만, 용기가 있는 사람이라고 반드시 어진 덕이 있는 것은 아니다."

14-5 남궁괄이 공자께 여쭈었다. "예는 활을 잘 쏘았고, 오는 힘이 세어 뭍에서도 배를 끌었지만, 모두 제 명에 못 죽었습니다. 그러나 우와 직은 몸소 농사를 지었지만 천하를 차지하였습니다."
　　　선생님께서는 대답하지 않으셨다.
　　　남궁괄이 나가자, 공자께서 말씀하셨다. "군자로다. 이 사람이여! 덕을 숭상하는구나. 이 사람이여!"

14-6 공자께서 말씀하셨다. "군자로서 어질지 않은 자는 있어도, 소인으로서 어진 자는 있지 아니하다."

14-7 공자께서 말씀하셨다. "사랑한다면서 수고롭게 하지 않겠는가? 충성한다면서 깨우쳐주지 않겠는가?"

14-8 공자께서 말씀하셨다. "정나라에서 외교문서를 작성할 때, 비심이 초안을 짓고, 세숙이 검토하여 논의하였고, 행인 벼슬의 자우가 고치고 꾸몄으며, 동리마을에 사는 자산이 다듬어 문채가 나게 하였다."

14-9 어떤 사람이 자산에 대해 여쭈었다.
　　　공자께서 대답하셨다. "베풀기를 좋아하는 사람이다."
　　　어떤 사람이 자서에 대해 여쭈었다.
　　　공자께서 대답하셨다. "저런 사람이라니! 저런 사람이라니!"
　　　어떤 사람이 관중에 대해 여쭈었다.
　　　공자께서 대답하셨다. "인물이로다. 백씨의 병읍땅 3백 호를 빼앗아서 거친 밥을 먹게 하였는데, 평생토록 원망하는 말이 없었다."

『논어』 83

14-10 공자께서 말씀하셨다. "가난하면서도 원망함이 없기는 어렵지만, 부유하면서 교만하지 않기는 쉽다."

14-11 공자께서 말씀하셨다. "맹공작은 청렴하니 조씨나 위씨의 가신이 되기에는 넉넉할 것이지만, 그 역량으로는 등나라나 설나라의 대부가 될 수는 없다."

14-12 자로가 온전한 사람에 대해 여쭈었다.

공자께서 말씀하셨다. "만약 장무중의 지혜와 맹공작의 욕심내지 않음과 변장자의 용기와 염구의 재능에다 예법과 음악으로 문채를 낸다면 온전한 사람이라 할 수 있을 것이다."

자로가 말했다. "오늘날의 온전한 사람은 어찌 반드시 그러해야 하겠습니까? 이익을 만나면 의로움을 생각하며, 나라가 위태로움을 당하면 목숨을 내놓겠다고 옛날에 약속하였으니, 평소에 한 말을 잊지 않는다면, 또한 온전한 사람이 될 수 있을 것입니다."

14-13 공자께서 공명가에게 공숙문자에 대해 물었다. "사실입니까? 그 분은 말하지도 않고, 웃지도 않고, 물건을 받지도 않습니까?"

공명가가 대답했다. "전하는 사람이 지나쳤습니다. 그 분은 때가 된 다음에 말하였으니 사람들이 그 말을 싫어하지 않았고, 즐거워진 다음에 웃었으니 사람들이 그 웃음을 싫어하지 않았으며, 의로워야만 물건을 받았으니, 사람들이 그 받는 것을 싫어하지 않았습니다."

공자께서 말씀하셨다. "그러합니까? 어찌 그럴 수 있습니까?"

14-14 공자께서 말씀하셨다. "장무중이 방고을에 자신의 후계자를 세워달라고 노나라에 요구하였는데, 비록 '임금에게 강요하지 않았다.'고 말하지만, 나는 믿지 않는다."

14-15 공자께서 말씀하셨다. "진晉나라 문공은 속임수를 쓰고 정당하지 못했지만, 제나라 환공은 정당하고 속임수를 쓰지 않았다."

14-16 자로가 여쭈었다. "환공이 공자 규를 죽이자 소홀은 따라 죽었는데, 관중은 죽지 않았으니, '어질지 못하다.'고 할 수 있습니까?"

공자께서 대답하셨다. "환공이 아홉 번 제후들을 규합하면서 군사를 동원하지 않은 것은 관중의 힘이었다. 그 인자함만 하랴. 그 인자함만 하랴."

14-17 자공이 여쭈었다. "관중은 어진 사람이 아니지 않습니까? 환공이 공자 규를 죽였는데, 따라 죽지 못하였으며, 또 환공의 재상이 되었습니다."

공자께서 대답하셨다. "관중이 환공의 재상이 되어 제후의 패자가 되게 하여 천하를 한 번 크게 바로잡았으니, 백성들은 지금에 이르기까지 그 혜택을 입었다. 관중이 없었더라면, 우리는 오랑캐가 되어 머리를 풀어헤치고 옷깃을 왼쪽으로 여밀 뻔하였다. 어찌 필부필부처럼 자잘한 신의를 지키려고 스스로 목매어 죽어 도랑에 버려지더라도 알아줄 사람이 없는 것과 같겠는가?"

14-18 공숙문자의 가신이었던 대부 선이 문자와 함께 조정에 나가 벼슬하였다.

공자께서 이를 들으시고 말씀하셨다. "시호를 '문'이라고 할 만하구나."

14-19 공자께서 위나라 영공의 무도함을 말씀하셨다.

계강자가 물었다. "이와 같이 하는데도 어찌 지위를 잃지 않습니까?"

공자께서 대답하셨다. "중숙어(공문자)가 빈객을 담당하고, 축타가 종묘를 담당하고, 왕손가가 군대를 담당하니, 이와 같이 하는데 어찌 그 지위를 잃겠습니까?"

14-20 공자께서 말씀하셨다. "말한 것에 대해 부끄러워하지 않는다면 실행하기가 어려울 것이다."

14-21 진성자가 간공을 시해하자, 공자께서 목욕하고 조정에 나가서, 애공에게 아뢰었다. "진항(진성자)이 제 임금을 시해하였으니 토벌하소서."

애공은 말했다. "세 사람(노나라의 실권자 계손·맹손·숙손)에게 말해 보시오."

공자께서 말씀하셨다. "내가 대부의 말석에 있기 때문에 감히 아뢰지 않을 수 없었는데, 임금께서 '세 사람에게 말해 보라.'고 하시는구나."

공자께서 세 사람에게 가서 말하니, 안된다고 하였다.

공자께서 말씀하셨다. "내가 대부의 말석에 있기 때문에 감히 말하지 않을 수 없었다."

14-22 자로가 임금 섬기는 일에 대해 여쭈었다.

공자께서 대답하셨다. "속이지 말아야 한다. 그러고서 과감히 간언할 것이다."

14-23 공자께서 말씀하셨다. "군자는 향상하여 위로 도달하고, 소인은 퇴보하여 아래로 도달한다."

14-24 공자께서 말씀하셨다. "옛날에 배우는 자는 자기를 실현하려 하고, 오늘에 배우는 자는 남에게 보이려고 한다."

14-25 거백옥이 공자께 사람을 보냈다.

공자께서 그와 마주 앉아 물으셨다. "선생께서는 무엇을 하시오?"

그가 대답했다. "저의 선생님은 자기 허물을 적게 하고자 하시지만 아직 못하고 계십니다."

심부름 온 사람이 나가자, 공자께서 말씀하셨다. "좋은 심부름꾼이로다! 좋은 심부름꾼이로다."

14-26 공자께서 말씀하셨다. "그 지위에 있지 않으면 그 정치를 도모하지 않아야 한다."

증자가 말했다. "군자는 생각함이 그 지위를 벗어나지 않는다."

14-27 공자께서 말씀하셨다. "군자는 자기 말이 실행보다 지나침을 부끄러워 한다."

14-28 공자께서 말씀하셨다. "군자의 도리가 세 가지인데 나는 할 수 있는 것이 없구나. 어진 사람은 근심하지 않고, 지혜로운 사람은 미혹되지 않고, 용감한 사람은 두려워하지 않는 것이다."

자공이 말했다. "선생님께서 스스로 행하신 것이다."

14-29 자공이 남을 비교하여 논평하니, 공자께서 말씀하셨다. "사(자공)는 나보다 나은가 보다. 나는 그럴 겨를이 없구나."

14-30 공자께서 말씀하셨다. "남이 자기를 알아주지 않는다고 근심할 것이 아니라, 자기의 무능함을 근심해야 한다."

14-31 공자께서 말씀하셨다. "남이 자기를 속일 것이라 미리 대비하지 않아야 하고, 믿지 않을 것이라 미리 추측하지 않아야 한다. 그러나 (실정을) 먼저 깨닫는 것이 현명한 것이다."

14-32 미생무가 공자에게 말했다. "그대는 어찌하여 황급하게 돌아다니는거요? 말재주를 부리려는 것이 아니오?"

공자께서 대답하셨다. "감히 말재주를 부리려는 것이 아니라, 세상을 등지고 고집함을 미워함이라오."

14-33 공자께서 말씀하셨다. "준마는 그 힘을 일컫는 것이 아니라

그 덕을 일컫는 것이다."

14-34   어떤 사람이 여쭈었다. "은덕으로 원한을 갚는다는 것은 어떠합니까?"

공자께서 대답하셨다. "무엇으로 은덕을 갚겠는가? 곧음으로 원한을 갚고, 은덕으로 은덕을 갚아야 한다."

14-35   공자께서 말씀하셨다. "나를 알아주지 않는구나!"

자공이 여쭈었다. "어찌하여 선생님을 알아주지 않는다고 하십니까?"

공자께서 대답하셨다. "하늘을 원망하지 않고, 남을 허물하지 않으며, 아래에서 배워 위로 통달하니, 나를 알아주는 자는 하늘일 것이로다!"

14-36   공백료가 계손씨(계씨)에게 자로를 참소하였다.

자복경백이 이 일을 알려주면서 말했다. "그 분(계씨)은 공백료의 참소로 마음에 의혹이 생긴 것은 틀림없지만, 나의 힘은 오히려 공백료를 죽여 거리에 내걸 수 있습니다."

공자께서 말씀하셨다. "도리가 장차 행하게 되는 것도 천명이요, 도리가 장차 폐지되게 되는 것도 천명입니다. 공백료가 천명을 어찌하겠습니까!"

14-37   공자께서 말씀하셨다. "현명한 자는 세상을 피하고, 그 다음은 땅을 피하며, 그 다음은 안색을 보고서 피하고, 그 다음은 말을 듣고서 피한다."

공자께서 말씀하셨다. "털고 일어난 자는 일곱 사람이다."

14-38   자로가 석문에서 묵었다.

문지기가 자로에게 물었다. "어디서 오십니까?"

자로가 대답했다. "공자 댁에서 옵니다."

문지기가 말했다. "안될 줄 알면서도 하는 사람 말이지요?"

14-39 공자께서 위나라에 계실 때 경쇠를 치셨다.
삼태기를 지고 공자의 문앞을 지나가는 어떤 사람이 말했다. "마음을 두고 있구나. 경쇠 치는 소리에!"
연주가 끝나자 그 사람이 말했다. "비루하구나, 땡땡거리는 소리는! 자기를 알아주지 않으면, 그것으로 그만둘 뿐이다. 『시경』(「패풍: 포유고엽」)에는 '깊으면 옷을 벗어가지고 건너고, 얕으면 옷을 걷고 건너야 하네.'라 했지."
공자께서 말씀하셨다. "과연 그렇구나! 나무랄 말이 없도다."

14-40 자장이 여쭈었다. "『서경』(「무일」)에 이르기를, '고종이 거상 중에 삼년 동안 말을 하지 않으셨다.'고 하였는데 무엇을 말한 것입니까?"
공자께서 말씀하셨다. "하필 고종만이겠는가. 옛 사람은 모두 그러하였다. 임금이 죽으면 모든 관료들은 자기 직책을 맡아보며 삼년 동안 총재의 지시를 따랐다."

14-41 공자께서 말씀하셨다. "윗사람이 예법을 좋아하면 백성은 부리기가 쉽다."

14-42 자로가 군자에 대해 여쭈었다.
공자께서 말씀하셨다. "자신을 닦음으로써 공경할 것이다."
자로가 여쭈었다. "이렇게 할 따름입니까?"
공자께서 말씀하셨다. "자신을 닦음으로써 남을 편안하게 해주는 것이다."
자로가 여쭈었다. "이렇게 할 따름입니까?"
공자께서 말씀하셨다. "자기를 닦음으로써 백성을 편안하게 해주는 것이다. 자기를 닦음으로써 백성을 편안하게 해주는 것은 요와 순도 오히려 어려워하셨다."

14-43 원양이 쭈그리고 앉아 기다리고 있었다.

공자께서 다가가 말씀하셨다. "어려서는 공손하거나 우애 있지 않았으며, 장성해서는 일컬을 만한 행적이 없고, 늙어서도 죽지 않으면, 이는 도적이다." 그러고서 지팡이로 그 무릎을 가볍게 치셨다.

14-44 궐리마을의 어린 아이가 말씀 전하는 일을 받들어 하였다. 어떤 사람이 물었다. "배움이 진전된 자입니까?"

공자께서 대답하셨다. "나는 그 아이가 어른들 자리에 앉는 것을 보고, 손윗사람과 나란히 가는 것을 보았는데, 배움에 나가기를 구하는 자가 아니라 속히 이루기를 바라는 자입니다."

『논어』
15편 (위령공衛靈公)

15- 1 위나라 영공이 진법에 대해 공자께 물으셨다.
　　　 공자께서 대답하셨다. "제사에 제기를 진열하는 일은 일찍이 들었습니다마는, 군대를 진열하는 일은 아직 배우지 못했습니다."

15- 2 이튿날 드디어 떠나셨다. 진陳나라에 있을 때 양식이 떨어졌고, 따르는 자들이 병들어 일어나지 못하였다.
　　　 자로가 성난 낯빛을 드러내면서 여쭈었다. "군자도 곤궁할 때가 있습니까?"
　　　 공자께서 대답하셨다. "군자라야 진실로 곤궁을 견딜 수 있다. 소인은 곤궁하면 분수를 넘는 짓을 한다."

15- 3 공자께서 물으셨다. "사(자공)야, 너는 나를 많이 배우고 기억하는 사람이라 여기느냐?"
　　　 자공이 대답했다. "그러합니다. 그렇지 않습니까?"

공자께서 말씀하셨다. "그렇지 않다. 나는 하나로 꿰뚫었다."

15-4 공자께서 말씀하셨다. "유(자로)야, 덕을 알아보는 자가 드물구나."

15-5 공자께서 말씀하셨다. "몸소 행함이 없이 다스린 자는 순임금일 것이다. 무엇을 하였겠는가? 자신을 공손하게 하고 남쪽을 향해 임금 자리를 바르게 지켰을 뿐이다."

15-6 자장이 명령의 시행에 대해 여쭈었다.

공자께서 대답하셨다. "말이 충성스럽고 미더우며, 행동이 독실하고 엄숙하면, 비록 오랑캐의 나라에서도 시행될 수 있을 것이다. 말이 충성스럽지도 미덥지도 못하며, 행동이 독실하지도 엄숙하지도 않으면, 비록 고을 안에서도 시행될 수 있겠는가? 수레에서 일어서면 수레 앞에 매어 있는 멍에가 보이고, 수레에 앉으면 가름대에 매달려 있는 끌채가 보인다. 그러한 다음에 수레가 가는 것이다."

자장이 이 말씀을 띠 자락에 적었다.

15-7 공자께서 말씀하셨다. "곧도다 사어여! 나라에 도리가 있어도 화살같고, 나라에 도리가 없어도 화살같구나. 군자로다, 거백옥이여! 나라에 도리가 있으면 벼슬하고, 나라에 도리가 없으면 거두어들여 감추어둘 수 있구나."

15-8 공자께서 말씀하셨다. "더불어 말할 만한데 더불어 말하지 않으면 사람을 잃게 되고, 더불어 말할 수 없는데 더불어 말하면 말을 잃게 된다. 지혜로운 사람은 사람을 잃지 않고 또한 말을 잃지 않는다."

15-9 공자께서 말씀하셨다. "뜻이 높은 선비와 어진 사람은 살기를 구하여 어진 덕을 해치는 일이 없고, 자신을 죽여서라도

어진 덕을 이루는 일이 있다."

15-10 <u>자공</u>이 어진 덕을 행함에 대해 여쭈었다.

공자께서 대답하셨다. "장인은 그 일을 잘하고자 하면 반드시 먼저 그 연장을 예리하게 손질한다. 한 나라에 살면서는 대부 가운데 현명한 자를 섬기고, 선비 가운데 어진 자와 벗하여야 한다."

15-11 <u>안연</u>이 나라를 다스린 일에 대해 여쭈었다.

공자께서 대답하셨다. "<u>하</u>나라의 책력을 시행하고, <u>은</u>나라의 수레를 타고, <u>주</u>나라의 관을 착용하고, 음악은 순임금의 악곡과 춤을 쓰며, <u>정</u>나라의 소리를 물리치고, 아첨하는 사람을 멀리해야 한다. 정나라 소리는 문란하고, 아첨하는 사람은 위태롭다."

15-12 공자께서 말씀하셨다. "사람은 멀리 염려함이 없으면 반드시 가까이 근심함이 있게 된다."

15-13 공자께서 말씀하셨다. "끝났구나! 나는 아직 덕을 좋아하기를 어여쁜 여인을 좋아하듯 하는 사람을 못 보았도다."

15-14 공자께서 말씀하셨다. "<u>장문중</u>은 지위를 훔친 자로다. <u>유하혜</u>가 현명한 줄을 알면서도 함께 조정에 서지 않았다."

15-15 공자께서 말씀하셨다. "자신을 책망할 때는 무겁게 하고 남을 책망할 때는 가볍게 하면 원망에서 멀어질 것이다."

15-16 공자께서 말씀하셨다. "'어떻게 할까, 어떻게 할까'하고 말하지 않는 자에게는 나도 어떻게 해볼 수가 없다."

15-17 공자께서 말씀하셨다. "여럿이 모여 종일토록 지내면서, 말이 의로움에 미치지 않고 자잘한 재치를 부리기 좋아한다면 사람되기는 어려울 것이다."

15-18 공자께서 말씀하셨다. "군자는 의로움을 바탕으로 삼아서,

예법으로 의로움을 행하고, 겸손함으로 의로움을 표현하고, 믿음으로 의로움을 이루니, 참으로 군자로다!"

15-19 공자께서 말씀하셨다. "군자는 재능이 없음을 근심하지, 남이 자기를 알아주지 않음을 근심하지 않는다."

15-20 공자께서 말씀하셨다. "군자는 세상을 마칠 때까지 명성이 일컬어지지 않는 것을 근심한다."

15-21 공자께서 말씀하셨다. "군자는 자기에게서 추구하고, 소인은 남에게서 추구한다."

15-22 공자께서 말씀하셨다. "군자는 장중하며 다투지 않고, 여러 사람들과 화합하여 지내지만 당파를 짓지 않는다."

15-23 공자께서 말씀하셨다. "군자는 말하는 것을 듣고서 그 사람을 천거하지 않으며, 사람을 보고서 그 말까지 버리지 않는다."

15-24 자공이 여쭈었다. "한 마디 말로 평생토록 실행할 수 있는 것이 있습니까?"

공자께서 대답하셨다. "그것은 '나를 미루어 남에 이르는 것'(恕)일 것이다. 자기가 하고자 하지 않는 것은 남에게 베풀지 말아야 한다."

15-25 공자께서 말씀하셨다. "내가 남들에 대하여 누구를 비방하고 누구를 칭찬하더냐? 만약 칭찬한 자가 있다면 시험해본 바가 있어서이다. 이 백성은 삼대(하·은·주)의 곧은 도리를 따라 행해왔다."

15-26 공자께서 말씀하셨다. "나는 그래도 역사를 기록하는 자가 분명하지 않은 사실은 남겨두고, 말을 가진 자가 남에게 빌려주어 타게 하는 것을 보았는데, 지금은 없어지고 말았구나!"

15-27 공자께서 말씀하셨다. "교묘한 말은 덕을 어지럽히고, 작은

것을 참지 않으면 큰 계획을 어지럽힌다."

15-28 공자께서 말씀하셨다. "여러 사람이 미워하더라도 반드시 이를 살펴보아야 하고, 여러 사람이 좋아하더라도 반드시 이를 살펴보아야 한다."

15-29 공자께서 말씀하셨다. "사람이 도리를 넓힐 수 있는 것이지, 도리가 사람을 넓힐 수 있는 것은 아니다."

15-30 공자께서 말씀하셨다. "허물이 있는데도 고치지 않는다면, 이것을 허물이라 한다."

15-31 공자께서 말씀하셨다. "나는 일찍이 종일토록 먹지 않고 밤새도록 자지 않고 생각했던 일이 있는데, 아무 이익이 없었다. 배우는 것만 못하였다."

15-32 공자께서 말씀하셨다. "군자는 도리를 위해 마음을 쓰지, 먹는 것을 위해 마음쓰지 않는다. 농사를 지어도 굶주림이 그 가운데 있지만, 배우면 녹봉이 그 가운데 있다. 군자는 도리를 근심하지 가난함을 근심하지 않는다."

15-33 공자께서 말씀하셨다. "지식이 지위에 미치더라도 어진 덕이 이를 지킬 수 없으면, 비록 이를 얻더라도 반드시 잃고 말 것이다. 지식이 지위에 미치고 어진 덕이 이를 지킬 수 있더라도 엄숙하게 임하지 않으면, 백성들은 공경하지 않을 것이다. 지식이 지위에 미치고 어진 덕이 이를 지키며 엄숙하게 임하더라도 백성을 격동시킴에 예법으로 하지 않으면, 아직 좋다고 할 수는 없다."

15-34 공자께서 말씀하셨다. "군자는 작은 일을 알 수는 없어도 큰 일을 맡을 수 있지만, 소인은 큰 일을 맡을 수 없으나 작은 일을 알 수는 있다."

15-35 공자께서 말씀하셨다. "백성이 어진 덕을 멀리함이 물이

나 불보다 심하구나. 나는 물이나 불에 뛰어들었다가 죽는 자는 보았지만, 어진 덕에 뛰어들었다가 죽는 자는 아직 못 보았다."

15-36 공자께서 말씀하셨다. "어진 덕을 담당함에서는 스승에게 도 사양하지 않는다."

15-37 공자께서 말씀하셨다. "군자는 바르고 곧게 지키지만 분별 없이 굳게 믿지는 않는다."

15-38 공자께서 말씀하셨다. "임금을 섬김에는 맡은 일을 신중하게 수행하고, 녹봉에는 뜻을 두지 않는다."

15-39 공자께서 말씀하셨다. "가르침에는 차별을 두지 않는다."

15-40 공자께서 말씀하셨다. "도리가 같지 않으면 같이 일을 도모하지 않는다."

15-41 공자께서 말씀하셨다. "사신이 응대하는 말은 뜻을 전달할 따름이다."

15-42 눈먼 악사인 사면이 뵈러 왔는데, 계단에 이르자, 공자께서 "계단이요"라 하시고, 자리에 이르자, 공자께서 "자리요"라 하셨다. 모두 앉자, 공자께서 "아무개는 여기에 있고, 아무개는 여기에 있소."라 알려주셨다.

　　　　악사 사면이 나가자, 자장이 여쭈었다. "악사와 말하는 법도입니까?"

　　　　공자께서 대답하셨다. "그렇다. 참으로 악사를 도와주는 법도이다."

『논어』
16편 (계씨季氏)

16-1 계씨가 노나라의 속국인 전유를 치려 하였다.
　　　염유와 계로(자로)가 공자를 뵙고서 말씀드렸다. "계씨가 장차 전유에서 일을 벌이려 합니다."
　　　공자께서 물으셨다. "구(염유)야. 이것은 너의 허물이 아니냐? 전유로 말하면 예전에 선왕께서 동쪽 몽산에서 제사드릴 때 제주로 삼으셨고, 또한 나라 안에 자리잡고 있으니, 이는 사직을 지키는 신하이다. 어찌하여 치려하느냐?"
　　　염유가 대답했다. "계씨가 치려는 것이지, 우리 두 신하는 모두 치고자 하지 않습니다."
　　　공자께서 물으셨다. "구야. 주임이 말하기를 '능력을 발휘할 수 있으면 벼슬의 대열에 나아가고, 할 수 없으면 그만두어야 한다.'고 하였다. 위태로운데도 붙들어주지 못하고, 넘어지는데도 부축해주지 못하면 장차 저 돕는 신하를 어디에

다 쓰겠느냐? 또한 너의 말은 잘못되었다. 호랑이나 외뿔소가 우리에서 뛰쳐나오고, 거북껍질이나 구슬이 상자 속에서 손상되었다면 이것은 누구의 허물이냐?"

염유가 대답했다. "이제 전유는 견고 한데다가 비땅에 가까워서, 지금 빼앗지 않으면 뒷날에 반드시 자손들에게 근심거리가 될 것입니다."

공자께서 말씀하셨다. "구야. 군자는 '갖고 싶다'고 바로 말하지 않으면서 반드시 말을 꾸며대고 있는 것을 미워한다. 내가 듣기로, '나라를 다스리거나 가문을 다스리는 자는 백성이 적은 것을 걱정하지 않고, 분배가 고르지 못한 것을 걱정하며, 가난한 것을 걱정하지 않고, 안정되지 못한 것을 걱정한다.'고 하였다. 무릇 분배가 고르면 가난하지 않을 것이요, 화평하면 백성이 적지 않을 것이며, 안정되면 나라가 기울어지는 일이 없을 것이다. 그렇기 때문에 먼 곳의 사람들이 복종하지 않으면 예법과 음악의 교화를 닦아서 찾아오도록 해야 하며, 이미 찾아왔으면 안정하게 해주어야 한다. 이제 유(자로)와 구는 계씨를 돕는 신하들이면서, 먼 곳 사람들이 복종하지 않는데도 찾아오게 할 수 없으며, 나라가 무너지고 쪼개지려는 데도 지켜낼 수 없으면서, 나라 안에서 병장기를 동원하려고 도모하는구나. 나는 계손(계씨)의 근심거리가 전유에 있지 않고, 울타리 안에 있는 것이 아닌가 두렵구나."

16-2 공자께서 말씀하셨다. "천하에 도리가 행해지고 있으면 예법과 음악과 정벌이 천자로부터 나오지만, 천하에 도리가 행해지고 있지 않으면 예법과 음악과 정벌이 제후로부터 나온다. 예법과 음악과 정벌이 제후로부터 나오면 10세대 안에 나라를 잃지 않는 경우가 드물 것이요, 대부로부터 나오면 5세

대 안에 나라를 잃지 않는 경우가 드물 것이며, 가신이 국권을 잡으면 3세대 안에 나라를 잃지 않는 경우가 드물 것이다. 천하에 도리가 행해지고 있으면 정권이 대부에게 있지 않고, 천하에 도리가 행해지고 있으면 서민들은 나라의 정치를 의논하지 않는다."

16-3 공자께서 말씀하셨다. "녹봉을 주는 권한이 군주의 집안을 떠난 지 5세대가 되었고, 정권이 대부의 손에 들어간 지 4세대가 되었구나. 그래서 노나라 환공의 자손인 맹손·숙손·계손의 자손들이 미약해졌다."

16-4 공자께서 말씀하셨다. "유익한 벗이 세 가지가 있고, 해로운 벗이 세 가지가 있다. 정직한 사람과 벗하고, 믿음직한 사람과 벗하고, 견문이 많은 사람과 벗하는 것은 유익하다. 간교한데 젖은 사람과 벗하고, 아첨하기 좋아하는 사람과 벗하고, 말재주 부리는 사람과 벗하는 것은 해롭다."

16-5 공자께서 말씀하셨다. "유익한 즐거움이 세 가지가 있고, 해로운 즐거움이 세 가지가 있다. 예법과 음악을 절도에 맞게 하기를 즐거워하고, 남의 착한 점 말하기를 즐거워하고, 현명한 벗이 많음을 즐거워하는 것은 유익하다. 무절제한 향락을 즐거워하고, 방탕하게 노닐기를 즐거워하고, 술자리의 즐거움을 즐거워하는 것은 해롭다."

16-6 공자께서 말씀하셨다. "군자를 모시고 있을 때 저지르기 쉬운 허물이 세 가지가 있다. 말할 기회가 오지 않았는데 말하는 것은 '조급하다'하고, 말할 기회가 왔는데 말하지 않는 것은 '숨긴다'하고, 안색을 살피지도 않고 말하는 것은 '눈치 없다'한다."

16-7 공자께서 말씀하셨다. "군자는 경계할 것이 세 가지가 있

다. 젊었을 때는 혈기가 아직 안정되지 않았으니, 경계할 것이 색욕에 있고, 장년이 되어서는 혈기가 바야흐로 강성해지니 경계할 것은 싸움에 있고, 노년에 이르면 혈기가 이미 쇠퇴해지니 경계할 것은 물욕에 있다."

16- 8 공자께서 말씀하셨다. "군자는 두려워할 것이 세 가지가 있다. 천명을 두려워하고, 큰 인물을 두려워하고, 성인의 말씀을 두려워 한다. 소인은 천명을 알지 못하여 두려워하지 않고, 큰 인물을 함부로 대하며, 성인의 말씀을 모독한다."

16- 9 공자께서 말씀하셨다. "타고나면서 아는 자가 최상이요, 배워서 아는 자가 다음이며, 곤란을 겪고서 아는 자는 또 그 다음이요, 곤란을 겪고서도 배우지 못하면 이러한 사람은 하등이 된다."

16-10 공자께서 말씀하셨다. "군자는 생각할 일이 아홉 가지가 있다. 볼 때에는 환하게 보기를 생각하고, 들을 때는 또렷하게 듣기를 생각하고, 얼굴 빛은 온화하기를 생각하고, 용모는 공손하기를 생각하고, 말할 때는 충직하기를 생각하고, 일을 맡아서는 신중하기를 생각하고, 의심이 나면 물어볼 것을 생각하고, 분할 때에는 후환이 닥칠 것을 생각하고, 이득을 보면 그것이 의로운지를 생각하는 것이다."

16-11 공자께서 말씀하셨다. "'착한 것을 보면 거기에 못 미친 듯이 하고, 착하지 않은 것을 보면 끓는 물에 손을 넣은 듯이 한다.'고 하는데, 나는 그렇게 하는 사람도 보았고, 나는 그렇게 말하는 것도 들었다. '숨어 살면서 그 뜻한 바를 추구하고, 의로움을 실행하여 그 도리에 통달한다.'고 하는데, 나는 그렇게 말하는 것은 들었지만, 그렇게 행하는 사람은 아직 못 보았다."

16-12 공자께서 말씀하셨다. "제나라 경공은 4,000필의 말을 가지고 있었으나 죽는 날에 백성들이 칭송하는 덕이 없었지만, 백이와 숙제는 수양산 아래서 굶주렸으나, 백성들은 오늘에 이르기까지 칭송하니, 그것은 이를 두고 말한 것인가?"

16-13 진항(자금)이 백어에게 물었다. "그대는 아버님(공자)에게서 남달리 들은 것이 있는가?"

백어가 대답하였다. "아직 없네. 그런데 한 번은 아버님께서 혼자 서 계셨을 때, 내가 종종걸음으로 뜰을 지나가는데, 아버님께서 '시를 배웠느냐?'고 물으시기에, '아직 못 배웠습니다.'라 대답하자, '시를 배우지 않으면, 말을 할 수가 없느니라.'고 말씀하셔서, 나는 물러나와 시를 배웠네. 다른 날 또 아버님께서 혼자 서 계셨을 때, 내가 종종걸음으로 뜰을 지나가는데, 아버님께서 '예법을 배웠느냐?'고 물으시기에, '아직 못 배웠습니다.'라 대답하자, '예법을 배우지 않으면, 남 앞에 설 수가 없느니라.'고 말씀하셔서, 나는 물러나와 예법을 배웠네. 이 두 가지를 들었네."

진항이 물러나와 기뻐하며 말했다. "한 가지를 물었는데 세 가지를 얻었다. 시에 관해 들었고, 예법에 관해 들었고, 또 군자는 그 자식을 멀리 한다는 것을 들었다."

16-14 제후의 아내는 제후가 '부인'이라 일컫고, 부인은 스스로 '소동'이라 일컫는다. 그 나라 사람은 '군부인'이라 일컫고, 다른 나라 사람에 대해서는 '과소군'이라 일컬으며, 다른 나라 사람들은 역시 '군부인'이라 일컫는다.

★『논어』
17편 (양화 陽貨)

17-1 양화가 공자를 만나고자 하였으나, 공자께서 만나주지 않으시니, 그는 공자께 예물로 찐 새끼돼지를 보내주었다.

공자께서는 양화가 집에 없는 틈을 타서 찾아가 감사의 뜻을 표했는데, 도중에 그를 만나게 되었다.

양화가 공자께 말했다. "오시오. 내가 그대와 할 말이 있소. 보배로운 덕을 품고서도 나라가 어지러운 데도 버려둔다면 어질다고 할 수 있습니까?"

공자께서 대답하셨다. "그렇다고 할 수 없습니다."

양화가 물었다. "나라 일에 종사하기를 좋아하면서 자주 기회를 잃는다면 지혜롭다고 할 수 있습니까?"

공자께서 대답하셨다. "그렇다고 할 수 없습니다."

양화가 말했다. "날과 달이 흘러가버리니, 세월은 나를 기다려주지 않습니다."

공자께서 대답하셨다. "그렇습니다. 나도 장차 벼슬에 나갈 것입니다."

17- 2 　공자께서 말씀하셨다. "성품은 서로 가깝지만, 습관은 서로 멀다."

　　　　공자께서 말씀하셨다. "오직 상등의 지혜로운 자와 하등의 어리석은 자는 바뀌지 않는다."

17- 3 　공자께서 무성에 가셨을 때 현악에 맞추어 노래하는 소리를 들으셨다.

　　　　선생님께서 빙그레 웃으시면서 말씀하셨다. "닭을 잡는데 어찌 소잡는 칼을 쓰는가?"

　　　　자유가 대답했다. "전날에 저는 선생님께서 '군자가 도리를 배우면 사람을 사랑하고, 소인이 도리를 배우면 부리기 쉽다.'고 말씀하신 것을 들었습니다."

　　　　공자께서 말씀하셨다. "얘들아. 언(자유)의 말이 옳다. 앞서 한 말은 농담한 것일 뿐이다."

17- 4 　공산불요가 비땅에서 계씨에 반기를 들고 일어나서, 공자를 부르자, 공자께서 가려고 하셨다.

　　　　자로가 못마땅히 여기면서 여쭈었다. "가실 곳이 없으면 그만이지, 하필 공산씨에게 가시려합니까?"

　　　　공자께서 대답하셨다. "나를 부르는 사람이라면 어찌 부질없이 부르겠는가. 만약 나를 써주는 사람이 있다면 나는 그 나라를 동쪽의 주나라로 만들겠다."

17- 5 　자장이 공자께 어진 덕에 대해 여쭈었다.

　　　　공자께서 대답하셨다. "다섯 가지를 천하에 행할 수 있으면 어진 덕이 될 것이다."

　　　　자장이 여쭈었다. "그것을 여쭙고자 합니다."

『논어』 103

공자께서 대답하셨다. "공손함과 너그러움과 믿음과 민첩함과 은혜로움이다. 공손하면 모욕당하지 않고, 너그러우면 많은 사람들의 마음을 얻고, 믿음이 있으면 남들이 일을 맡기고, 민첩하면 공로가 있게 되고, 은혜로우면 사람을 부리기에 넉넉하게 된다."

17- 6 필힐이 부르자, 공자께서 가려고 하셨다.

자로가 여쭈었다. "전날에 저는 선생님께서 '그 자신이 직접 악한 짓을 한 사람의 마을에는 군자가 들어가지 않는다.'고 하신 말씀을 들었습니다. 필힐이 중모땅에서 반기를 들었는데, 선생님께서 가신다니 어찌된 일입니까?"

공자께서 말씀하셨다. "그렇다. 그 말을 한 일은 있지. 그렇지만, 갈아도 엷어지지 않는다면 굳다고 하지 않으랴! 물들여도 검어지지 않는다면 희다고 하지 않으랴! 내가 어찌 박덩어리겠느냐? 어찌 매달려만 있고 먹지 않을 수 있겠느냐?"

17- 7 공자께서 물으셨다. "유(자로)야. 너는 여섯 가지 말과 여섯 가지 폐단에 대해 들은 일이 있느냐?"

자로가 대답했다. "아직 못 들었습니다."

공자께서 말씀하셨다. "앉거라. 내가 너에게 말해주마. 어진 덕을 좋아하면서 배우기를 좋아하지 않으면 그 폐단은 어리석음이요, 지혜로움을 좋아하면서 배우기를 좋아하지 않으면 그 폐단은 방자함이요, 믿기를 좋아하면서 배우기를 좋아하지 않으면 그 폐단은 잔인함이요, 정직하기를 좋아하면서 배우기를 좋아하지 않으면 그 폐단은 각박함이요, 용감함을 좋아하면서 배우기를 좋아하지 않으면 그 폐단은 난폭함이요, 강경함을 좋아하면서 배우기를 좋아하지 않으면 그 폐단은 조급함이다."

17- 8　공자께서 말씀하셨다. "너희들은 어찌하여 시를 배우지 않느냐? 시는 감흥을 일으킬 수 있고, 그 뜻을 살펴볼 수 있으며, 여럿이 어울릴 수 있고, 원망할 수 있다. 가까이는 부모를 섬기고, 멀리는 임금을 섬기며, 새나 짐승과 풀이나 나무의 이름을 많이 알게 된다."
　　공자께서 백어에게 말씀하셨다. "너는 「주남」 시와 「소남」 시를 배웠느냐? 사람으로서 「주남」과 「소남」을 배우지 않으면, 그것은 마치 담장을 마주하고 서 있는 것과 같다."

17- 9　공자께서 말씀하셨다. "'예법'이라 '예법'이라 말하는데, 옥이나 비단의 폐백을 말하는 것이겠느냐? '음악'이라, '음악'이라 말하는데, 종이나 북의 악기를 말하는 것이겠느냐?"

17-10　공자께서 말씀하셨다. "안색은 위엄이 있지만 속마음이 유약한 사람은 소인에 비유하자면, 마치 벽을 뚫고 담을 넘는 도적과 같은 자이다."

17-11　공자께서 말씀하셨다. "시골에서 점잖은 체하는 사람은 덕을 해치는 자이다."

17-12　공자께서 말씀하셨다. "밭고랑에서 듣고 봇도랑에서 말하는 것은 덕을 버리는 것이다."

17-13　공자께서 말씀하셨다. "비열한 자와 함께 임금을 섬길 수 있겠는가? 벼슬과 녹봉을 아직 얻지 못했을 때는 얻으려고 근심하고, 이미 얻은 뒤에는 잃을까 근심한다. 진실로 잃을까 근심하면 못하는 짓이 없을 것이다."

17-14　공자께서 말씀하셨다. "옛날에는 백성들에게 세 가지 병통이 있었는데, 지금은 그것조차 없어진 것 같다. 옛날의 뜻만 높은 자는 얽매임이 없었으나, 지금의 뜻만 높은 자는 방탕하기만 하다. 옛날의 고집스런 자는 깐깐하였으나, 오늘의 고집

스런 자는 사납기만 하다. 옛날의 어리석은 자는 고지식하였으나, 오늘의 어리석은 자는 간사할 뿐이다."

17-15 공자께서 말씀하셨다. "교묘한 말재주와 꾸며놓은 얼굴빛에는 어진 덕이 드물다."

17-16 공자께서 말씀하셨다. "중간색인 자주 색이 붉은 색의 자리를 빼앗는 것을 미워하며, 통속적인 정나라 소리가 아악을 어지럽히는 것을 미워하며, 경박한 입으로 나라와 집안을 뒤집어 엎는 자를 미워한다."

17-17 공자께서 말씀하셨다. "나는 말하지 않으려 한다."
자공이 여쭈었다. "선생님께서 말을 하지 않으신다면 저희들은 무엇으로 도리를 배워서 전하겠습니까?"
공자께서 대답하셨다. "하늘이 무슨 말을 하겠느냐? 네 계절이 돌아가고 만물이 생겨나는데, 하늘이 무슨 말을 하겠느냐?"

17-18 유비가 공자를 뵙고자 했는데, 공자는 병을 핑계로 사양하였다. 말을 전하는 사람이 문을 나가자, 비파를 타면서 노래를 불러 유비가 듣도록 하였다.

17-19 재아가 여쭈었다. "삼년상을 하는데 일 년이면 이미 오래한 것입니다. 군자가 삼 년 동안 예법을 차리지 않으면 예법이 반드시 무너질 것이요, 삼 년 동안 음악을 하지 않으면 음악이 반드시 무너질 것입니다. 한 해가 지나면 묵은 곡식이 떨어지고 햇곡식이 나오며, 나무를 비벼 새로 불을 일으켜 불씨를 바꾸니, 일 년이면 상을 끝낼 만합니다."
공자께서 물으셨다. "쌀밥을 먹고 비단옷을 입으니 너는 마음이 편안하느냐?"
재아가 대답했다. "편안합니다."
공자께서 말씀하셨다. "네가 편안하다면 그렇게 하거라. 군자란 상중에 있으면 좋은 음식을 먹어도 맛이 없고 음악을 들어도 즐겁지 않고 거처하여도 편안하지 않으니, 그래서 하지 않는 것이다. 이제 네가 편안하다면 그렇게 하거라."

　　재아가 나가자 공자께서 말씀하셨다. "역(재아)는 어질지 못하구나. 자식이 태어나 삼 년이 지난 다음에 부모의 품을 벗어날 수 있다. 삼년상이란 천하에 통용되는 상례이다. 역도 자기 부모에게서 삼 년 동안의 사랑을 받았을 터이거늘!"

17-20 　공자께서 말씀하셨다. "종일 배불리 먹고서 아무 마음쓸 곳이 없다면 딱한 일이다. 장기나 바둑이라는 것이 있지 않으냐? 이것이라도 하는 것이 그래도 나을 것이다."

17-21 　자로가 여쭈었다. "군자도 용감함을 숭상합니까?"

　　공자께서 말씀하셨다. "군자는 의로움을 으뜸으로 삼는다. 군자가 용감함만 있으면서 의로움이 없다면 난동을 일으키게 되고, 소인이 용감함만 있고 의로움이 없다면 도적이 될 것이다."

17-22 　자공이 여쭈었다. "군자도 미워함이 있습니까?"

　　공자께서 대답하셨다. "미워함이 있다. 남의 허물을 들추어내는 자를 미워하고, 아랫사람으로 윗사람을 비방하는 자를 미워하며, 용감하면서 예법이 없는 자를 미워하고, 과감하면서 융통성이 없는 자를 미워한다."

　　공자께서 물으셨다. "사(자공)야. 너도 미워하는 것이 있느냐?"

　　자공이 대답했다. "남의 허물을 들추어내는 것을 지혜롭다고 여기는 자를 미워하며, 불손한 것을 용감한 것으로 여기는 자를 미워하며, 남의 숨겨진 일 파헤치는 것을 곧은 것으로 여기는 자를 미워합니다."

17-23 　공자께서 말씀하셨다. "여자와 소인은 다루기가 어렵다. 가까이 하면 불손하고, 멀리하면 원망한다."

17-24 　공자께서 말씀하셨다. "나이가 사십이 되어서도 남에게 미움을 산다면, 끝난 것이다."

『논어』
18편 (미자微子)

18-1 미자는 떠나가 버렸고, 기자는 노예가 되었으며, 비간은 간언하다가 죽었다.
  공자께서 말씀하셨다. "은나라에는 세 어진 이가 있었다."

18-2 유하혜는 옥사를 관장하는 관리가 되었는데 세 번이나 쫓겨났었다. 사람들이 "그대는 아직도 떠나버릴 수가 없소?"라 물으니, 유하혜가 대답했다. "곧은 도리로 사람을 섬기면서 어디로 간들 세 번 쫓겨나지 않겠소? 도리를 굽혀 사람을 섬긴다면 하필 부모의 나라를 떠나야 하겠소?"

18-3 제나라 경공이 공자를 접대하면서 말했다. "계씨같이는 내가 할 수 없고, 계씨와 맹씨의 중간 정도로 대우하겠소."
  다른 날 경공이 말했다. "나는 늙어서 그대를 쓰지 못하겠소."
  공자께서는 떠나가셨다.

18- 4 제나라 사람이 여자 가무단을 보내왔다. 계환자가 이를 받고서 사흘 동안 조회에 나가지 않았다. 그래서 공자께서 떠나셨다.

18- 5 초나라의 미치광이 접여가 노래를 부르며 공자의 곁을 지나갔다. "봉황이여, 봉황이여! 어찌 그리 덕이 쇠약해졌나? 지나간 일은 말려볼 수 없지만, 그래도 닥쳐 올 일은 따라갈 수 있도다. 그만두어야지. 그만두어야지. 오늘날 정치하는 자는 위태롭구나!" 공자께서 수레에서 내려 더불어 말을 하고자 하였으나, 빨리 지나가 피해버리니, 더불어 말을 할 수 없었다.

18- 6 장저와 걸닉이 함께 밭을 갈고 있는데, 공자께서 지나가다가 자로를 시켜 나루터로 가는 길을 묻게 하였다.

장저가 자로에게 물었다. "수레에서 말고삐를 잡고 있는 사람이 누구요?"

자로가 대답했다. "공구(공자)입니다."

장저가 물었다. "노나라의 공구입니까?"

자로가 대답했다. "그렇습니다."

장저가 말했다. "그는 나루터로 가는 길을 알고 있소."

자로가 걸닉에게 나루터로 가는 길을 물었더니, 걸닉이 물었다. "그대는 누구요?"

자로가 대답했다. "중유(자로)입니다."

걸닉이 물었다. "노나라 공구의 제자입니까?"

자로가 대답했다. "그렇습니다."

걸닉이 말했다. "천하가 다 혼탁한 물결에 휩쓸려 도도히 흘러가는데, 누가 이 물길을 바꿀 수 있겠소? 또한 그대는 사람을 피해 다니는 선비를 따르기보다는 우리처럼 세상을 피해 사는 선비를 따르는 것이 어떻겠소?" 그러고는 뿌린 씨를 덮어가는 일을 멈추지 않았다.

자로가 가서 공자께 말씀드렸다.

선생님께서 탄식하며 말씀하셨다. "새나 짐승과는 함께 무리지어 살 수 없으니, 내가 이 사람들의 무리와 더불어 살지 않으면 누구와 더불어 살겠는가? 천하에 도리가 있다면 나도 구태어 바꾸려 하지 않을 것이다."

18-7 자로가 따라가다가 뒤쳐졌는데, 지팡이로 삼태기를 지고가는 노인을 만났다.

자로가 물었다. "노인장께서 우리 선생님을 보셨습니까?"

노인이 말했다. "사지를 수고롭게 하지 않고, 오곡도 분간하지 못하는데, 누구를 선생님이라 하시오?" 그러고는 지팡이를 땅에 꽂아놓고는 김을 매었다.

자로가 두 손을 마주 잡고 공손히 서 있었다. 노인은 자로를 묵어가게 하고서, 닭을 잡고 기장밥을 지어 먹게 하고서 두 아들을 만나보게 하였다.

이튿날 자로가 와서 공자께 말씀드렸다.

공자께서는 "은자로다."라 하시고, 자로를 시켜 돌아가 뵙게 하였는데, 갔더니 노인은 어디론가 떠나고 없었다.

자로가 말했다. "벼슬하지 않으면 의로움이 없게 됩니다. 어른과 아이의 예절도 폐지할 수가 없거늘, 임금과 신하의 의리를 어찌 폐지할 수 있겠습니까? 자기 몸을 깨끗하게 하려다가 큰 인륜을 어지럽히게 됩니다. 군자가 벼슬하는 것은 그 의로움을 행하는 것입니다. 도리가 행해지지 않고 있음을 이미 알고 있습니다."

18-8 덕을 지니고서도 벼슬하지 않은 사람으로 백이와 숙제와 우중과 이일과 주장과 유하혜와 소련이 있었다.

『논어』 111

공자께서 말씀하셨다. "그 뜻을 굽히지 않고 그 몸을 욕되게 하지 않은 사람은 백이와 숙제로다!"

공자께서 유하혜와 소련에 대해 말씀하셨다. "뜻을 굽히고 몸을 욕되게 하였지만, 말은 이치에 맞았고, 행실은 법도에 맞았으니, 그렇게 하였을 따름이다."

공자께서 우중과 이일에 대해 말씀하셨다. "숨어 살면서 말을 마음대로 하였으나, 몸가짐은 순결함에 맞았고, 세상을 버림은 헤아림에 맞았다. 나는 이들과는 다르다. 꼭 그래야 하는 것도 없고, 그래서는 안 되는 것도 없다."

18-9 악관의 총책임자인 지는 제나라로 갔고, 음식을 권하는 두 번째 음악을 맡은 간은 초나라로 갔고, 음식을 권하는 세 번째 음악을 맡은 료는 채나라로 갔고, 음식을 권하는 네 번째 음악을 맡은 결은 진나라로 갔고, 북치는 방숙은 하내로 들어갔고, 작은 북 흔드는 무는 한중으로 들어갔고, 악관의 부책임자인 양과 경쇠치는 양은 섬으로 들어갔다.

18-10 주공이 노공에게 말했다. "군자는 그 친족을 소홀히 하지 않고, 대신들이 써주지 않는다고 원망하게 하지 않으며, 오랫동안 일해온 사람을 큰 변고가 없으면 버리지 않고, 한 사람에게 모든 것이 갖추어 있기를 요구하지 않는다."

18-11 주나라에 여덟 선비가 있었으니, 백달 · 백괄과 중돌 · 중홀과 숙야 · 숙하와 계수 · 계왜이다.

『논어』
19편 (자장子張)

19-1 자장이 말했다. "선비는 나라의 위기를 만나면 목숨을 바치고, 이익을 만나면 의로움을 생각하며, 제사에서는 공경함을 생각하고, 상사에서는 슬픔을 생각한다면, 괜찮다고 하겠다."

19-2 자장이 말했다. "덕을 붙잡음이 크지 못하고, 도리를 믿음이 독실하지 못하다면, 어찌 덕이나 도리가 있다고 하거나 없다고 할 것인가?"

19-3 자하의 제자가 자장에게 사람 사귀는 일에 대해 물었다.

자장이 되물었다. "자하는 무엇이라 말하던가?"

자하의 제자가 대답했다. "자하께서는, '사귈만한 자는 사귀고 사귀어서는 안될 자는 거절하라'고 하셨습니다."

자장이 말했다. "내가 들은 바와는 다르구나. 군자는 현명한 사람을 존중하면서 여러 사람들을 용납하며, 선량한 사람을 칭찬하면서 그렇지 못한 사람을 불쌍히 여겨야 한다. 내가

크게 현명하다면 남들에게 어찌 용납되지 않을 수 있겠으며,
내가 현명하지 못하다면 남들이 장차 나를 거절할 터인데 어
떻게 남을 거절할 수 있겠는가?"

19- 4 자하가 말했다. "비록 자잘한 기능이라도 반드시 볼만한 것
이 있지만, 멀리 지극한 경지를 이루어가는 데 걸림이 될까
염려한다. 이 때문에 군자가 일삼지 않는 것이다."

19- 5 자하가 말했다. "날마다 그 모르던 것을 알아내고, 달마다
그 할 수 있는 것을 잊지 않는다면 배우기 좋아한다고 할 수
있을 것이다."

19- 6 자하가 말했다. "널리 배우되 뜻을 독실하게 하며, 절실하
게 묻되 비근한 현실에서 생각하면, 어진 덕은 그 속에 들어
있다."

19- 7 자하가 말했다. "온갖 장인들은 공방에 살면서 그 일을 이
루고, 군자는 배움으로써 그 도리를 이룬다."

19- 8 자하가 말했다. "소인이 허물을 저지르면 반드시 꾸민다."

19- 9 자하가 말했다. "군자는 세 가지 변함이 있다. 멀리서 바라
다보면 엄숙하고, 가까이 다가가면 온화하며, 그 말씀을 들으
면 준엄하다."

19-10 자하가 말했다. "군자는 그 백성을 믿게 한 다음에 수고롭게
해야 하니, 믿지 못하면 자기를 괴롭힌다고 여긴다. 믿게 한 다
음에 간언해야 하니, 믿지 못하면 자기를 헐뜯는다고 여긴다."

19-11 자하가 말했다. "성인의 큰 덕은 법도를 넘지 않지만, 배우
는 자의 작은 덕은 어느 정도 법도를 드나들더라도 괜찮다."

19-12 자유가 말했다. "자하의 제자로 젊은이들은 물뿌려 마당
쓸고, 어른이 부르면 대답하고, 나아감과 물러남의 절도에
서는 괜찮지만, 단지 말단이요, 근본되는 것은 없으니 어찌

하겠는가?"

자하가 듣고서 말했다. "아아! 언유(자유)는 지나쳤도다. 군자의 도리란 어느 것을 앞세워 전수할 것이며, 어느 것을 뒤로 미루어 게을리 할 것인가? 풀이나 나무에 비유한다면, 구역으로 나누어 놓는 것이다. 군자의 도리가 어찌 속일 수 있겠는가? 시작이 있고 마침이 있는 것은 오직 성인일 것이다."

19-13 자하가 말했다. "벼슬하면서 남는 힘이 있으면 배우고, 배우고서 남는 힘이 있으면 벼슬하는 것이다."

19-14 자유가 말했다. "상을 당해서는 슬픔을 다하는 것으로 그쳐야 한다."

19-15 자유가 말했다. "나의 벗 자장은 남들이 하기 어려운 일을 잘 해낸다. 그러나 아직 어질다고 할 수는 없다."

19-16 증자가 말했다. "당당하구나 자장이여! 그렇지만 더불어 어진 덕을 행하기는 어렵구나."

19-17 증자가 말했다. "내가 선생님으로부터 들으니, '사람은 스스로 그 마음이 극진하게 되는 일은 없으나, 부모의 상을 당하면 반드시 극진하게 된다.'고 하셨다."

19-18 증자가 말했다. "내가 선생님으로부터 들으니, '맹장자의 효성을 보면, 다른 것은 할 수 있지만, 그가 아비의 신하와 아비의 정치를 바꾸지 않는 것은 하기가 어려운 일이다.'라 하셨다."

19-19 맹씨(맹무백)가 양부를 옥사 담당관리로 삼으니, 양부가 증자께 자문을 구했다.

증자가 대답했다. "윗사람이 그 도리를 잃어버리니 백성이 흩어진 지가 오래되었다. 만약에 죄인의 실정을 알게 되거든 가엾게 여겨야지 기뻐해서는 안 된다."

19-20　자공이 말했다. "주임금의 악함이 이렇게 심하지는 않았을 것이다. 그래서 군자는 하류에 머물기를 싫어한다. 천하의 악함이 모두 여기에 돌아오기 때문이다."

19-21　자공이 말했다. "군자의 허물은 일식이나 월식과 같다. 허물을 저지르면 사람들이 모두 보고서 알며, 허물을 고치면 사람들이 모두 우러러 본다."

19-22　위나라 공손조가 자공에게 물었다. "중니(공자)는 어디서 배웠습니까?"

　　자공이 대답했다. "문왕과 무왕의 도리는 아직 땅에 떨어지지 않았으며, 사람들에게 남아 있습니다. 현명한 사람은 그 도리의 큰 것을 기억하고, 현명하지 못한 사람은 그 도리의 작은 것을 기억하니, 문왕과 무왕의 도리를 지니고 있지 않은 사람이 없습니다. 선생님께서는 어디에서 배우지 않으셨겠습니까? 그렇다고 어찌 일정한 스승이 있었겠습니까?"

19-23　숙손무숙이 조정에서 대부들에게 말했다. "자공이 중니보다 현명하다."

　　자복경백이 자공에게 알려주니, 자공이 말했다. "궁궐 담장에 비유하면 나의 담장은 어깨에 닿으니 방안이나 집안의 좋은 것을 엿볼 수 있지만, 선생님의 담장은 몇 길이나 되어 그 대문을 찾아서 들어가지 않으면 종묘의 아름다움과 온갖 관리들의 풍성함을 볼 수가 없는데, 그 대문을 찾은 사람이 아마도 드뭅니다. 그래서 그 분의 말도 그럴 만한 것이 아니겠습니까."

19-24　숙손무숙이 중니를 헐뜯었다.

　　자공이 말했다. "소용없는 일이다! 중니는 헐뜯을 수가 없다. 다른 사람으로 현명한 자는 언덕과 같아서 오히려 넘어갈 수가 있지만, 중니는 해나 달과 같아서 넘어갈 수가 없다. 사람이 비록 스스로 단절하고자 하나, 해와 달에게 무슨 손상이 있겠는가? 단지 제 분수도 알지 못함을 드러낼 것이다."

19-25　진자금(자금)이 자공에게 말했다. "그대가 겸손한 것이네. 중니가 어찌 그대보다 현명하겠는가?"

　자공이 대답했다. "군자는 한마디 말로 지혜롭게 되기도 하고, 한마디 말로 지혜롭지 못하게 되기도 하니, 말은 삼가지 않을 수 없는 것이네. 선생님에 미칠 수 없는 것은 마치 하늘을 계단으로 오를 수 없는 것과 같네. 선생님께서 나라를 얻어 다스린다면, 이른바 '백성을 세워주면 제자리에 서고, 이끌어주면 따라가고, 품어주면 찾아오고, 격동시키면 화합하니, 그 삶은 영광스럽고 그 죽음은 슬프다.'라는 것이네. 어떻게 미칠 수 있겠는가?"

『논어』
20편 (요왈堯曰)

20-1 요임금께서 말씀하셨다. "아! 너 순이여! 하늘의 운수가 네 몸에 와 있구나. 진실로 그 중용을 잡아야 한다. 사해가 곤궁해지면 하늘에서 내려준 복록도 영원히 끊어지고 말 것이다."

순임금도 우에게 이 말씀으로 훈계하였다.

탕임금이 말씀하셨다. "저 소자 리(탕)는 감히 검정 수소를 제물로 써서 빛나는 상제께 밝게 아룁니다. 죄가 있는 자는 감히 용서하지 못하겠습니다. 상제의 신하를 덮어 가려놓지 못하니, 신하를 간택하심은 상제의 마음에 달려있습니다. 저의 몸에 죄가 있으면 만방에는 죄가 없으며, 만방에 죄가 있으면 죄는 저의 몸에 있습니다."

주나라에 크게 상을 내려줌이 있었으니, 선한 사람이 부유하게 되었다.

주나라 무왕이 말씀하셨다. "비록 지극히 가까운 친족이 있다 하더라도 어진 사람만 못하다. 백성에 허물이 있으면 나 한 사람에게 있는 것이다."

무왕이 저울과 말의 도량형을 신중히 다루고, 법도를 자세히 살피며, 폐지된 관직을 다시 세우니, 사방의 정치가 시행되었다. 멸망한 나라를 일으켜주고, 끊어진 후대를 이어주며, 숨어사는 사람을 등용하니, 천하의 민심이 돌아왔다. 소중하게 여긴 것은 백성의 식량과 상례와 제사였다.

전해오는 격언에, "관대하면 많은 사람을 얻게 되며, 신뢰가 있으면 백성이 믿고 맡길 것이요, 민첩하면 공적이 있을 것이고, 공정하면 기뻐할 것이다."

20- 2 　자장이 공자께 여쭈었다. "어떻게 해야 정치에 종사할 수 있습니까?"

공자께서 대답하셨다. "다섯 가지 미덕을 높이고, 네 가지 악행을 물리치면 정치에 종사할 수 있을 것이다."

자장이 여쭈었다. "무엇을 다섯 가지 미덕이라 합니까?"

공자께서 대답하셨다. "군자는 은혜롭게 베풀되 허비하지 않고, 수고롭게 하되 원망받지 않으며, 하고자 하지만 탐내지 않고, 태연하면서 교만하지 않고, 위엄이 있지만 사납지 않는 것이다."

자장이 여쭈었다. "무엇을 은혜롭게 베풀되 허비하지 않는 것이라 합니까?"

공자께서 대답하셨다. "백성이 이롭게 여기는 것에 따라서 이롭게 해주니, 이것이 또한 은혜롭게 베풀되 허비하지 않는 것이 아니겠는가? 수고롭게 할 만한 것을 가려서 수고롭게 하니, 또한 누가 원망하겠는가? 어진 덕을 행하고자 하여 어진 덕을 얻으니 또한 어찌 탐내는 것이겠는가? 군자는 사람이 많거나 적거나, 일이 작거나 크거나 가리지 않고 감히 오만함이 없으니, 이것이 또한 태연하면서 교만하지 않는 것이 아니겠는가? 군자는 옷과 갓을 반듯하게 하고 바라보는 눈길을 존엄하게 하고, 엄숙하여 사람들이 바라보고서 두려워하게 하니, 이것이 또한 위엄이 있지만 사납지 않다는 것이 아니겠는가?"

자장이 여쭈었다. "무엇을 네 가지 악행이라 합니까?"

공자께서 대답하셨다. "가르치지 않고 죽이는 것은 '잔학하다.' 하고, 미리 경계해놓지 않고서 눈앞에서 성공을 추구하는 것은 '난폭하다.' 하고, 명령을 태만하게 하고서 기일을 엄격하게 하는 것은 '해친다.' 하고, 사람들에게 똑같이 주어야 하는데 내주고 받아들일 때 인색하게 구는 것은 '벼슬아치 본색이'라 하네."

20-3 공자께서 말씀하셨다. "천명을 알지 못하면 군자가 될 수 없고, 예법을 알지 못하면 자신을 확립할 수 없으며, 말을 알아듣지 못하면 사람을 알 수 없다."

대학
大學

우리말 사서

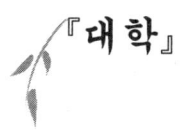
『대학』

1: 1 대학의 도리는 밝은 덕을 밝히는 데 있고, 백성을 사랑하는 데 있고, 지극한 선에 이르러 머무르는 데 있다.

1: 2 이르러 머물 바를 안 다음에 나아갈 방향이 정해지고, 방향이 정해진 다음에 의지가 일치되어 동요하지 않을 수 있고, 의지가 동요하지 않은 다음에 본분에 안정될 수 있고, 본분에 안정된 다음에 근본과 말단을 헤아릴 수 있고, 근본과 말단을 헤아린 다음에 먼저해야 할 바를 깨달을 수 있다.

1: 3 사물에는 근본과 말단이 있고, 일에는 끝마침과 시작함이 있으니, 먼저 할 것과 뒤에 할 것을 안다면 도리에 가까울 것이다.

1: 4 옛날에 밝은 덕을 천하에 밝히고자 하는 사람은 먼저 그 나라를 다스렸고, 그 나라를 다스리고자 하는 사람은 먼저 그 집안을 다스렸고, 그 집안을 다스리고자 하는 사람은 먼저 그 자신을 닦았고, 그 자신을 닦고자 하는 사람은 먼저 그 마음

을 바르게 하였고, 그 마음을 바르게 하고자 하는 사람은 먼저 그 뜻을 성실하게 하였고, 그 뜻을 성실하게 하고자 하는 사람은 먼저 그 앎을 극진하게 미루어갔으니, 먼저 할 것과 뒤에 할 것에 대한 앎을 극진하게 미루어가는 것은 사물의 근본과 말단을 헤아리는 데 있다.

1: 5 사물의 근본과 말단을 헤아린 다음에 먼저 할 것과 뒤에 할 것에 대한 앎을 극진하게 미루어가고, 먼저할 것과 뒤에 할 것에 대한 앎을 극진하게 미루어 간 다음에 뜻이 성실하게 되고, 뜻이 성실하게 된 다음에 마음이 바르게 되고, 마음이 바르게 된 다음에 자신이 닦여지고, 자신이 닦여진 다음에 집안이 다스려지고, 집안이 다스려진 다음에 나라가 다스려지고, 나라가 다스려진 다음에 천하가 화평하게 된다.

1: 6 천자로부터 서인에 이르기까지 한결같이 모두 자신을 닦는 것으로 근본을 삼는다.

1: 7 그 근본이 어지러운데 말단이 다스려지는 일은 없으며, 그 두터이 해야 할 것을 엷게 하고서 그 엷게 해야 할 것을 두터이 하는 일은 있지 않다.

2: 1 『서경』「강고」편에서는, "덕을 밝힐 수 있어야 한다."고 하였다.

2: 2 『서경』「태갑」편에서는, "하늘의 밝은 명령을 돌아보라."고 하였다.

2: 3 『서경』「요전」편에서는, "큰 덕을 밝힐 수 있어야 한다."고 하였다.

2: 4 그것은 모두 스스로 자신의 덕을 밝히는 것이다.

3: 1 탕임금의 욕조에 새겨놓은 말씀에, "진실로 날로 새로워져야 하고, 날로 날로 새로워져야 하며, 또 날로 새로워져야 한

다."라 하였다.
3: 2   『서경』「강고」편에서는, "백성이 새로워지도록 진작시킨다."고 하였다.
3: 3   『시경』(「대아: 문왕」)에서는, "주나라가 비록 오래된 나라지만, 그 천명은 새롭구나."라 하였다.
3: 4   그래서 군자는 그 선의 극진함을 쓰지 않음이 없다.
4: 1   『시경』(「상송: 현조」)에서는, "서울 땅 천리여, 백성들이 머물러 사는 곳이로다."라 하였다.
4: 2   『시경』(「소아: 면만」)에서는, "우짖는 저 꾀꼬리여, 산언덕 그윽한 곳에 머무는구나"라 하였다.
  공자께서 말씀하셨다. "머물 때에 머물 곳을 아니, 사람이 새만 못할 수 있겠는가?"
4: 3   『시경』(「대아: 문왕」)에서는, "훌륭하신 문왕이여, 빛나는 덕을 이어가시며, 공경함에 머무셨도다."라 하였다. 임금이 되어서는 어진 덕에 머물고, 신하가 되어서는 공경함에 머물며, 자식이 되어서는 효성스러움에 머물고, 부모가 되어서는 자애함에 머물며, 나라 사람들과 더불어 사귐에는 미더움에 머물어야 한다.
4: 4   『시경』(「위풍: 기욱」)에서는, "저 기수 굽이진 곳을 바라보니, 푸른 대숲이 우거졌도다. 훤출하신 군자여, 끊은 듯 다듬은 듯하며, 쪼은 듯 갈아놓은 듯하네. 장엄하고 굳세며, 빛나고 성대하도다. 훤출하신 군자여, 끝내 잊을 수 없도다."라 하였다. '끊은 듯 다듬은 듯하다.'는 것은 학문을 말한 것이요, '쪼은 듯 갈아놓은 듯하다.'는 것은 스스로 덕을 닦은 것이며, '장엄하고 굳세다.'는 것은 두려워하는 것이요, '빛나고 성대하다.'는 것은 위엄 있는 모습이며, '훤출하신 군자여, 끝내 잊을

수 없도다.'라는 것은 성대한 덕과 지극한 선을 백성들이 잊을 수 없다는 것이다.

4: 5 『시경』(「주송: 열문」)에서는, "아! 옛 임금을 잊을 수 없도다."라 하였다. 군자는 옛 임금께서 현명한 자를 현명하게 여기고, 어버이를 사랑하심을 따르며, 소인은 옛 임금께서 백성이 즐거워함을 즐거워하시고, 백성이 이로워함을 이롭게 여기심을 따르니, 이 때문에 죽을 때까지 옛 임금을 잊지 못하는 것이다.

5: 1 공자께서 말씀하셨다. "송사를 듣고서 결단하는 일은 나도 남보다 못하지 않으나, 반드시 송사를 없게 하도록 할 것이다." 실정이 없는 사람이 그 말을 다할 수 없도록 함은 백성들의 마음을 크게 두렵게 하는 것이다. 이것을 일러 '근본을 안다.'고 한다.

6: 1 이것을 일러 '근본을 안다.'고 한다. 이것을 일러 '앎이 지극하다.'고 한다.

7: 1 이른바 '그 뜻을 성실하게 한다'는 것은 자신을 속임이 없는 것이다. 나쁜 냄새를 싫어하듯이 하고, 어여쁜 여인을 좋아하듯이 하여야 하니, 이것을 일러 '스스로 만족하는 것'이라 한다. 그러므로 군자는 반드시 그 홀로 있는 자리를 삼가야 한다.

7: 2 소인은 한가롭게 있을 때 착하지 않은 일을 하기를 이르지 않는 바가 없다가, 군자를 본 다음에 슬그머니 그 착하지 않음을 가리고 그 착함을 드러낸다. 그러나 남들이 자신을 보는 것이 그 폐와 간을 들여다보듯이 하니, 무슨 유익함이 있겠는가? 이것을 일러 '마음 속에서 성실하면 겉으로 드러난다.'고 하는 것이다. 그러므로 군자는 반드시 그 홀로 있는 자리를 삼가야 한다.

7: 3 　<u>증자</u>가 말했다. "열 사람의 눈이 보고 있으며, 열 사람의 손이 가리키고 있으니, 그 엄중함이여!"

7: 4 　부유함은 집을 윤택하게 하고, 덕은 몸을 윤택하게 한다. 마음이 넓어지면 몸도 편안해진다. 그러므로 군자는 그 뜻을 성실하게 한다.

8: 1 　이른바 '자신을 닦음이 그 마음을 바르게 함에 있다.'고 하는 것은, 자신에 노여워하는 바가 있으면 그 올바름을 얻지 못하고, 두려워하는 바가 있으면 그 올바름을 얻지 못하며, 좋아하는 바가 있으면 그 올바름을 얻지 못하고, 근심하는 바가 있으면 그 올바름을 얻지 못해서이다.

8: 2 　마음이 있지 않으면 보아도 보이지 않고, 들어도 들리지 않으며, 먹어도 그 맛을 알지 못한다.

8: 3 　이것을 일러, '자신을 닦음이 그 마음을 바르게 함에 있다.'고 한다.

9: 1 　이른바 '그 집안을 다스림이 그 자신을 닦음에 있다.'고 하는 것은, 사람들이 그 친하거나 사랑하는 바에 치우치고, 그 천시하거나 미워하는 바에 치우치며, 그 두려워하거나 공경하는 바에 치우치고, 그 애처로워하거나 불쌍히 여기는 바에 치우치며, 그 거만하게 굴거나 태만하게 하는 바에 치우치기 때문이다. 그러므로 좋아하면서도 그 나쁜 점을 알고, 미워하면서도 그 좋은 점을 아는 사람은 천하에 드문 것이다.

9: 2 　그러므로 속담에, "사람들은 제 자식의 나쁜 점을 알지 못하고, 제 밭 곡식의 이삭 큰 줄을 알지 못한다."는 말이 있다.

9: 3 　이것을 일러, '자신이 닦이지 않으면 그 집안을 다스릴 수 없다.'고 한다.

10: 1 　이른바 '나라를 다스림은 반드시 먼저 그 집안을 다스려야

한다.'는 것은, 그 집안을 교화할 수 없으면서 남을 교화할 수 있는 사람은 없기 때문이다. 그러므로 군자는 집안에서 나가지 않고도 나라에 교화를 이룰 수 있다. 효도는 임금을 섬기는 것이요, 우애는 어른을 섬기는 것이며, 자애는 대중을 부리는 것이다.

10: 2 『서경』「강고」편에서는, "갓난아이를 품어 기르듯이 하라."고 하였다. 마음으로 정성껏 구하면 비록 꼭 들어맞지 않는다 하더라도 멀리 벗어나지 않을 것이다. 자식 기르는 법을 배운 다음에 시집가는 사람은 없다.

10: 3 한 집안이 어질면 한 나라에 어진 기풍이 일어나게 되고, 한 집안이 사양하면 한 나라에 사양하는 기풍이 일어나게 되며, 임금 한 사람이 탐욕스럽고 도리에 어긋나면 한 나라가 혼란이 일어나게 된다. 그 기틀이 이와 같으니, 이것이 이른바 '한 마디 말이 일을 그르치고, 한 사람이 나라를 안정시킨다.'는 것이다.

10: 4 요와 순이 천하를 어진 덕으로써 인도하니, 백성들이 이에 따랐으며, 걸과 주가 천하를 포악함으로써 인도하니, 백성들이 이에 따랐다. 그 명령하는 바가 그 좋아하는 바에 상반되면 백성들이 따르지 않는다. 그러므로 군자는 자기한테 선함이 있어야 남에게 선하기를 요구하며, 자기한테 악함이 없어야 남의 악을 나무랐다. 자신에 간직된 것으로 남에게 미루어가지 않고서 남을 깨우칠 수 있는 사람은 없다.

10: 5 그러므로 나라를 다스림은 그 집안을 다스림에 달려 있다.

10: 6 『시경』(「주남: 도요」)에서는, "복사꽃 어여쁨이여, 그 잎새 탐스럽도다. 이 아가씨 시집가는구나. 그 집안 사람들을 화목하게 하리로다."라 하였다. 그 집안 사람들을 화목하게 한 다

음에야 온 나라 사람들을 교화시킬 수 있다.

10: 7 『시경』(「소아: 요소」)에서는, "형과 화목하고 아우와 화목한다."고 하였다. 형과 화목하고 아우와 화목한 다음에 나라 사람들을 교화시킬 수 있다.

10: 8 『시경』(「조풍: 시구」)에서는, "그 위엄있는 거동 어긋남이 없으니, 사방의 나라를 바로 잡으리라."고 하였다. 부모와 자식이나 형과 아우가 넉넉히 본받을 만한 다음에 백성들이 그를 본받을 것이다.

10: 9 이것을 일러 '나라를 다스림은 그 집을 다스림에 있다.'고 한다.

11: 1 이른바 '천하를 화평하게 함은 그 나라를 다스림에 있다.'는 것은, 윗사람이 늙은이를 어르신으로 대접하면, 백성들에는 효도가 일어나게 되고, 윗사람이 어른을 어른으로 대접하면, 백성들에 공경함이 일어나게 되며, 윗사람이 고아를 불쌍히 여기면, 백성들은 윗사람을 저버리지 아니하기 때문이다. 그러므로 군자는 '상황을 헤아려 법도로 삼는 도리'(絜矩之道)가 있다.

11: 2 윗사람한테서 싫었던 것을 아랫사람에게 시키지 말아야 하고, 아랫사람한테서 싫었던 것으로 윗사람을 섬기지 말아야 한다. 앞사람한테서 싫었던 것으로 뒷사람에게 앞세우지 말아야 하고, 뒷사람한테 싫었던 것으로 앞사람을 따르지 말아야 한다. 오른쪽 사람한테 싫었던 것으로 왼쪽 사람을 대하지 말아야 하고, 왼쪽 사람한테 싫었던 것으로 오른쪽 사람을 대하지 말아야 한다. 이것을 '헤아려 법도로 삼는 도리'라 한다.

11: 3 『시경』(「소아: 남산유대」)에서는, "즐거우신 군자여, 백성의 부모로다."라 하였다. 백성들이 좋아하는 것을 좋아하고, 백성들이 싫어하는 것을 싫어하니, 이것이 이른바 '백성의 부

모'라 하는 것이다.

11: 4 『시경』(「소아: 절남산」)에서는, "깎아지른 듯한 저 남산이여, 바위돌이 우뚝우뚝 솟았도다. 빛나는 주나라 태사 사윤이여, 백성들 모두 그대를 우러러 보네."라 하였다. 나라를 다스리는 자는 삼가지 않을 수 없으니, 치우치면 천하 사람들의 죽임을 당할 것이다.

11: 5 『시경』(「대아: 문왕」)에서는, "은나라가 대중을 잃지 않았을 때에는, 그 덕이 상제에 짝할 수 있었도다. 마땅히 은나라를 거울삼아야 할지니, 드높은 천명은 지키기 쉽지 않도다."라 하였다. 대중을 얻으면 나라를 얻게 되고, 대중을 잃으면 나라를 잃게 됨을 말한 것이다.

11: 6 그러므로 군자는 먼저 덕을 신중하게 행해야 한다. 덕이 있으면 백성이 있게 되고, 백성이 있으면 땅이 있게 되며, 땅이 있으면 재물이 있게 되고, 재물이 있으면 쓰임이 있게 된다.

11: 7 덕이란 근본이요, 재물이란 말단이다.

11: 8 근본을 소홀히 하고 말단을 소중히 하면, 백성들을 다투게 하고 서로 빼앗게 한다.

11: 9 그러므로 재물을 모아들이면 백성은 흩어지고, 재물을 흩으면 백성은 모여든다.

11:10 그러므로 말은 도리에 어긋나게 나가면 역시 어긋나게 들어오고, 재물은 도리에 어긋나게 들어오면 역시 어긋나게 나가는 것이다.

11:11 『서경』「강고」편에서는, "천명은 항상한 것이 아니다."라 하였다. 선하면 천명을 얻게 되고 선하지 않으면 천명을 잃게 됨을 말한 것이다.

11:12 『국어』「초서」편에서는, "초나라에는 보배로 삼는 것이 달

리 없고, 오직 착한 이를 보배로 삼는다." 하였다.

11:13 　구범이 말하기를, "망명한 사람이 보배로 삼는 것이 달리 없고, 어버이를 사랑하는 것을 보배로 삼는다."고 하였다.

11:14 　『서경』「진서」편에서는, "만약 한 신하가 성실하기만 하고 다른 재능은 없더라도 그 마음이 너그러워 남을 포용할 여유가 있어서, 남이 가진 재능을 마치 자기가 가진 듯이 여기고, 남의 우수하고 성스러움을 그 마음으로 좋아함이 그 입으로 칭찬하는 것보다 더 하다면, 진실로 남을 포용할 수 있는 자이다. 우리 자손과 백성들을 보호할 수 있을 것이요, 또한 이로움이 있을 것이다. 남이 가진 재능을 시기하고 미워하며, 남의 훌륭하고 밝게 통달함을 물리쳐서 통하지 못하게 한다면, 진실로 남을 포용할 수 없는 자이다. 우리 자손과 백성을 보전할 수 없을 것이요, 또한 위태롭다고 할 것이다."라 하였다.

11:15 　오직 어진 사람이라야 간악한 자를 사방의 오랑캐 땅으로 추방하여 중국에서 같이 살지 못하게 할 수 있다. 이것은 '오직 어진 사람이라야 사람을 사랑할 수도 있고, 사람을 미워할 수도 있다.'고 말하는 것이다.

11:16 　현명한 자를 보고도 천거할 수 없고, 천거하더라도 앞세울 수 없는 것은 명운이요, 선하지 못한 이를 보고도 물리치지 못하고 물리치더라도 멀리하지 못하는 것은 허물이다.

11:17 　남들이 미워하는 것을 좋아하고, 남들이 좋아하는 것을 미워하는 것을 '사람의 성품을 거스르는 것'이라 하니, 재앙이 반드시 그 몸에 미칠 것이다.

11:18 　그러므로 군자에게는 큰 도리가 있으니, 반드시 충성스럽고 미더움으로써 얻게 되고, 교만하고 방자함으로써 잃게 된다.

11:19 　재물을 생산하는 데는 큰 도리가 있으니, 생산하는 자가 많

고 먹는 자가 적으며, 만드는 자는 빨리 하고 쓰는 자는 천천히 하면 재물이 항상 풍족하게 될 것이다.

11:20 어진 사람은 재물을 흩어서 자신을 일으키고, 어질지 못한 사람은 자신을 망치면서 재물을 일으킨다.

11:21 윗사람이 어진 덕을 좋아하는데 아랫사람이 의로운 덕을 좋아하지 않는 일은 없고, 아랫사람이 의로운 덕을 좋아하는데 윗사람의 일이 성취되지 않는 일은 없으며, 창고 안의 재물이 그 윗사람의 재물이 되지 않는 일은 없다.

11:22 맹헌자가 말하기를, "수레를 끄는 말을 기르는 대부는 닭이나 돼지를 살피지 않고, 얼음을 베어 저장했다가 여름에 쓰는 대신의 집안은 소나 양을 기르지 않는다. 전차 백대를 가진 제후의 집안은 재물을 거두어들이는 가신을 기르지 않는다. 재물을 거두어들이는 가신을 두기보다는 차라리 도둑질하는 신하를 두는 것이 낫다."고 하였다. 이것은 '나라가 이로움을 이익으로 삼지 아니하고, 의로움을 이익으로 삼는다.'는 말이다.

11:23 나라나 집안의 어른이 되어 재물의 쓰임만을 힘쓰는 것은 반드시 소인의 의견에 따라 그렇게 되는 것이다. 나라나 집안의 어른이 재물의 쓰임을 잘한다고 하여, 소인으로 하여금 나라나 집안을 맡아 다스리게 하면 재앙과 해독이 함께 닥쳐올 것이니, 비록 선한 자가 있더라도 어찌할 수 없을 것이다. 이것이 '나라는 이로움을 이익으로 삼지 않고 의로움을 이익으로 삼는다.'는 것이다.

중용
中庸

우리말 사서

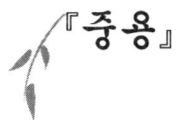
『중용』

1: 1 하늘이 내려주신 것을 '성품'이라 하고, 성품을 따르는 것을 '도리'라 하고, 도리를 닦는 것을 '가르침'이라 한다.

1: 2 도리란 잠깐도 떠날 수 없는 것이다. 떠날 수 있다면 도리가 아니다. 그러므로 군자는 그 못 보는 것에서 경계하고 삼가며 못 듣는 것에서 두려워한다.

1: 3 은밀함보다 더 잘 보이는 것이 없고, 미묘함보다 더 잘 드러나는 것이 없다. 그러므로 군자는 그 홀로 있음을 삼간다.

1: 4 기뻐하고 노여워하고 슬퍼하고 즐거워함이 아직 밖으로 드러나지 않은 것을 '중심'이라 하고, 밖으로 드러나서 모두 절도에 맞는 것을 '조화'라 한다. 중심은 천하의 큰 근본이요, 조화는 천하의 통달한 도리이다.

1: 5 중심과 조화를 이루면, 하늘과 땅이 제자리를 잡고, 만물이 자라나게 된다.

2: 1 중니(공자)께서 말씀하셨다. "군자는 중용을 따르고, 소인

은 중용을 어긴다.
2: 2 군자가 중용을 따름은 군자로서 때에 맞게 함이요, 소인이 중용을 어기는 것은 소인으로서 꺼리는 바가 없는 것이다."
3: 1 공자께서 말씀하셨다. "중용은 지극하도다! 백성은 오래도록 할 수가 없구나."
4: 1 공자께서 말씀하셨다. "도리가 행해지지 않음을 내가 알겠노라. 지혜로운 자는 지나치고, 어리석은 자는 못 미치는구나. 도리가 밝혀지지 않음을 내가 알겠노라. 현명한 자는 지나치고, 미련한 자는 못 미치는구나."
4: 2 먹고 마시지 않는 사람이 없지만, 맛을 제대로 알아낼 수 있는 자는 드물다.
5: 1 공자께서 말씀하셨다. "도리가 행해지지 못하겠구나!"
6: 1 공자께서 말씀하셨다. "순임금은 크게 지혜로우신 분이다. 순임금은 묻기를 좋아하셨고, 비근한 말을 살피기 좋아하시며, 남의 악한 점을 덮어주시고 착한 점을 드러내시며, 양쪽 극단을 붙들어 그 중도를 백성에게 쓰셨다. 이것이 순임금이 되신 까닭이다."
7: 1 공자께서 말씀하셨다. "사람들은 모두 '내가 안다'고 말하지만, 그물과 덫과 함정 속에 몰아넣어도 피할 줄을 알지 못한다. 사람들은 모두 '내가 안다'고 말하지만, 중용을 가려내어 한 달도 지켜내지 못한다."
8: 1 공자께서 말씀하셨다. "회(안연)는 사람됨이 중용을 가려내어 한 가지 선함을 얻으면 정성스럽게 가슴에 간직하여 잃지 않는다."
9: 1 공자께서 말씀하셨다. "천하와 국가도 균평하게 다스릴 수 있고, 벼슬과 녹봉도 사양할 수 있으며, 시퍼런 칼날도 밟고

올라설 수 있지만, 중용은 할 수가 없구나."

10: 1 자로가 강함에 대해 여쭈었다.

10: 2 공자께서 대답하셨다. "남방의 강함이냐? 북방의 강함이냐? 그렇지 않으면 너의 강함이냐?

10: 3 너그럽고 부드러움으로 가르치고 무도한 짓에 보복하지 않는 것이 남방의 강함이니, 군자가 그렇게 사느니라.

10: 4 무기와 갑옷을 깔고 앉아서 죽더라도 싫어하지 않는 것이 북방의 강함이니, 강한 자가 그렇게 사느니라.

10: 5 그러므로 군자는 조화로우면서 휩쓸리지 않으니, 강하도다. 꿋꿋함이여! 중심에 서서 기울어지지 않으니, 강하도다. 꿋꿋함이여! 나라에 도리가 행해지더라도 군색했을 때의 지조를 바꾸지 않으니, 강하도다. 꿋꿋함이여! 나라에 도리가 행해지지 않으면, 죽음을 당하더라도 지조를 바꾸지 않으니, 강하도다. 꿋꿋함이여!"

11: 1 공자께서 말씀하셨다. "까닭없이 숨어지내고 괴이한 짓을 행하는 것을 후세에 높여서 서술하는 일이 있지만, 나는 그런 짓을 하지 않는다.

11: 2 군자가 도리를 따라서 행하다가 도중에 그만두는데, 나는 그만둘 수가 없다.

11: 3 군자는 중용에 의지하며, 세상을 피해 살다가 알려지지 않더라도 후회하지 않으니, 오직 성인이라야 그렇게 할 수 있다.

12: 1 군자의 도리는 펼쳐져 있으면서 숨겨져 있다.

12: 2 필부필부의 어리석음으로도 군자의 도리를 알 수 있지만, 그 지극한 데에 가서는 비록 성인이라도 모르는 것이 있으며, 필부필부의 미련함으로도 군자의 도리를 행할 수 있지만, 그 지극한데에 가서는 비록 성인이라도 해내지 못하는 것이 있

다. 하늘과 땅이 광대하지만 사람이 오히려 유감스럽게 여기는 것이 있다. 그러므로 군자가 큰 것을 말하면 천하도 그것을 실어낼 수 없고, 작은 것을 말하면 천하도 그것을 쪼갤 수 없다.

12: 3 『시경』(「대아: 한록」)에는, '솔개가 날아서 하늘에 다다르고, 물고기는 못에서 뛰도다.'라 했으니, 그 위와 아래에서 밝게 드러남을 말한 것이다.

12: 4 군자의 도리는 필부필부에서 발단되지만, 그 지극한 데에 가서는 하늘과 땅에서 밝게 드러나는 것이다."

13: 1 공자께서 말씀하셨다. "도리는 사람에게서 멀리 떨어져 있지 않다. 사람이 도리를 행하면서 사람에게서 멀리 떨어져 있다고 여기면, 도리라고 할 수 없다.

13: 2 『시경』(「빈풍: 벌가」)에서는, '도끼 자루를 찍어냄이여, 도끼 자루를 찍어냄이여, 그 법칙이 멀리 있지 않다네.'라 하였는데, 도끼 자루를 잡고 도끼 자루를 찍어내는데, 곁눈으로 견주어 보면서, 그래도 도끼 자루를 찍어내는 법칙이 멀다고 여긴다. 그러므로 군자는 사람에게 바라는 것으로 사람을 다스리다가 고쳐지면 그만둔다.

13: 3 '진심에서 자기로 남을 미루어 봄'(忠恕)은 도리에서 멀리 떨어져 있지 않다. 자기에게 베풀기를 원하지 않는 것은 역시 남에게도 베풀지 말아야 한다.

13: 4 군자의 도리가 네 가지인데, 나는 아직 하나도 제대로 해내지 못하였다. 아직도 자식에게 요구하는 것으로 부모를 섬기지 못하였고, 신하에게 요구하는 것으로 임금을 섬기지 못하였으며, 아우에게 요구하는 것으로 형을 섬기지 못하였고, 벗에게 요구하는 것으로 먼저 그에게 해주지 못하였다. 덕을 한

결같이 행하고 말을 한결같이 삼가며, 행동에 부족한 것이 있으면 감히 힘쓰지 않을 수 없고, 말에 넘치는 것이 있으면 감히 다하지 않아야 한다. 말은 행동을 돌아보고, 행동은 말을 돌아보야 할 것이니, 군자가 어찌 독실하게 하지 않으랴."

14: 1   군자는 자기 지위에 바탕하여 행동하고, 그 밖의 것은 원하지 않는다.

14: 2   바탕이 부귀하면 부귀함에 맞게 행하고, 바탕이 빈천하면 빈천함에 맞게 행하며, 바탕이 오랑캐이면, 오랑캐에 맞게 행하고, 바탕이 환난 속에 있으면 환난에 맞게 행하니, 군자는 어디에 들어가도 스스로 만족하지 않음이 없다.

14: 3   윗자리에 있으면서 아랫사람을 업신여기지 않고, 아랫자리에 있으면서 윗사람에게 매달리지 않으며, 자기를 바르게 하고 남에게 요구하지 않으면, 원망함이 없을 것이다. 위로 하늘을 원망하지 않고, 아래로 남을 탓하지 않을 것이다.

14: 4   그러므로 군자는 평탄한 데 살면서 천명을 기다리지만, 소인은 위태로운 일을 행하면서 요행을 바란다.

14: 5   공자께서 말씀하셨다. "활쏘기는 군자와 비슷한 것이 있다. 정곡을 맞추지 못하면, 돌이켜 자기 자신에서 원인을 찾는다."

15: 1   군자의 도리는 비유하자면, 먼 곳을 가려면 반드시 가까운 곳에서부터 시작하는 것과 같고, 높은 곳에 오르려면 반드시 낮은 곳에서부터 시작하는 것과 같다.

15: 2   『시경』(「소아: 상체」)에서는 "아내와 자식들이 잘 화합하니, 비파와 거문고를 타는 것 같도다. 형제가 마음이 맞으니, 화락하고 또 즐거워라. 너의 집안을 화합하게 하고, 너의 아내와 자손들을 즐겁게 하라."고 하였다.

15: 3   공자께서 말씀하셨다. "부모는 즐거워하시리라."

16: 1   공자께서 말씀하셨다. "귀신의 덕이란 성대하구나!
16: 2   그것을 보려고 해도 보이지 않고, 들으려 해도 들리지 않으나, 만물에 충만하여 빠뜨리는 법이 없다.
16: 3   온 천하 사람들이 정결하게 재계하며, 성대하게 옷을 차려 입고서 제사를 받들게 하는데, 가득 차서 위에 있는 듯하기도 하고, 좌우에 있는 듯하기도 하다.
16: 4   『시경』(「대아: 억」)에서는, '신이 내려오심은 헤아릴 수 없는데, 하물며 싫어할 수 있으랴.'라 하였다.
16: 5   은미함이 드러나고, 성실함이 가리워질 수 없음이 이와 같구나."
17: 1   공자께서 말씀하셨다. "순임금은 큰 효자이시다. 덕은 성인이시고, 존귀하기는 천자이시며, 부유하기는 천하를 차지하시고, 종묘에서 그를 제향하였으며, 자손이 이를 보존하였다."
17: 2   그러므로 큰 덕은 반드시 그 지위를 얻고, 그 복록을 받으며, 그 명성을 얻고, 그 수명을 누리기 마련이다.
17: 3   그러므로 하늘이 만물을 내심에는 반드시 그 재질에 따라서 두터이 해 주신다. 그러므로 하늘은 심은 것을 북돋아 주시고, 기울어지는 것을 엎어버리신다.
17: 4   『시경』(「대아: 가락」)에서는, '아름답고 즐거운 군자여, 드러나고 드러난 훌륭한 덕이로다. 백성과 신하를 모두 잘 살게 하여, 하늘에서 복록을 받으셨네. 보호하고 도우며 명령하심을, 하늘이 거듭 내리셨네.'라 하였다. 그러므로 큰 덕이 있는 자는 반드시 천명을 받는 것이다.
18: 1   공자께서 말씀하셨다. "근심 없는 사람은 오직 문왕뿐이셨으리라. 왕계를 아버지로 모셨고, 무왕을 아들로 두셨으니, 아버지가 왕조를 세우는 기틀을 일으키고 아들은 그 대업을 이

어갔도다."
18: 2 　무왕은 태왕과 왕계와 문왕의 사업을 계승하여, 한 번 갑옷을 입고 나서서 천하를 차지하였다. 자신은 천하에 드러난 명성을 잃지 않았으며, 존귀함으로는 천자가 되었고, 부유함으로는 사해 안의 땅을 다 차지하였다. 종묘에서 그에게 제사를 받들었고. 자손들이 그 제사를 이어갔다.
18: 3 　무왕이 말년에 천명을 받으니, 주공이 문왕과 무왕의 공덕을 완성하고, 태왕과 왕계를 왕으로 추존하여, 위로 선조들을 천자의 의례로 제사하였다. 이 예법은 제후와 대부와 '사'(士)와 서인에까지 두루 통용되었으니, 아비가 대부요 아들이 '사'라면, 장례는 대부의 의례로 하고, 제사는 '사'의 의례로 하며, 아비가 '사'요 아들이 대부라면, 장례는 '사'의 의례로 하고, 제사는 대부의 의례로 하는 것이다. 1년상은 대부에까지 통용되고, 3년상은 천자에까지 통용되었다. 부모의 상은 귀천의 구별이 없이 한 가지이다.
19: 1 　공자께서 말씀하셨다. "무왕과 주공은 천하 사람들이 모두 인정하는 효자로다.
19: 2 　효도라는 것은 조상의 뜻을 잘 계승하고, 조상의 사업을 잘 발전시키는 것이다.
19: 3 　봄과 가을에 조상의 사당을 단장하고, 제기를 진열하며, 조상이 입으셨던 의복을 펼쳐놓고, 제 철의 음식을 올리셨다."
19: 4 　종묘의 예법은 왼쪽에 '소'(昭)와 오른쪽에 '목'(穆)으로 차례를 정하는 것이다. 벼슬의 차례를 정하는 것은 귀하고 천함을 분별하는 것이요, 제사에서 맡는 일의 차례를 정하는 것은 현명함을 판별하는 것이다. 종묘에서 여럿이 술잔을 주고 받는 의례에 아랫사람이 윗사람에게 잔을 올리는 것은 낮은 사람

에게까지 미치는 것이요, 제사를 마친 뒤의 잔치에서 머리털 색깔이 흰 사람부터 차례를 정하는 것은 나이에 따라 차례를 정하는 것이다.

19: 5 돌아가신 선왕의 지위에 올라 그 의례를 행하고, 그 음악을 연주하며, 그 존중하던 사람을 공경하고, 그 친애하던 사람을 사랑하며, 죽은 사람 섬기는 상례를 산 사람 섬기듯이 하며, 죽고 없는 사람 섬기는 제사를 생존한 사람 섬기듯이 하는 것이 효도의 지극한 것이다.

19: 6 하늘에 드리는 '교'(郊)제사와 토지의 신에 드리는 '사'(社)제사의 의례는 모두 상제를 섬기는 것이요, 종묘의 의례는 조상을 제사하는 것이다. '교'와 '사'의 의례와 천자가 시조에게 봄에 드리는 '체'(禘)제사와 가을에 드리는 '상'(嘗)제사의 뜻에 밝으면 나라를 다스리는 것은 마치 손바닥 들여다보는 것과 같을 것이다.

20: 1 애공이 정치에 대해 물었다.

20: 2 공자께서 대답하셨다. "문왕과 무왕의 정치가 책에 실려 있으니, 그 사람이 있으면 그 정치가 행해지고, 그 사람이 없으면 그 정치가 무너집니다."

20: 3 사람의 도리는 정치에 빠르게 나타나고, 땅의 도리는 나무에 빠르게 나타나니, 정치는 갈대 자라듯이 효과가 빠르게 나타난다.

20: 4 그러므로 정치를 하는 것은 사람에게 달려 있다. 인재를 가려 쓰는 것은 자신을 닦음으로써 하고, 자신을 닦는 것은 도리로써 하고, 도리를 닦는 것은 어진 덕으로써 해야 한다.

20: 5 어진 덕은 사람다움이니, 어버이를 사랑하는 것이 중대한 일이다. 의로움은 마땅하게 하는 것이니, 현명한 이를 높이는

것이 중대하다. 어버이를 사랑하는 데 상복제도에서 낮추어 가는 것과 현명한 이를 높이는 데 신분에 따라 차등을 두는 것에서 예법이 생겨나는 것이다.

20: 6 아랫 자리에 있으면서 윗사람의 신임을 얻지 못하면 백성을 다스릴 수 없다.

20: 7 그러므로 군자는 자신을 닦지 않아서는 안 된다. 자신을 닦으려고 생각한다면, 어버이를 섬기지 않아서는 안 되고, 어버이를 섬기려고 생각한다면, 사람을 알지 못해서는 안 되고, 사람을 알려고 생각한다면, 하늘을 알지 못해서는 안 된다.

20: 8 천하에 두루 통하는 도리가 다섯 가지요, 그것을 행하게 하는 것이 세 가지이다. 임금과 신하, 부모와 자식, 남편과 아내, 형과 아우, 및 벗들과 사귐의 다섯 가지는 천하에 두루 통하는 도리요, 지혜와 어진 덕과 용기의 세 가지는 천하에 두루 통하는 덕인데, 이를 행하게 하는 것은 다 한가지이다.

20: 9 나면서부터 그것을 알기도 하고, 배워서 알기도 하고, 어려움을 겪고서 알기도 하지만, 그 아는 데 이르면 다 한가지이다. 편안하게 그것을 행하기도 하고, 이롭게 여겨서 행하기도 하고, 애써 노력하여 행하기도 하지만, 그 공효를 이루는 데 이르면 다 한가지이다.

20:10 공자께서 말씀하셨다. "배우기를 좋아하는 것은 지혜로움에 가깝고, 힘써 행하는 것은 어진 덕에 가깝고, 부끄러워할 줄 아는 것은 용기에 가깝다."

20:11 이 세 가지를 알면 자신을 닦는 방법을 알 것이요, 자신을 닦는 방법을 알면 사람을 다스리는 방법을 알 것이며, 사람을 다스리는 방법을 알면 천하와 국가를 다스리는 방법을 알 것이다.

20:12 　무릇 천하와 국가를 다스리는 데는 아홉 가지 준칙이 있다. 자신을 닦는 것, 현명한 인재를 존중하는 것, 친족을 친애하는 것, 대신을 공경하는 것, 여러 신하들을 보살피는 것, 서민을 자식같이 아끼는 것, 온갖 장인들을 찾아오게 하는 것, 멀리 장사 다니는 사람들을 다독거려주는 것, 제후들을 편안하게 하는 것을 말한다.

20:13 　자신을 닦으면 도리가 확립된다. 현명한 인재를 존중하면 의심이 풀어진다. 친족을 친애하면 백부나 숙부와 형제들이 원망하지 않게 된다. 대신을 공경하면 일에 혼미함이 없게 된다. 여러 신하들을 보살펴주면 선비들의 보답하는 의례가 무게를 갖게 된다. 서민을 자식같이 아끼면 백성들이 따를 것이다. 온갖 장인들을 찾아오게 하면 재물의 쓰임이 넉넉해진다. 멀리 장사 다니는 사람들을 다독거려주면 사방에서 모여든다. 제후들을 편안하게 해주면 천하가 두려워하게 된다.

20:14 　정결하게 재계하고 예복을 성대하게 차려 입으며, 예법이 아니면 움직이지 않는 것은 자신을 닦는 방법이다.

　참소하는 자를 버리고, 어여쁜 여인을 멀리하며, 재물을 천하게 여기고 덕을 귀중하게 여기는 것은 현명한 인재를 격려하는 방법이다.

　그 지위를 높여주고, 녹봉을 후하게 주며, 좋아하고 싫어하는 것을 같이 하는 것은 친족을 친애하도록 격려하는 방법이다.

　하급관리를 많이 두어 일을 맡겨 부리도록 하는 것은 대신을 격려하는 방법이다.

　충직하고 신의 있는 자에게 녹봉을 후하게 주는 것은 선비를 격려하는 방법이다.

시기에 맞게 부리고, 세금을 적게 거두는 것은 백성을 따르도록 격려하는 방법이다.

날마다 살피고 달마다 시험하여 급료를 성과에 맞게 주는 것은 온갖 장인들을 격려하는 방법이다.

가는 자를 전송해주고 오는 자를 맞이해주며, 잘한 자를 칭찬해주고 무능한 자를 불쌍히 여기는 것은 멀리 장사 다니는 사람을 다독거려주는 방법이다.

끊어진 후손을 이어주고, 무너진 나라를 일으켜주며, 혼란에 빠진 나라를 다스려주고, 위기에 빠진 나라를 붙들어주며, 때에 맞게 천자를 찾아뵙게 하며, 가져가는 것을 후하게 하고 가져오는 것을 적게 하는 것은 제후를 편안하게 하는 방법이다.

20:15 무릇 천하와 국가를 다스리는 데 아홉 가지 준칙이 있는데, 그것을 행하는 방법은 단 한가지이다.

20:16 무릇 일이란 미리 준비되면 이루어지고, 미리 준비되지 않으면 폐기된다. 말이 먼저 정해져 있으면 뒤집히지 않고, 일이 먼저 정해져 있으면 곤란에 빠지지 않으며, 행동이 먼저 정해져 있으면 탈이 생기지 않고, 도리가 먼저 정해져 있으면 궁색하게 되지 않는다.

20:17 아랫 자리에 있으면서 윗사람의 신임을 얻지 못하면 백성을 다스릴 수 없다. 윗사람에게 신임을 얻는 데는 도리가 있으니, 벗들의 믿음을 얻지 못하면 윗사람의 신임을 얻지 못한다. 벗들의 믿음을 얻는 데는 도리가 있으니, 어버이에게 효성으로 순종하지 않으면 벗들의 믿음을 얻지 못한다.

어버이에게 효성으로 순종하는 데는 도리가 있으니, 자신을 돌아보아 성실하지 못하면 어버이에게 효성으로 순종하지 못한다. 자신을 돌아보아 성실하게 하는 데는 도리가 있으니, 선에 밝지 않으면 자신을 성실하게 하지 못한다.

20:18   성실함은 하늘의 도리요, 성실하게 하려는 것은 사람의 도리이다. 성실한 사람은 힘쓰지 않고도 이치에 맞고, 생각하지 않고도 터득하며, 거동이 도리에 맞으니, 성인이다. 성실하게 하려는 자는 선을 가려서 굳게 붙들고 있는 자이다.

20:19   널리 배우고, 자세히 묻고, 신중하게 생각하고, 분명하게 판별하고, 독실하게 행해야 한다.

20:20   배우지 않을지언정 배운다면 능숙하게 되지 않고는 그만두지 않고, 묻지 않을지언정 묻는다면 알지 않고는 그만두지 않으며, 생각하지 않을지언정 생각하게 되면 터득하지 않고는 그만두지 않고, 판별하지 않을지언정 판별한다면 분명하게 되지 않고는 그만두지 않으며, 행하지 않을지언정 행한다면 독실해지지 않고는 그만두지 않아야 한다.

　　남이 한 번에 할 수 있으면, 자기는 백 번을 하고, 남이 열 번에 할 수 있으면, 자기는 천 번을 해야 한다.

20:21   과연 이 도리를 할 수 있으면 비록 어리석더라도 반드시 총명해질 것이요, 비록 유약하더라도 반드시 굳세어질 것이다.

21: 1   성실함으로부터 선에 밝아지는 것을 '성품'이라 하고, 선에 밝음으로부터 성실하여지는 것을 '가르침'이라 한다. 성실하면 선에 밝아지고, 선에 밝으면 성실하여진다.

22: 1   오직 천하의 지극히 성실한 사람만이 자기의 성품을 다 발휘할 수 있고, 자기의 성품을 다 발휘할 수 있으면, 남의 성품을 다 발휘시킬 수 있다. 남의 성품을 다 발휘시켜줄 수 있으면 만물의 성질도 다 발휘시켜줄 수 있고. 만물의 성질을 다 발휘시켜줄 수 있으면 하늘과 땅의 조화와 육성을 도울

수 있다.

　　하늘과 땅의 조화와 육성을 도울 수 있으면, 하늘과 땅과 함께 대등하게 참여할 수 있을 것이다.

23: 1　그 다음은 정성을 다하는 것이다. 정성을 다하면 성실할 수 있고, 성실하면 나타나고, 나타나면 뚜렷해지고, 뚜렷해지면 밝아지고, 밝아지면 사물을 움직일 수 있다. 사물이 움직이면 변화가 일어나고, 변화가 일어나면 감화가 된다. 오직 천하의 지극히 성실한 사람이라야 감화시킬 수 있다.

24: 1　지극히 성실한 도리는 미리 알 수가 있다. 국가가 융성하게 일어나려 하면 반드시 상서로운 조짐이 있고, 국가가 멸망하려 하면 반드시 요망한 조짐이 있어서, 시초와 거북의 점괘에 나타나고, 신체의 동작에 나타난다. 재앙이나 복이 닥쳐오게 되면, 선한 것도 반드시 먼저 알게 되고, 선하지 않은 것도 반드시 먼저 알게 된다. 그러므로 지극히 성실한 사람은 신과 같다.

25: 1　성실함이란 스스로 이루어지는 것이요, 도리란 스스로 행하는 것이다.

25: 2　성실함이란 만물의 시작과 끝이다. 성실하지 않으면 만물이 존재하지 않는다. 그러므로 군자는 성실하고자 하는 것을 귀중하게 여긴다.

25: 3　성실함이란 스스로 자기를 이룰 뿐만 아니라, 만물을 이루게 해주는 것이다. 자기를 이루는 것은 어진 덕이요, 만물을 이루게 해주는 것은 지혜이니, 성실함의 덕이요, 안과 밖을 결합시켜주는 도리이다. 그러므로 어느 때나 시행해야 하는 마땅한 것이다.

26: 1　그러므로 지극히 성실함은 쉬는 일이 없다.

26: 2　쉬는 일이 없으면 오래 이어가고, 오래 이어가면 징험이 드

러난다.

26: 3   징험이 드러나면 멀리 퍼지고, 멀리 퍼지면 넓고 두터워지며, 넓고 두터워지면 높고 밝아진다.

26: 4   넓고 두터움은 만물을 싣는 것이요, 높고 밝음은 만물을 덮어 주는 것이며, 오래 이어감은 만물을 이루어 주는 것이다.

26: 5   넓고 두터움은 땅에 짝하고, 높고 밝음은 하늘에 짝하며, 오래 이어 감은 끝이 없는 것이다.

26: 6   이와 같은 것은 보이지 않아도 나타나고, 움직이지 않아도 변화시키며, 행하지 않아도 이루어지는 것이다.

26: 7   하늘과 땅의 도리는 한마디 말로 다할 수 있다. 그 자체의 됨됨이는 한결 같으니, 만물을 생성함이 헤아릴 수가 없다

26: 8   하늘과 땅의 도리는 넓고, 두텁고, 높고, 밝고, 멀고, 항구하다.

26: 9   이제 저 하늘은 밝은 빛들이 많이 모인 것이지만, 하늘의 무궁함에 이르러서는 해와 달과 별들이 하늘에 매달려 있고, 만물이 하늘에 덮여 있다.

　　　　이제 저 땅은 한 줌의 흙들이 모인 것이지만, 그 넓고 두터움에 이르러서는 <u>화악산</u>을 실어도 무거워하지 않고, 강과 바다를 받아들이고도 새지 않으며, 만물이 땅에 실려 있다. 지금 저 산은 한 덩어리 돌들이 많이 모인 것이지만, 산이 넓고 큰 것에 이르러서는 풀과 나무가 자라고, 새와 짐승이 살고, 보화가 나온다.

　　　　이제 저 물은 한 잔의 물들이 많이 모인 것이지만, 물이 헤아릴 수 없음에 이르러서는 큰 자라와 악어, 뿔 없는 용과 뿔 있는 용, 물고기와 작은 자라가 살며, 재물이 물에서 불어난다.

26:10 『시경』(「주송: 유천지명」)에서는, "아! 하늘의 명령은, 깊고 그윽하기 끝이 없도다."라 하였으니, 대개 하늘이 하늘된 까닭을 말한 것이다. "아! 어찌 드러나지 않으랴. 문왕의 덕망이 순수함이여."라 하였으니, 이는 문왕이 '문文'이라 일컬어진 까닭이 순수하며 그치지 않는 데 있음을 말한 것이다.
27: 1 위대하도다. 성인의 도리여!
27: 2 바다같이 아득히 넓어 만물을 발육시키고, 우뚝 솟아 하늘에까지 닿았구나.
27: 3 풍성하고 크기도 하구나! 기준이 되는 의례가 300가지요, 행동의 절도가 3,000가지로다.
27: 4 그 사람이 나오기를 기다린 다음에야 행해지는 것이다.
27: 5 그러므로 "진실로 지극한 덕이 아니면 지극한 도리가 이루어지지 않는다."고 하였다.
27: 6 그러므로 군자는 덕성을 높이면서 묻고 배우는 길을 따라가며, 넓고 큰 것을 파악하면서 정밀하고 미세한 것을 남김없이 탐구하며, 높고 밝은 것을 극진하게 밝히면서 중용을 따르며, 옛 것을 익히면서, 새로운 것을 알아내며, 독실하고 너그럽게 함으로써 예법을 높인다.
27: 7 그러므로 윗자리에 있어도 교만하지 않고, 아랫사람이 되어서는 배반하지 않는다. 나라에 도리가 행해지고 있으면, 그의 말이 군주를 분발시키기에 넉넉하고, 나라에 도리가 행해지지 않으면, 그의 침묵이 용납되기에 넉넉하다.

　　『시경』(「대아: 증민」)에서는, "이미 이치에 밝고 일을 잘 살펴서, 그 몸을 지키도다."라 하였으니, 이를 두고 말한 것이다.
28: 1 공자께서 말씀하셨다. "어리석으면서 자기가 하려들기를 좋아하고, 비천하면서 자기 멋대로 하기를 좋아하며, 지금 세상

에 태어나서 옛 도리로 돌이키려 한다면, 그런 사람은 재앙이 그 몸에 닥쳐오게 할 사람이다."

28: 2   천자가 아니면 예법을 의논하지 못하고, 법도를 제정하지 못하며, 문자를 바로잡지 못한다.

28: 3   지금 천하는 수레의 궤도가 같고, 글의 문자가 같으며, 행동의 예절이 같다.

28: 4   비록 그 지위가 있더라도 진실로 그 덕이 없으면, 감히 예법과 음악을 제작할 수 없고, 비록 그 덕이 있더라도 진실로 그 지위가 없으면, 역시 감히 예법과 음악을 제작할 수 없다.

28: 5   공자께서 말씀하셨다. "내가 하나라의 예법을 말할 수 있으나 그 후손들인 기나라는 그 증거로 삼기에 부족하다. 내가 은나라의 예법을 배웠는데, 그 후손들인 송나라가 있는 정도이다. 내가 주나라의 예법을 배웠는데, 지금 쓰이고 있으니, 나는 주나라를 따르겠다."

29: 1   천하에 임금노릇 하는 데는 세 가지 중요한 것(예법을 의논함, 법도를 제정함, 문자를 바로잡음)이 있으면, 허물이 적을 것이다.

29: 2   상고 시대의 것은 비록 훌륭하지마는 증거가 없다. 증거가 없으면 믿어지지 않으며, 믿어지지 않으면 백성들이 따르지 않는다. 아랫자리에 있는 자는 비록 훌륭하더라도 존귀하지 못하다. 존귀하지 못하면 믿어지지 않으며, 믿어지지 않으면 백성들이 따르지 않는다.

29: 3   그러므로 군자의 도리는 자신에게 근본을 두고, 서민에게 징험해보며, 삼대(하·은·주)의 임금에서 살펴보아도 틀림이 없고, 하늘과 땅에 제시하여도 어긋나지 않으며, 귀신에게 물어보아도 의심할 것이 없고, 백대 이후의 성인을 기다려도

마음이 흔들리지 않는다.
29: 4 귀신에게 물어보아도 의심할 것이 없다는 것은 하늘을 아는 것이요, 백대 이후의 성인을 기다려도 마음이 흔들리지 않는다는 것은 사람을 아는 것이다.
29: 5 그러므로 군자는 거동하면 그것이 대대로 천하의 도리가 되고, 시행하면 대대로 천하의 법도가 되며, 말씀하면 대대로 천하의 준칙이 된다. 멀리 있으면 우러러 보게 되고, 가까이 있으면 싫어하지 않는다.
29: 6 『시경』(「주송: 진로」)에서는, "저곳에 있어도 미워하는 사람이 없고, 이곳에 있어도 싫어하는 사람이 없도다. 밤낮으로 노력하여, 명예를 길이 마치리라."고 하였다. 군자가 이와 같이 일찍이 천하에 명예를 누리지 않은 일이 없다.
30: 1 중니(공자)께서는 요와 순을 본받아 서술하고, 문왕과 무왕을 법도로 본받았으며, 위로는 하늘의 시기를 법도로 삼았고, 아래로는 물과 흙의 적합함을 따르셨다.
30: 2 비유하면 땅이 붙들어주고 실어주지 않는 것이 없고, 하늘이 덮어주고 감싸주지 않는 것이 없는 것과 같다. 비유하면 네 계절이 차례대로 운행하는 것과 같고, 해와 달이 교대로 밝혀주는 것과 같다.
30: 3 만물이 함께 자라면서도 서로 해치지 않고, 도리가 함께 운행되지만 서로 어긋나지 않는다. 작은 덕은 냇물이 흐르듯이 도리를 따르고, 큰 덕은 돈독하게 만물을 변화하고 육성한다. 이것이 천지가 위대한 까닭이다.
31: 1 오직 천하의 지극한 성인이라야 그 총명과 예지가 천하에 넉넉히 군림할 수 있고, 그 너그러운 도량과 부드러운 성품이 천하를 넉넉히 포용할 수 있다. 분발함이 힘차며 강직하고 꿋

꿋함이 넉넉히 도리를 지킬 수 있으며, 엄숙하고 정당함이 넉넉히 일을 공경하여 처리할 수 있으며, 조리 있고 치밀함이 넉넉히 사물을 판별할 수 있다.

31: 2 　성인은 두루 하여 넓게 미치고 생각이 깊으며 때를 만나면 출현한다.

31: 3 　두루 하여 넓게 미치는 것은 하늘과 같고, 생각이 깊은 것은 깊은 못과 같으니, 나타나면 백성들은 공경하지 않음이 없고, 말씀하면 백성들은 믿지 않음이 없으며, 시행하면 백성들이 기뻐하지 않음이 없다.

31: 4 　이 때문에 성인은 명성이 중국에 넘쳐흘러서 멀리 오랑캐 땅에까지 뻗어나간다. 배와 수레가 이르는 곳과, 사람의 힘이 닿는 곳과, 하늘이 덮어 주는 곳과, 땅이 실어 주는 곳과, 해와 달이 비치는 곳과, 서리와 이슬이 내리는 곳에서, 무릇 혈기가 있는 자라면 누구나 성인을 높이고 친애하지 않음이 없다. 그래서 '하늘에 짝이 된다'고 말한다.

32: 1 　오직 천하에 지극히 성실한 사람만이 천하의 큰 도리를 다스릴 수 있고, 천하의 큰 근본을 세울 수 있으며, 하늘과 땅의 조화와 양육을 알 수 있다. 그가 어찌 한 편에 의존함이 있겠는가?

32: 2 　간절하구나. 그 어진 덕이여. 깊고 깊구나. 그 생각의 깊음이여. 넓고 넓구나. 하늘같음이여.

32: 3 　진실로 총명하고 성스러운 지혜가 하늘의 덕에까지 도달한 사람이 아니라면, 그 누가 그를 알아볼 수 있겠는가?

33: 1 　『시경』(「위풍: 석인」)에서는, "비단옷 무늬 저고리에 홑옷을 덧입었네."라 하였다. 그 비단의 문채가 겉으로 나타나는 것을 싫어하는 것이다. 그러므로 군자의 도리는 은은하지만

날로 빛이 나고, 소인의 도리는 선명하지만 날로 없어진다. 군자의 도리는 담담하지만 싫어지지 않고, 간결하면서도 문채가 있으며, 온화하면서도 조리가 있다. 먼 것은 가까운 데서부터 시작된다는 것을 알고, 바람은 불어오는 곳이 있음을 알며, 은미한 것은 뚜렷하게 드러난다는 것을 안다면, 함께 덕에 들어갈 수 있을 것이다.

33: 2 『시경』(「소아: 정월」)에서는, "물 속에 잠겨 엎드려 있으나, 훤히 밝게 들여다 보이도다."라 하였다. 그러므로 군자는 안으로 마음을 성찰하여도 괴롭지 않고, 마음에 부끄러움이 없다. 군자에 미칠 수 없는 것은 오직 남이 볼 수 없는 곳일 것이다.

33: 3 『시경』(「대아: 억」)에서는, "네가 방안에 있는 것을 살펴볼 때, 행여 방구석에 부끄럽지 않아야 하네."라 하였다. 그러므로 군자는 거동하지 않을 때에도 공경하고, 말하지 않을 때에도 믿음이 있다.

33: 4 『시경』(「상송: 열조」)에서는, "만백성을 거느려 말없는 교화를 이루니, 그 때에 다툼이 없도다."라 하였다. 그러므로 군자는 상을 주지 않아도 백성들이 격려되고, 노여워하지 않아도 백성이 목 베는 도끼보다 두려워한다.

33: 5 『시경』(「주송: 열문」)에서는, "덕보다 더 드러날 것이 없으니, 모든 제후들이 본받도다."라 하였다. 그러므로 군자가 독실하고 공경하면 천하가 화평해진다.

33: 6 『시경』(「대아: 황의」)에서는, "나는 밝은 덕을 사랑하니, 말소리와 얼굴빛을 크게 여기지 않도다."라 하였다.
공자께서는, "음성과 안색은 백성들을 교화함에 있어서 말단적인 것이다."라 말씀하셨다.

『시경』(「대아: 증민」)에서, "덕이 가볍기 터럭과 같도다,"라 하였으니, 터럭은 오히려 비교할 것이라도 있지만,『시경』(「대아: 문왕」)에서 "저 높은 하늘의 일은 소리도 없고 냄새도 없도다."라 한 것은 지극한 경지이다.

맹자
孟子

우리말 사서

『맹자』
1편 (양혜왕상 梁惠王上)

1-1: 1 　맹자가 양혜왕을 뵈었다.

1-1: 2 　양혜왕이 말했다. "노인장께서 천리를 멀다 않고 찾아오셨으니, 역시 내 나라를 이롭게 해주실 일이 있겠습니까?"

1-1: 3 　[1]맹자가 대답했다. "임금께서는 하필 이롭게 함을 말씀하십니까? 역시 어짊과 의로움이 있을 뿐입니다.

　　[2]임금께서 '어떻게 하면 내 나라를 이롭게 할까?'라 하시면, 대부들은 '어떻게 하면 내 집안을 이롭게 할까.'라 할 것이며, 하급 관리나 서민들은 '어떻게 하면 내 한 몸을 이롭게 할까.' 할 것입니다.

　　[3]윗사람과 아랫사람이 서로 이로움을 추구하게 되면 나라가 위태로워질 것입니다.

　　[4]전차 만 대를 가진 나라에서 그 임금을 죽이는 자는 반드시 전차 천 대를 가진 가문일 것이요, 전차 천 대를 가진 나

라에서 그 임금을 죽이는 자는 반드시 전차 백 대를 가진 가문일 것입니다.

⁵만 대를 가진 나라에서는 천 대를 가진 가문을 취하고, 천 대를 가진 나라에서 백 대를 가진 가문을 취하는 것이 많지 않은 것이 아닙니다.

⁶진실로 의로움을 뒤로 하고 이로움을 앞세우면 빼앗지 않고서는 만족하지 않을 것입니다. ⁷어질면서도 자기 어버이를 버린 사람은 없었으며, 의로우면서도 임금을 뒤로 미루어버린 사람은 없었습니다. ⁸임금께서는 다만 어질고 의로움을 말씀하실 따름이지 하필 이로움을 말씀하십니까?"

1-2: 1   맹자가 양혜왕을 뵈었다.

1-2: 2   양혜왕이 늪 가에 서서 고니와 기러기, 고라니와 사슴을 돌아보면서 물었다. "현명한 사람도 또한 이런 것들을 즐거워합니까?"

1-2: 3   ¹맹자가 대답했다. "현명한 사람이 된 뒤에라야 이런 것들을 즐거워합니다. 현명하지 못한 사람은 비록 이런 것들을 가지고 있다 하더라도 즐거워하지 못합니다.

²『시경』(「대아: 영대」)에서는, '신령한 누대를 짓기 시작하면서, 헤아리고 도모하시도다. 여러 백성들이 일하니, 몇 날이 못되어 이루어졌도다. 짓기 시작하면서 서두르지 말라 하셨으나, 여러 백성들이 자식처럼 달려오도다. 임금이 신령한 동산에 계시니, 사슴이 엎드려 있도다. 사슴들은 살찌고 윤기 흐르며, 백조는 희고도 깨끗하도다. 임금이 신령한 늪에 계시니, 아! 가득한 물고기 뛰어 오르도다.'라고 하였습니다.

³문왕이 백성의 힘으로 누대를 짓고 못을 파나, 백성이 기

뻐하고 즐거워하여 그 누대를 일러 '신령한 누대'라 하고, 그 못을 일러 '신령한 못'이라 하고서, 큰 사슴과 보통 사슴이나 물고기와 자라가 있는 것을 즐거워하였습니다.

⁴옛 사람은 백성들과 함께 즐거워했으니, 그래서 즐거워할 수 있었던 것입니다.

⁵『서경』「탕서」편에서는, '이 해는 언제 없어지려나? 내가 너와 함께 망하리라.'고 하였습니다.

⁶백성이 함께 망하고자 하면 비록 누대와 못이나 새와 짐승이 있더라도 어떻게 홀로 즐거워할 수 있겠습니까?"

1-3: 1   양혜왕이 말했다. "나는 나라에 마음을 다 기울였습니다. 하내 땅에 흉년이 들면 그 백성은 하동 땅으로 옮기고 그 곡식은 하내 땅으로 옮기며, 하동 땅에 흉년이 들면 또 그렇게 하였습니다. 이웃 나라의 정치를 살펴보면 나처럼 마음 쓰는 자가 없습니다. 그런데도 이웃 나라의 백성이 줄어들지 않고 나의 백성이 늘어나지 않으니, 무슨 까닭입니까?"

1-3: 2   맹자가 물었다. "임금께서 전쟁을 좋아하시니, 전쟁으로 비유하고자 합니다. 둥둥 북이 울리고 칼날이 이미 부딪쳤는데, 갑옷을 버리고 무기를 끌며 달아나다가 어떤 자는 백 걸음 가서 멈추고 어떤 자는 오십 걸음 가서 멈추었습니다. 오십 걸음 가서 멈추었다고 백 걸음 가서 멈춘 것을 비웃는다면 어떻습니까?"

1-3: 3   양혜왕이 대답했다. "안 됩니다. 단지 백 걸음이 아닐 뿐이요, 이것 역시 달아난 것입니다."

1-3: 4   ¹맹자가 말했다. "임금께서 이 점을 아신다면 백성이 이웃 나라보다 더 많기를 바라지 마십시오. ²농사의 시기를 어기지 아니하면 곡식을 이루 다 먹을 수 없을 것이요, 촘촘한 그

물을 웅덩이나 못에 던져 넣지 않으면 물고기와 자라를 이루 다 먹을 수 없을 것이며, 도끼를 가지고 시기에 맞추어 숲 속에 들어가면 재목을 이루 다 쓸 수 없을 것입니다. ³곡식과 물고기나 자라를 이루 다 먹을 수 없고, 재목을 이루 다 쓸 수 없다면, 이는 백성으로 하여금 살아있는 사람을 양육하며 돌아가신 분을 장례지내는 데 유감이 없게 하는 것입니다. 살아있는 사람을 양육하고 돌아가신 분을 장례지내는 데 유감이 없게 하는 것은 왕도의 시작입니다. ⁴다섯 이랑의 집터 안에 뽕나무를 심으면 나이 오십 되는 사람이 비단 옷을 입을 수 있고, ⁵닭과 돼지와 개 등 가축이 번식할 때를 잃지 않으면 나이 칠십 되는 사람이 고기를 먹을 수 있습니다. ⁶백 이랑의 밭을 경작하는데 농사의 시기를 빼앗지지 않으면, 몇 사람 식구의 집안이 굶주리지 않을 수 있으며, ⁷학교의 교육을 신중하게 하여 효도와 우애의 뜻을 되풀이 가르친다면 머리가 희끗희끗한 사람이 길에서 짐을 등에 지거나 머리에 이고 다니지 않을 것입니다. ⁸나이 칠십인 사람이 비단옷을 입고 고기를 먹으며, 백성들이 굶주리지 않고 추위에 떨지 않는다면, 그런데도 임금 노릇 하지 못할 사람은 없습니다. 개와 돼지가 사람이 먹을 것을 먹는데도 단속할 줄 모르고, 길에 굶어죽은 시체가 있는데도 창고를 열 줄 모르며, 사람이 죽으면 '내가 그렇게 한 것이 아니라 흉년이 그렇게 한 것이다.'라 말합니다. ⁹이것이 어찌 사람을 찔러 죽이고서 '내가 그렇게 한 것이 아니라 무기가 그렇게 한 것이다.'라 말하는 것과 무엇이 다르겠습니까? 임금께서 흉년을 탓하지 않으시면 그 때에는 천하의 백성이 몰려 올 것입니다."

1-4: 1 <u>양혜왕</u>이 말했다. "나는 즐거운 마음으로 가르침을 받들기

를 원합니다."

1-4: 2　²맹자가 물었다. "사람을 죽이는데 몽둥이로 죽이는 것과 칼로 죽이는 것이 다름이 있습니까?"

양혜왕이 대답했다. "다름이 없습니다."

1-4: 3　맹자가 물었다. "칼로 죽이는 것과 정치로 죽이는 것이 다름이 있습니까?"

양혜왕이 대답했다. "다름이 없습니다."

1-4: 4　¹맹자가 물었다. "푸줏간에 살찐 고기가 있고 마굿간에 살찐 말이 있지만, 백성들은 굶주린 안색이 있고 들에는 굶어 죽은 시체가 있다면, 이것은 짐승을 몰아다가 사람을 잡아먹게 하는 것입니다. ²사람은 짐승들이 서로 잡아먹는 것도 미워하는데, 백성의 부모가 되어 정치를 행하면서 짐승을 몰아다가 사람을 잡아먹게 하는 것을 면하지 못한다면, 백성의 부모가 되는 뜻이 어디에 있습니까? ³공자께서 '처음 나무로 깎은 사람을 만든 자는 그 후손이 없을 것이로다!'라 말씀하셨던 것은, 사람을 형상한 것으로 장례 때에 썼기 때문입니다. 어떻게 이 백성들을 굶어서 죽게 한단 말입니까?"

1-5: 1　¹양혜왕이 물었다. "진晉나라로 말하면 천하에서 이보다 더 강한 나라가 없음은 노인장께서도 아시는 바입니다. 내가 다스리는 시기에 이르러서는 동쪽으로 제나라에 패하여 큰 아들이 죽었고, 서쪽으로 진秦나라에 칠백 리 땅을 잃었고, 남쪽으로 초나라에 굴욕을 당했습니다. ²나는 이 일을 부끄러워합니다. 전사한 사람들을 위해 단번에 설욕하기를 원하는데, 어찌하면 가능하겠습니까?"

1-5: 2　¹맹자가 대답했다. "땅이 사방 백리라도 임금노릇을 할 수 있습니다. ²임금께서 만일 어진 정치를 백성들에게 베푸시

어, 형벌을 간략하게 하시고, 세금을 가볍게 하시며, 깊이 밭 갈고 빨리 김 매며, ³장정들은 한가로운 날에 효도와 우애와 충성과 신실함을 닦게 하고, 집에 들어와서는 부형을 섬기며, 밖에 나가서는 윗사람을 섬기게 한다면, 몽둥이를 만들어 진 秦나라와 초나라의 단단한 갑옷과 예리한 병장기를 치게 할 수 있을 것입니다. ⁴저들이 그 백성의 농사지을 시기를 빼앗아서, 그들로 하여금 밭 갈고 김 매어서 그 부모들을 봉양하게 하지 못하면, 부모들이 얼고 굶주리며 형제와 처자가 흩어질 것입니다. ⁵저들이 그 백성들을 구렁텅이에 빠뜨리거든 임금께서 가서 치시면 누가 임금과 더불어 대적하겠습니까? ⁶그러므로 말하기를 '어진 사람에게는 대적할 자가 없다.'고 하니, 임금께서는 청컨대 의심하지 마십시오."

1-6: 1 ¹맹자가 양양왕을 뵙고 나와서 사람들에게 말했다. "멀리서 바라보아도 임금답게 보이지 않았고, 가까이 나아가도 두려워할 만함이 보이지 않았소. ²갑자기 '천하는 어떻게 결정되겠습니까?'라 묻기에, 내가 '하나로 정해질 것입니다.'라 대답했소. ³'누가 통일시킬 수 있겠습니까?'라 묻기에, '사람 죽이기를 좋아하지 않는 자가 통일할 수 있을 것입니다.'라 대답했소. ⁴'누가 따르겠습니까?'라 묻기에, '천하에 따르지 않을 사람이 없을 것입니다. ⁵임금께서는 저 벼 싹을 아십니까? 칠팔월 사이에 날이 가물면 벼 싹이 마릅니다. 하늘에 뭉게뭉게 구름이 일어나서 쫘아 하고 비를 내리면, 벼 싹이 쑥쑥 일어납니다. ⁶이와 같으면 누가 막을 수 있겠습니까? 지금 천하의 임금된 자로서 사람 죽이기를 좋아하지 않는 자가 없습니다. ⁷만약 사람 죽이기를 좋아하지 않는 자가 있다면, 천하의 백성들이 모두 목을 빼고 그를 바라볼 것입니다. ⁸진실로

이와 같다면 백성들이 그에게 돌아가는 것이 물이 아래로 흘러내려가는 것과 같을 것이니, 콸콸 흘러가는 것을 누가 막을 수 있겠습니까?'라 대답했소."

1-7: 1 　제나라 선왕이 물었다. "제나라 환공과 진나라 문공의 일들을 들려주실 수 있습니까?"

1-7: 2 　맹자가 대답했다. "중니(공자)의 무리 가운데 환공과 문공의 일을 말한 자가 없었기 때문에 후세에 전해지지 않아서 제가 듣지 못하였습니다. 이야기를 그만두라 하지 않으신다면 임금노릇에 대해 말씀드려 보겠습니다."

1-7: 3 　선왕이 물었다. "덕이 어떠하면 임금노릇을 할 수 있습니까?"

　　　맹자가 대답했다. "백성을 안정하게 하여 임금노릇을 한다면 아무도 막을 수 없을 것입니다."

1-7: 4 　선왕이 물었다. "나 같은 사람도 백성을 안정하게 할 수 있겠습니까?"

　　　맹자가 대답했다. "할 수 있습니다."

1-7: 5 　선왕이 물었다. "무슨 까닭으로 내가 할 수 있는 줄을 아십니까?"

1-7: 6 　¹맹자가 말했다. "제가 호흘에게서 들으니 임금께서 마루 위에 앉아 계시는데 소를 끌고 마루 아래로 지나가는 자가 있었다고 합니다. 임금께서 보시고 '소가 어디로 가느냐?'고 묻자, '종에다 소의 피를 바르려고 합니다.'라 대답했다고 합니다. ²임금께서 '놓아주어라. 벌벌 떨면서 죄 없이 죽을 곳으로 나가는 듯함을 내가 차마 못 보겠다.'라 말씀하셨다고 합니다. ³그 사람이, '그러면 종에 피를 바르는 것을 그만둡니까?'라 여쭈니, 임금께서 '어찌 그만둘 수 있겠느냐? 양으

로 바꾸어서 하라'고 말씀하셨다 합니다. 알지 못하겠지만, 그런 일이 있었습니까?"

1-7: 7 선왕이 말했다. "그런 일이 있었습니다."

맹자가 말했다. "이 마음이면 넉넉히 임금노릇을 할 수 있습니다. 백성들은 모두 임금께서 소를 아까워한 것이라 여깁니다마는, 저는 진실로 임금께서 차마 하지 못하셨던 것임을 압니다."

1-7: 8 선왕이 말했다. "그렇습니다. 진실로 그렇게 생각하는 백성들이 있겠지만, 제나라가 비록 좁고 작으나 내가 어찌 한 마리의 소를 아끼겠습니까? 그 벌벌 떨면서 죄 없이 죽을 곳으로 가는 듯함을 차마 볼 수 없었기 때문에 양으로 바꾸게 한 것입니다."

1-7: 9 맹자가 말했다. "임금께서는 백성이 임금께서 소를 아까워한다고 여기는 것을 이상하게 생각하지 마십시오. 작은 것으로 큰 것을 바꾸었으니, 저들이 어찌 알겠습니까? 그러나 임금께서 만약 그 죄 없이 죽을 곳으로 가는 것을 측은하게 여기셨다면, 소와 양을 어떻게 가리셨습니까?"

1-7:10 선왕이 웃으면서 말했다. "그것이 진실로 어떤 마음이었을까요? 내가 그 재물을 아까워한 것이 아닌데도, 소 대신에 양으로 바꾸었으니, 백성들이 나를 아까워한다고 말하는 것이 마땅합니다."

1-7:11 맹자가 말했다. "(백성들의 이런 오해야) 상관이 없습니다. 이것은 어진 덕을 행하는 법도입니다. 소는 그 자리에서 눈으로 보셨고 양은 못 보았기 때문입니다. 군자가 새나 짐승에 대해 그 살아 있는 것을 보다가 차마 그 죽는 것을 보지 못하며, 그 소리를 듣다가 차마 그 고기를 먹지 못합니다.

그래서 군자는 푸줏간을 멀리 하는 것입니다."

1-7:12 　선왕이 기뻐하며 말했다. "『시경』(「소아: 교언」)에서는, '다른 사람이 마음 쓰는 것, 내가 이를 헤아리도다.'라 했으니, 선생을 두고 말한 것입니다. 내가 행하고나서 돌이켜 찾아보았지만 내 마음을 알지 못했는데, 선생께서 일러주시니 내 마음에 뭉클함이 있습니다. 이러한 마음이 임금노릇 하는 데 합치한다는 것은 왜 그렇습니까?"

1-7:13 　맹자가 물었다. "가령 어떤 사람이 임금께 아뢰기를, '나의 힘은 삼 천근을 들기에 넉넉하지만, 깃 하나를 들기에는 부족하며, 눈 밝기는 터럭의 끝을 살피기에 넉넉하지만, 한 수레의 땔나무를 보기에는 부족하다.'고 한다면, 임금께서 동의하시겠습니까?"

선왕이 대답했다. "못합니다."

1-7:14 　맹자가 말했다. "이제 임금님의 은혜가 새나 짐승에까지 미치는 데도 넉넉하지만, 공적이 백성에게는 이르지 않으니, 대체 무슨 까닭입니까? 그렇다면 깃 하나를 들지 못하는 것은 힘을 쓰지 않기 때문이며, 한 수레의 땔나무를 못 보는 것은 눈 밝음을 쓰지 않기 때문이며, 백성들이 안정을 얻지 못하는 것은 은혜를 쓰지 않기 때문입니다. 그러므로 임금께서 임금노릇 하지 못하는 것은 하지 않는 것이지, 할 수 없는 것이 아닙니다."

1-7:15 　선왕이 물었다. "하지 않는 것과 할 수 없는 것의 그 모습이 어떻게 다릅니까?"

1-7:16 　[1]맹자가 대답했다. "태산을 옆구리에 끼고서 북해를 뛰어 넘는 일이야, 남들에게 '나는 할 수 없다.'고 말한다면, 이는 진실로 할 수 없는 것입니다. 그러나 어른을 위해 나무 가지

를 꺾는 일이야, 남들에게 '나는 할 수 없다.'고 말하면, 이는 하지 않는 것이지 할 수 없는 것이 아닙니다. 그러므로 임금께서 임금노릇을 하지 않는 것은 태산을 옆구리에 끼고서 북해를 뛰어넘는 일에 속하는 것이 아닙니다. 임금께서 임금노릇 하지 않는 것은 나무 가지를 꺾는 일에 속하는 것입니다. ²나의 노인을 공경하여 그 마음으로 남의 노인에까지 미치며, 나의 어린 아이를 사랑하여 그 마음으로 남의 어린 아이에까지 미치면, 천하는 손바닥 위에서 운영할 수 있을 것입니다. 『시경』(「대아: 사제」)에서는 '아내에게 모범이 되어, 형제에게 이를 것이요, 집안과 나라를 다스리로다.'라 하였는데, 이 마음을 들어올려 저 백성들에게 써야 할 뿐임을 말한 것입니다. ³그러므로 은혜를 미루어나가면 온 천하를 안정시키기에 넉넉하지만, 은혜를 미루어나가지 않으면 처자를 편안하게 할 수도 없을 것입니다. 옛사람들이 남들을 크게 뛰어넘었던 것은 다름이 아닙니다. 그 하는 바를 잘 미루어나갔던 것일 뿐입니다. 이제 은혜가 새나 짐승에게도 넉넉히 미치면서 공적이 백성에게 이르지 않는 것은 대체 무슨 까닭입니까? ⁴저울로 무게를 단 다음에 가볍고 무거움을 알며, 자로 길이를 잰 다음에 길고 짧음을 압니다. 만물이 다 그렇지만, 마음이 더 심합니다. 임금께서는 이 마음을 헤아려주시기 바랍니다. ⁵어찌 임금께서는 군대를 동원하여 군사와 신하를 위태롭게 하며, 다른 제후들과 원한을 맺은 다음에야 마음에 유쾌하시겠습니까?"

1-7:17 선왕이 말했다. "아닙니다. 내가 어찌 이를 유쾌하게 여기겠습니까? 장차 내가 크게 하고자 하는 바를 추구하는 것입니다."

1-7:18 맹자가 물었다. "임금께서 크게 하고자 하시는 바를 들을 수 있겠습니까?"

선왕은 웃기만 하고 말하지 않았다.

1-7:19 맹자가 물었다. "기름지고 맛있는 음식이 입으로 먹기에 부족하기 때문입니까? 가볍고 따뜻한 옷이 몸에 걸치기에 부족하기 때문입니까? 또는 현란한 색채가 눈으로 보기에 부족하기 때문입니까? 소리와 음률이 귀로 듣기에 부족하기 때문입니까? 시중드는 사람이 앞에 두고 부리기에 부족하기 때문입니까? 임금의 모든 신하들이 다 받들기에 넉넉한데, 임금께서 어찌 이것 때문이시겠습니까?"

1-7:20 선왕이 대답했다. "아닙니다. 내가 이것 때문이 아닙니다."

1-7:21 맹자가 말했다. "그렇다면 임금께서 크게 하고자 하시는 바를 알 수 있겠습니다. 영토를 넓히고, 진秦나라와 초나라가 조공을 바치게 하며, 스스로 천하의 맹주가 되어 사방의 오랑캐들을 어루만지고자 하는 것입니다. 이렇게 행하는 것으로 그러한 욕망을 추구한다면, 나무에 올라가 물고기를 찾는 것과 같습니다."

1-7:22 선왕이 물었다. "그처럼 심합니까?"

1-7:23 맹자가 대답했다. "아마도 더 심할 것입니다. 나무에 올라가 물고기를 구하는 것은 비록 물고기를 얻지 못하더라도 뒤따르는 재앙이야 없겠지만, 이렇게 행하는 것으로 그러한 욕망을 추구한다면, 마음과 역량을 다 기울여 하더라도 뒤에는 반드시 재앙이 있을 것입니다."

1-7:24 선왕이 물었다. "왜 그런지 말씀을 들어볼 수 있겠습니까?"

1-7:25 맹자가 물었다. "추나라 사람이 초나라 사람과 전쟁을 한다면 임금께서는 누가 이기리라 생각하십니까?"

선왕이 대답했다. "초나라 사람이 이길 것입니다."

1-7:26 　¹맹자가 말했다. "그렇다면 작은 나라는 진실로 큰 나라를 대적할 수 없고, 적은 군사는 진실로 많은 군사를 대적할 수 없으며, 약한 나라는 진실로 강한 나라를 대적할 수 없는 것입니다. 온 중국의 땅은 사방이 천 리가 되는 땅이 아홉인데, 제나라가 두루 모아들이면 아홉 가운데 하나를 차지하게 됩니다. 하나를 가지고 나머지 여덟을 굴복시킨다는 것은 어찌 추나라가 초나라를 대적하는 것과 다르겠습니까? 또한 그 근본으로 돌아가야 할 것입니다. ²지금 임금께서 훌륭한 정치를 펼치고 어진 덕을 베풀어, 천하의 벼슬하는 자들이 모두 임금의 조정에서 벼슬하고 싶게 하며, 농삿군들이 모두 임금의 들에서 농사짓고 싶게 하며, 장삿군들이 모두 임금의 장터에 물건을 쌓아두고 싶게 하며, 나그네들이 모두 임금의 길을 다니고 싶게 하면, 천하에 자기 임금을 미워하는 자들이 모두 임금께 달려와서 하소연하고 싶어 할 것입니다. 이렇게 된다면 누가 막을 수 있겠습니까?"

1-7:27 　선왕이 말했다. "나는 어리석어서 거기까지 나가지 못합니다. 선생께서 내 뜻을 도와서 나를 밝게 가르쳐 주시기를 바랍니다. 내가 비록 민첩하지는 못하지만, 청컨대 한번 시험해 보고자 합니다."

1-7:28 　¹맹자가 말했다. "일정한 생업이 없어도 변함없는 마음을 갖는 것은 오직 선비라야 할 수 있습니다. 백성의 경우는 일정한 생업이 없으면 그 때문에 변함없는 마음이 없게 됩니다. 진실로 변함없는 마음이 없으면 방탕하고 편벽되고 사치하는 등 못하는 짓이 없을 것입니다. 죄에 빠지는 데 이른 다음에 따라가 처벌한다면, 이것은 백성을 그물질하는 것입니

다. 어찌 어진 사람이 임금 자리에 있으면서 백성을 그물질 할 수 있겠습니까? ²그러므로 명철한 군주가 백성의 생업을 마련하여 주는 데는, 반드시 위로는 부모를 섬기기에 넉넉하게 해주고, 아래로는 처자를 먹여 살리기에 넉넉하게 해주며, 풍년에는 내내 배부르고, 흉년에도 죽음을 면할 수 있게 해주며, 그런 다음에 착한 데로 몰아갑니다. 그러므로 백성들이 따르기가 쉽습니다. ³지금은 백성의 생업을 마련한다는 것이, 위로는 부모를 섬기기에도 부족하고, 아래로는 처자를 먹여살리기에도 부족하며, 풍년에도 내내 수고롭고, 흉년에는 죽음을 면하지 못하고 있습니다. 이렇게 되면 오직 죽음에서 구출하기에도 힘이 모자랄까 두려운데, 어느 겨를에 예법과 의리를 다스리겠습니까? ⁴임금께서 시행하고자 하신다면 어찌 그 근본으로 돌아가지 아니하십니까? ⁵다섯 이랑의 집터 안에 뽕나무를 심으면 나이 오십 되는 사람이 비단 옷을 입을 수 있고, 닭과 돼지와 개를 기르는데 번식시킬 때를 잃지 않으면 나이 칠십 되는 사람이 고기를 먹을 수 있습니다. 백 이랑의 밭을 경작하는데 농사의 시기를 빼앗기지 않으면 여덟 식구의 집안이 굶주리지 않을 수 있습니다. 학교의 교육을 신중하게 하여 효도와 우애의 뜻을 되풀이 가르친다면 머리가 희끗희끗한 사람이 길에서 짐을 등에 지거나 머리에 이고 다니지 않을 것입니다. ⁶늙은이가 비단 옷을 입고 고기를 먹으며, 백성들이 굶주리지 않고 추위에 떨지 않는다면, 그런데도 임금 노릇 하지 못할 사람은 없습니다."

『맹자』
2편 (양혜왕하梁惠王下)

2- 1: 1   장포가 맹자를 뵙고 물었다. "제가 임금을 뵈었을 때 임금께서 저에게 음악을 좋아하는 것으로 말씀하셨는데, 제가 대답하지 못했습니다. 음악을 좋아하는 것은 어떻습니까?"

2- 1:2   맹자가 대답했다. "임금께서 음악을 매우 좋아하시면 제나라는 잘 다스려지는 데 거의 가까울 것입니다."

2- 1:3   맹자가 뒷날 선왕을 뵙고 여쭈었다. "임금께서 일찍이 장포에게 음악을 좋아하는 것으로 말씀하셨다고 하는데, 그런 일이 있습니까?"

선왕이 얼굴빛을 변하며 말했다. "나는 옛 임금의 음악을 좋아하는 것이 아니라, 다만 세속의 음악을 좋아합니다."

2- 1:4   맹자가 말했다. "임금께서 음악을 매우 좋아하시면 제나라는 잘 다스려지는 데 거의 가까울 것입니다. 오늘의 음악은 옛날의 음악과 같습니다."

2- 1:5　　선왕이 물었다. "이에 대한 말씀을 들어볼 수 있겠습니까?"

　　　　맹자가 물었다. "홀로 음악을 즐거워하는 것과 사람들과 더불어 음악을 즐거워하는 것이 어느 쪽이 즐겁겠습니까?"

　　　　선왕이 대답했다. "사람들과 더불어 즐거워하는 것만 못합니다."

　　　　맹자가 물었다. "적은 사람들과 더불어 음악을 즐거워함과 여러 사람들과 더불어 음악을 즐거워함이 어느 쪽이 즐겁겠습니까?"

　　　　선왕이 대답했다. "여러 사람들과 더불어 즐거워함만 못합니다."

2- 1:6　　¹맹자가 말했다. "제가 임금님을 위해 음악에 대해 말씀드리고자 합니다. 이제 임금님이 여기서 음악을 연주하시면 백성들이 임금님의 종치고 북치는 소리를 들으며 피리부는 소리를 듣고서는, 모두 머리를 아파하고 이마를 찌푸리면서 서로 말하기를 '우리 임금님은 음악 연주를 좋아하시는데, 어찌 우리를 이렇게 극심한 지경에 이르게 하는 것인가? 부모 자식이 서로 만나보지 못하며, 형제와 처자가 흩어져버렸구나'라 할 수 있습니다. ²이제 임금님이 사냥을 하시면 백성들이 임금님의 수레바퀴 소리와 말발굽 소리를 듣고 깃발의 아름다운 깃장식을 보고서, 모두 머리를 아파하고 이마를 찌푸리면서 서로 말하기를 '우리 임금님은 사냥을 좋아하시는데, 어찌 우리를 이렇게 극심한 지경에 이르게 하는 것인가? 부모 자식이 서로 만나보지 못하며, 형제와 처자가 흩어져버렸구나'라 할 수 있습니다. 이것은 다름이 아니라, 백성과 더불어 함께 즐거워하지 않기 때문입니다. ³이제 임금님께서 음악을 연주하시면 백성들이 임금님의 종치고 북치는 소리를 듣고

피리부는 소리를 들으면서, 모두 흔쾌히 기쁜 낯빛으로 서로 말하기를 '우리 임금님께서 질병이 없으신가보다. 그렇지 않으면 어떻게 음악을 연주하시겠는가?'라 할 수 있습니다. [4]이제 임금님께서 사냥을 하시면 백성들이 임금님의 수레와 말의 소리를 듣고 깃발의 아름다운 깃장식을 보고서, 모두 흔쾌히 기쁜 낯빛으로 서로 말하기를 '우리 임금님께서 질병이 없으신가보다. 그렇지 않으면 어떻게 사냥을 하시겠는가?'라 할 수 있습니다. 이것은 다름이 아니라, 백성과 더불어 함께 즐거워하시기 때문입니다. [5]이제 임금님께서 백성들과 더불어 함께 즐거워하신다면 임금노릇을 하시게 될 것입니다."

2- 2:1 　제나라 선왕이 물었다. "문왕의 동산은 사방이 칠십 리였다고 하는데, 그렇습니까?"

　맹자가 대답했다. "전해오는 글에 그런 말이 있습니다."

2- 2:2 　선왕이 물었다. "그렇게 컸습니까?"

　맹자가 대답했다. "백성들은 오히려 작다고 여겼습니다."

　선왕이 물었다. "나의 동산은 사방이 사십 리인데도 백성들은 오히려 크다고 여기니 어째서입니까?"

2- 2:3 　[1]맹자가 대답했다. "문왕의 동산은 사방이 칠십 리였지만, 꼴 베고 나무 하는 자들이 들어갔으며, 꿩 잡고 토끼 잡는 자들이 들어갔습니다. 백성과 더불어 함께 하셨으니 백성들이 작다고 여겼던 것이 또한 마땅하지 않습니까? [2]저는 처음 국경에 이르러서 나라에서 크게 금하는 것을 물어본 다음에 감히 들어왔습니다. 제가 들으니, 교외와 관문 사이에 사방이 사십 리되는 동산이 있는데, 그곳의 큰 사슴이나 보통 사슴을 죽이는 자는 사람을 죽인 죄와 같이 처벌한다고 합니다. 이것은 사방 사십 리가 나라 가운데 함정이 되는 것이니, 백성

이 크다고 여기는 것이 또한 마땅하지 않습니까?"

2- 3:1 제나라 선왕이 물었다. "이웃나라를 사귀는 데 도리가 있습니까?"

2- 3:2 ¹맹자가 대답했다. "있습니다. 오직 어진 사람이라야 큰 나라로 작은 나라를 섬길 수 있습니다. 그러므로 탕이 갈 나라를 섬기시고, 문왕이 곤이 부족을 섬기셨습니다. 오직 지혜로운 사람이라야 작은 나라로 큰 나라를 섬길 수 있습니다. 그러므로 태왕이 훈육 부족을 섬기시고 구천이 오 나라를 섬겼습니다. ²큰 나라로 작은 나라를 섬기는 자는 천명을 즐거워하는 자이고, 작은 나라로 큰 나라를 섬기는 자는 천명을 두려워하는 자입니다. 천명을 즐거워하는 자는 천하를 보전하고 천명을 두려워하는 자는 나라를 보전하는 것입니다. 『시경』(「주송: 아장」)에서는, '하늘의 위엄을 두려워하니, 이에 나라를 보전하도다.'라 하였습니다."

2- 3:3 선왕이 말했다. "참으로 큰 말씀이로다! 나에게 병통이 있습니다. 나는 용맹을 좋아합니다."

2- 3:4 ¹맹자가 대답했다. "임금님께 청하오니, 작은 용맹을 좋아하지 마십시오. 무릇 칼을 어루만지며 눈을 부릅뜨고 말하기를 '저 자가 어찌 감히 나를 당하랴.' 하는 것은 필부의 용맹으로 한 사람을 대적하는 자입니다. 임금님께서는 용맹을 크게 하시기 바랍니다. ²『시경』(「대아: 황의」)에서는 '임금께서 크게 노하시어, 군대를 정렬시키도다. 거 땅을 침략하는 적을 막으시니, 주 나라의 복을 두터이 하시고, 천하 사람들의 바라는 바에 응답하시도다.'라 하였습니다. 이것은 문왕의 용맹입니다. 문왕은 한번 노하시어 천하의 백성들을 편안하게 하셨습니다. ³『서경』(「태서」)에 말하기를, '하늘이 백

성을 내려주심에, 임금을 세워주시고 스승을 세워주셨으니, 오직 상제께서 백성을 사랑하심을 도와야 한다. 사방에 죄가 있는 자거나 죄가 없는 자거나 오직 나에게 책임이 있으니, 천하에 감히 누가 하늘의 뜻을 어기겠는가'라 하였습니다. 한 사람(은의 주왕)이 천하에 횡행하는 것을 무왕은 부끄러워하시니, 이것은 무왕의 용맹입니다. 무왕 또한 한 번 노하여 천하의 백성을 편안하게 하셨습니다. ⁴이제 임금님께서 또한 한 번 노하여 천하의 백성을 편안하게 해주신다면, 백성들은 오직 임금님이 용맹을 좋아하지 않으실까 걱정할 것입니다."

2- 4:1 제나라 선왕이 맹자를 설궁에서 만나 보았다. 선왕이 물었다. "현명한 사람도 또한 이런 즐거움이 있습니까?"

2- 4:2 ¹맹자가 대답했다. "있습니다. 사람들은 이런 즐거움을 얻지 못하면 윗사람을 비난합니다. 이런 즐거움을 얻지 못하였다고 윗사람을 비난하는 것은 잘못이나, 백성의 윗사람이 되어서 백성들과 더불어 함께 즐거워하지 않는 것 역시 잘못입니다. ²백성들이 즐거워하는 것을 즐거워하면 백성들도 임금이 즐거워하는 것을 즐거워할 것입니다. 백성들이 근심하는 것을 근심하면 백성들도 임금이 근심하는 것을 근심할 것입니다. 천하 백성들의 즐거움을 즐거워하고, 천하 백성들의 근심을 근심한다면, 그렇게 하고서도 임금노릇 못할 사람은 없습니다. ³옛날에 제나라 경공이 안자(안평중)에게, '나는 전부산과 조무산을 유람하고 바다를 따라 남으로 향해 낭야 땅에 이르고자 합니다. 내가 어떻게 닦아야 옛 임금들이 유람하시던 것에 견줄 수 있겠습니까?'라 물었습니다. ⁴안자는 대답하기를, '참으로 좋은 질문입니다! 천자가 제후에게 가는 것을 '순수'라고 말합니다. '순수'는 제후가 지키는 강토를 순

시하는 것입니다. 제후가 천자께 조회하는 것을 '술직'이라 말합니다. '술직'은 맡은 직책의 일을 보고하는 것입니다. 일이 아닌 것이 없지만, 봄에는 밭 가는 것을 순시하여 부족함을 보충해주고, 가을에는 거두는 것을 순시하여 부족한 것을 도와줍니다. [5]하나라 속담에 '우리 임금이 노닐지 않으시면 우리가 어떻게 쉬며, 우리 임금이 즐기지 않으시면 우리가 어떻게 도움을 받으랴?'라 하였으니, 한 번 노닐고 한 번 즐기는 것이 제후들의 본보기가 되었던 것입니다. [6]지금은 그렇지 않습니다. 호위하는 군사들이 임금을 따라 가면서 양식을 소비하니, 굶주린 자들이 먹지를 못하고, 수고하는 자들이 쉬지를 못하게 되자, 눈을 흘기고 서로 헐뜯으니, 백성들은 원망하고 미워합니다. 그런데도 천명을 거스르고 백성을 학대하며, 먹고 마시기를 물 흐르듯 낭비하고, 흘러내려가고, 거슬러 올라가고, 들판을 달리고, 술에 빠지니, 제후들에게 근심거리가 됩니다. [7]물길을 따라 배를 타고 흘려 내려가서 돌아올 줄 모르는 것을 '흘러 내려간다'라 하고, 물길을 따라 거슬러 올라가서 돌아올 줄 모르는 것을 '거슬러 올라간다'라 하며, 짐승 쫓아다니기를 싫증내지 않는 것을 '들판을 달린다'라 하고, 술을 즐겨하여 싫어함이 없는 것을 '술에 빠졌다'라 합니다. [8]옛 임금들은 물길따라 흘러내려가거나 거슬러 올라가는 즐거움이 없었고, 짐승을 쫓아 들판을 달리거나 술에 빠지는 행실이 없었습니다. 오직 임금께서 결정하여 행하실 일입니다.'라 했습니다.

[9]경공께서 기뻐하여 나라 안에 크게 선포하고서, 교외에 나가 머물었습니다. 이에 비로소 창고를 열어 부족한 것을 도와주시고, 태사를 불러 말하기를, '나를 위해 임금과 신하

가 서로 기뻐하는 음악을 지으시오'라 하였습니다. 치소徵招와 각소角招의 악곡이 바로 이것입니다. 그 노랫말에서, '임금의 욕심을 그치게 하니, 어찌 허물하랴.'라 하였습니다. 임금의 욕심을 그치게 하는 것은 임금을 좋아하는 것입니다."

2- 5:1 제나라 선왕이 물었다. "사람들은 모두 나에게 명당을 헐어야 한다고 하는데, 헐어야 합니까, 헐지 말아야 합니까?"

2- 5:2 맹자가 대답했다. "명당이란 임금된 자의 전당입니다. 임금님께서 왕도王道정치를 하시고자 한다면 허물지 마십시요."

2- 5:3 ¹선왕이 물었다. "왕도정치에 대해서 들을 수 있겠습니까?"
맹자가 대답했다. "옛날에 문왕이 기岐 땅을 다스릴 때에 밭 가는 자에게는 9분지1의 세금을 받았으며, 벼슬하는 자에게는 대대로 봉록을 주었습니다. 관문이나 시장에서는 실정을 살피기만 하고 세금을 거두지는 않았으며, 못에서 물고기 잡는 것을 금하지 않았고, 죄인을 처벌할 때에는 그 아내와 자식까지 처벌하지는 않았습니다. 늙어서 아내 없는 이를 '홀아비'라 하고, 늙어서 지아비 없는 이를 '과부'라 하고, 늙어서 자식 없는 이를 '외로운 자'라 하고, 어린데 부모 없는 이를 '고아'라 합니다. ²이 네 가지 사람들은 천하에 곤궁한 백성으로 호소할 데 없는 자들입니다. 문왕은 정치를 시행하여 어진 덕을 베풀면서 반드시 이 네 가지 사람들을 먼저 보살폈습니다. 『시경』(「소아: 정월」)에서는, '부유한 사람들이야 괜찮지만, 이 외롭고 의지할 데 없는 사람들이 가련하도다.'라 하였습니다."

2- 5:4 선왕이 말했다. "그 말이 참으로 좋습니다!"
맹자가 물었다. "임금님께서는 좋다고 하시면서 어찌하여 시행하지 않습니까?"
선왕이 대답했다. "나에게는 병통이 있습니다. 나는 재물을 좋아합니다."

2- 5:5 　¹맹자가 말했다. "옛날에 공류가 재물을 좋아하였습니다. 『시경』(「대아: 공류」)에서는, '들에도 쌓아두고 창고에도 쌓아두도다. 마른 곡식 담아두기를, 전대에도 담고 자루에도 담았도다. 백성들을 화합하게 하여 나라를 빛내고자, 활과 화살을 장만하고, 방패와 창, 작은 도끼와 큰 도끼를 갖춘 다음, 이에 비로소 군사를 이끌고 길을 떠나셨도다.'라 하였습니다. ²그러므로 남아 있는 자에게는 들에 쌓아두고 창고에 쌓아둔 곡식이 있고, 길을 떠나는 자에게는 전대에 담고 자루에 담은 마른 곡식이 있어야 합니다. 그런 다음에 군사를 이끌고 길을 떠날 수 있습니다. 임금님께서 만약 재물을 좋아하시거든 백성들과 더불어 함께 좋아하신다면, 임금노릇 하는데 무슨 어려움이 있겠습니까?"

2- 5:6 　선왕이 말했다. "나에게는 병통이 있습니다. 나는 여자를 좋아합니다."

2- 5:7 　맹자가 말했다. "옛날에 태왕이 여자를 좋아하여 그 왕비를 사랑하였습니다. 『시경』(「대아: 면」)에서는, '고공단보(태왕)께서는, 일찍이 말을 달리셨도다. 서쪽 물가를 따라가서 기산 아래에 이르셨도다. 이에 강녀와 더불어, 함께 와서 집터를 살피셨도다.'라 하였습니다. 이 시절에는 안으로 시집 못가 원망하는 여자가 없었고, 밖으로 아내 없는 남자가 없었습니다. 왕이 만일 여자를 좋아하시거든 백성들과 더불어 함께 여자를 좋아하신다면, 임금노릇 하는데 무슨 어려움이 있겠습니까?"

2- 6:1 　맹자가 제나라 선왕에게 여쭈었다. "임금님의 신하 가운데 자기 아내와 자식들을 친구에게 부탁하고 초나라에 가서 유

람했던 자가 있는데, 돌아와서 보니 자기 아내와 자식들을 그 친구가 얼고 굶주리게 했다면, 이런 친구를 어찌 하겠습니까?"

선왕이 대답했다. "절교할 것입니다."

2- 6:2 　맹자가 물었다. "재판관의 우두머리가 하급의 재판관을 다스릴 수 없다면 이런 자를 어찌 하시겠습니까?"

선왕이 대답했다. "파면시키겠습니다."

2- 6:3 　맹자가 물었다. "사방의 나라 안이 다스려지지 않는다면 어찌 하시겠습니까?"

선왕은 좌우를 두리번거리다가 다른 말을 하였다.

2- 7:1 　맹자가 제나라 선왕을 뵙고 말했다. "이른바 오래된 나라란 큰 나무들이 있음을 말하는 것이 아니라, 대대로 공훈을 세운 신하들이 있음을 말하는 것입니다. 임금님께는 친애하고 신임하는 신하가 없습니다. 전날에 등용했던 사람들이 오늘에 모두 없어진 줄도 모르고 계십니다."

2- 7:2 　선왕이 물었다. "내가 어찌하면 그 사람이 인재가 아닌 줄을 알고서 버리겠습니까?"

2- 7:3 　[1]맹자가 대답했다. "임금은 현명한 자를 등용할 때 부득이하여 하듯이 해야 합니다. 장차 비천한 사람을 고귀한 사람 위에 올려놓고 소원한 사람을 친밀한 사람 위에 올려놓아야 하니, 신중하지 않을 수 있겠습니까? [2]좌우의 친근한 신하들이 모두 '현명하다.'고 말해도 아직 허락해서는 안 됩니다. 여러 대부들이 모두 '현명하다.'고 말해도 아직 허락해서는 안 됩니다. 온 나라 사람들이 모두 '현명하다.'고 말한 다음에 살펴보고서 현명함을 알게 된 다음에 등용해야 합니다. [3]좌우의 친근한 신하들이 모두 '안된다.'고 말해도 듣지 마시고, 여

러 대부들이 모두 '안된다.'고 말해도 듣지 마시고, 온 나라 사람들이 모두 '안된다.'고 말한 다음에 살펴보고서 안된다는 것을 알게 된 다음에 버려야 합니다. [4]좌우의 친근한 신하들이 모두 '죽여야 한다.'고 말해도 듣지 마시고, 여러 대부들이 모두 '죽여야 한다.'고 말해도 듣지 마시고, 온 나라 사람들이 모두 '죽여야 한다.'고 말한 다음에 살펴보고서 죽여야 함을 알게 된 다음에 죽여야 합니다. 그러므로 '온 나라 사람이 죽였다.'고 말하는 것입니다.

2- 7:4 이와 같이 한 다음에라야 백성의 부모가 될 수 있습니다."

2- 8:1 제나라 선왕이 물었다. "탕임금이 걸을 쫓아내고 무왕이 주를 정벌했다고 하는데, 그런 일이 있었습니까?"

맹자가 대답했다. "전해오는 글에 그런 말이 있습니다."

2- 8:2 선왕이 물었다. "신하가 임금을 시해하는 것이 옳습니까?"

2- 8:3 맹자가 대답했다. "어진 이를 해치는 것을 '흉포하다' 하고, 의로운 이를 해치는 것을 '잔학하다' 하며, 잔학하고 흉포한 인간을 '한 사내'라 일컫습니다. 한 사내인 주를 죽였다는 말은 들었지만, 임금을 죽였다는 말은 듣지 못했습니다."

2- 9:1 [1]맹자가 제나라 선왕을 뵙고 말했다. "큰 집을 지으려면 반드시 도목수로 하여금 큰 나무를 구하게 해야 합니다. 도목수가 큰 나무를 얻으면 임금이 기뻐하여 임무를 잘 감당한다고 여기십니다. 목수가 나무를 깎아서 작게 만들면 임금이 노하여 임무를 잘 감당하지 못한다고 여기실 것입니다. [2]사람이 어려서 배우고서 장성하여 실행하고자 하는데, 임금이 그에게 말하기를 '우선 네가 배운 것을 버려두고 나를 따르라'고 한다면 어떻겠습니까? [3]지금 다듬지 않은 옥이 여기에 있으면, 값이 비록 이십만 냥이 나가더라도 반드시 옥공으로

『맹자』 179

하여금 새기고 쪼아서 다듬게 하실 것입니다. 그런데 나라를 다스리는 일에 이르러서는 임금이 말하기를 '우선 네가 배운 것을 버려두고 나를 따르라'고 한다면, 어찌 옥공을 가르쳐서 옥을 새기고 쪼게 하는 것과 다르겠습니까?"

2-10:1 제나라 사람이 연나라를 쳐서 이겼다.

2-10:2 선왕이 물었다. "어떤 사람은 나에게 연나라를 병합하지 말라 하고, 어떤 사람은 나에게 병합하라고 합니다. 전차 만 대를 가진 큰 나라로서 전차 만 대를 가진 큰 나라를 쳐서 오십 일 만에 점령하였으니, 사람의 힘으로는 이렇게 되지 못했을 것입니다. 병합하지 않으면 반드시 하늘의 재앙이 있을 것이니, 병합하는 것이 어떻겠습니까?"

2-10:3 ¹맹자가 대답했다. "병합했을 때 연나라 백성들이 기뻐한다면 병합하십시오. 옛 사람 가운데 이렇게 행한 사람이 있으니, 무왕입니다. 병합했을 때 연나라 백성들이 기뻐하지 않는다면 병합하지 마십시오. 옛 사람 가운데 이렇게 행한 사람이 있으니, 문왕입니다. ²전차 만 대를 가진 큰 나라로서 전차 만 대를 가진 큰 나라를 치는데, 공격당한 나라의 백성들이 대그릇에 밥을 담고 병에 마실 것을 담아 가지고 임금님의 군대를 맞이한 것은 어찌 다른 까닭이 있겠습니까? 물과 불의 재난을 피하려는 것입니다. 만약 물이 더욱 깊고 불이 더욱 뜨거우면 역시 다른 곳으로 옮겨갈 따름입니다."

2-11:1 제나라 사람이 연나라를 쳐서 병합하니, 제후들이 장차 연나라를 구원하려고 도모하였다. 선왕이 물었다. "제후들 가운데 나를 치려고 도모하는 자가 많으니, 어찌 대응해야 하겠습니까?"

2-11:2 ¹맹자가 대답했다. "저는 칠십 리의 땅으로 천하를 다스린

사람이 탕임금이라는 말은 들었지만, 천 리의 땅을 가지고 남을 두려워하는 사람에 대해서는 듣지 못하였습니다. [2]『서경』(「중훼지고」)에서 말하기를, '탕이 처음 정벌을 갈나라로부터 시작하였는데, 천하 사람들이 탕을 믿었으니, 그가 동쪽을 향해 정벌하면 서쪽 오랑캐가 원망하며, 남쪽을 향해 정벌하면 북쪽 오랑캐가 원망하여, 어찌 우리를 뒤로 미루는가라 말했다.'고 합니다. 백성들은 탕이 정벌해주기 바라기를 마치 큰 가뭄에 구름과 무지개를 바라듯이 하여, 탕이 정벌해 와도 장보러 가는 자가 발길을 멈추지 않았고, 밭 가는 자들도 아무 동요가 없었습니다. 그 포악한 군주를 죽이고 그 백성을 위로하니, 마치 때에 맞게 비가 내리는 것과 같아서 백성들이 크게 기뻐하였습니다. [3]『서경』(「중훼지고」)에서 말하기를 '우리 임금을 기다렸는데, 임금이 오셨으니 우리가 살아났구나.'라 하였습니다. 이제 연나라가 그 백성을 포학하게 하자 임금님께서 가서 정벌하니, 연나라 백성들은 자기들을 물과 불의 재난 속에서 구해줄 것이라 여겨 대그릇에 밥을 담고 병에 마실 것을 담아가지고 임금님의 군사를 맞이하였습니다. 그런데 만약 그 부모와 형을 죽이고, 그 자식과 아우를 잡아가며, 그 종묘를 헐어내고, 그 나라의 소중한 기물을 가져간다면 어떻게 옳을 수 있겠습니까? [4]천하가 진실로 제나라의 강함을 꺼려하고 있는데, 이제 또 땅을 두 배로 늘리면서도 어진 정사를 행하지 않는다면, 이는 천하의 군사를 움직이게 하는 것입니다. 임금님께서 빨리 명령을 내려 늙은이와 어린 아이를 돌려보내시고, 소중한 기물을 가져가는 것을 중지하시며, 연나라 대중들과 의논하여 임금을 세워놓은 뒤에 떠나시면 그래도 천하 군사의 움직임을 그치게 할 수 있을 것입니다."

2-12:1 추나라가 노나라와 싸웠는데, 추나라 목공이 물었다. "나의 관리들로 죽은 자가 서른 세 명인데, 백성들은 죽지 않았습니다. 백성을 죽이자니 이루 다 죽일 수 없고, 죽이지 않자니 윗사람을 밉게 보아 윗사람이 죽는데도 구해주지 않았습니다. 어찌하면 좋겠습니까?"

2-12:2 [1]맹자가 대답했다. "흉년과 기근이 드는 해에는 임금님의 백성들로 늙고 약한 자는 죽어서 구렁텅이에 굴러 떨어지고, 젊은이들은 흩어져 사방으로 떠나간 자가 몇 천 명입니까? 그런데도 임금님의 곡식창고는 충실하였고, 물건창고는 재물이 가득 찼지만, 담당관리가 아뢰지 않았습니다. 이것은 윗사람이 태만하여 아랫사람들을 잔학하게 대한 것입니다. [2]증자가 말하기를, '경계하며 경계하라. 네게서 나간 것은 네게로 되돌아온다.'고 하였습니다. 백성들은 지금 이후로 되갚아 줄 수 있게 된 것이니, 임금님은 백성들을 허물하지 마십시오. 임금님이 어진 정치를 행하시면 이 백성들은 그 윗사람을 친애하고 윗사람을 위해 죽을 것입니다."

2-13:1 등나라 문공이 물었다. "등나라는 작은 나라입니다. 제나라와 초나라 사이에 끼어있으니, 제나라를 섬겨야 합니까, 초나라를 섬겨야 합니까?"

2-13:2 맹자가 대답했다. "이러한 계책은 제가 대답할 수 있는 것이 아닙니다. 꼭 말해야 한다면 한 가지가 있습니다. 성 둘레에 못을 깊이 파고 성을 견고하게 쌓아서, 백성들과 더불어 지키다가 생명을 바치며, 백성들이 떠나가지 않게 하는 일이라면 해볼 만합니다."

2-14:1 등나라 문공이 물었다. "제나라 사람들이 장차 설땅에다 성

을 쌓으려고 하니, 내가 심히 두렵습니다. 어찌하면 좋겠습니까?"

2-14:2 ¹맹자가 대답했다. "옛날에 태왕이 빈땅에 머무실 때 적(오랑캐 부족) 사람들이 침략해오자 버리고 기산 아래에 가서 머물었습니다. 골라서 자리잡았던 것이 아니라 어쩔 수 없이 가게 된 것입니다. ²진실로 착한 일을 하면 후세에 자손들 가운데 반드시 임금이 되는 자가 있을 것이니, 군자가 나라를 세워 임금의 계통을 내려주는 것은 계승할 수 있게 하려는 것입니다. 공적을 이루는 것은 하늘에 달려 있으니, 임금이 저 제나라 사람들에 대해 어찌 하시겠습니까? 힘써 선을 행할 따름입니다."

2-15:1 등나라 문공이 물었다. "등나라는 작은 나라입니다. 힘을 다하여 큰 나라를 섬겨도 재앙을 면할 수 없으니, 어찌하면 좋겠습니까?"

2-15:2 ¹맹자가 대답했다. "옛날에 태왕이 빈땅에 머무실 때 북쪽 오랑캐인 적부족 사람들이 침략해오자, 가죽과 비단을 바쳐 섬겨도 침략을 면할 수 없었고, 개와 말을 바쳐 섬겨도 침략을 면할 수 없었으며, 진주와 옥을 바쳐 섬겨도 침략을 면할 수 없었습니다. ²이에 노인들을 모아놓고 알리기를, '적부족 사람들이 욕심내는 것은 우리들의 토지입니다. 내가 들으니, 군자는 사람을 기르는 토지 때문에 사람을 해치지 않는다고 하였습니다. 그대들은 어찌 군주가 없음을 근심하리오? 나는 장차 이 곳을 떠나겠소.'라 하였습니다. ³태왕이 빈땅을 떠나 양산을 넘어서 기산 아래에 도읍하여 머무르니, 빈땅 사람들이 말하기를 '어진 사람이니, 놓쳐서는 안 된다.'라 하고, 따라가는 사람들이 장보러 가는 사람처럼 많았습니다. ⁴어떤

사람은 말하기를 '조상 대대로 지키온 것이라 자신이 마음대로 할 수 있는 것이 아니니, 죽는 한이 있더라도 떠나지 말아야 한다.'고 합니다. 임금님께서는 이 두 가지 견해 가운데서 선택하시기 바랍니다."

2-16:1 노나라 평공이 밖에 나가려 하자, 총애하는 장창이라는 자가 말하기를, "이전에는 임금님께서 나가실 때면 반드시 담당 관리에게 가시는 곳을 명령하셨는데, 이제는 수레의 말이 이미 멍에를 하였는데도 담당관리가 가시는 곳을 알지 못하니, 감히 청합니다"라 하였다.

2-16:2 평공이 말하기를, "맹자를 만나 보려고 한다."고 하였다.
장창이 말하기를. "임금님이 몸을 가볍게 하여 필부를 먼저 찾아가는 것은 어째서입니까? 현명하다고 여기셔서입니까? 예법과 의리는 현명한 자로 말미암아 나오는 것인데, 맹자는 뒷날의 상례를 전날의 상례보다 지나치게 하였습니다. 임금님은 그를 만나 보지 마십시오."라 하였다.
평공이 말했다. "그렇게 하마."

2-16:3 악정자가 들어가서 평공을 뵙고 말했다. "임금님은 어찌하여 맹가(맹자)를 만나보지 않으셨습니까?"

2-16:4 평공이 말했다. "어떤 사람이 나에게 알려주기를 '맹자는 뒷날의 상례를 전날의 상례보다 지나치게 하였다.'고 하여, 이 때문에 가서 만나보지 않았네."

2-16:5 악정자가 여쭈었다. "임금님께서 이른바 '지나쳤다'는 것은 무엇입니까? 전날은 선비로서 행한 상례요, 뒷날은 대부로서 행한 상례이니, 전날에는 세 발 솥 제기 셋을 올리고 뒷날에는 세 발 솥 제기 다섯을 올린 것을 말하는 것입니까?"

2-16:6 평공이 대답했다. "아니다. 시신을 모신 속 널과 겉 널이나,

수의로 쓰는 옷과 이불의 화려함을 말하는 것이다."

2-16:7 악정자가 말했다. "이른바 '지나쳤다'는 것이 아니라, 가난함과 부유함이 달랐기 때문입니다."

2-16:8 악정자가 맹자를 뵙고 말했다. "제가 임금님께 아뢰었더니, 임금님은 와서 선생님을 만나 뵈려고 하셨습니다. 그런데 총애하는 신하 장창이란 자가 임금을 막았기 때문에 임금님이 이 때문에 오지 못하고 말았습니다."

2-16:9 맹자가 말했다. "길을 가는 데는 누가 가도록 시키기도 하고, 걸음을 멈추는 데는 누가 멈추도록 시키기도 하지만, 길을 가거나 걸음을 멈추는 것이야 남이 할 수 있는 것이 아닐세. 내가 노나라 임금을 만나지 못한 것은 하늘의 뜻이지, 장씨의 아들(장창)이 어찌 내가 노나라 임금을 못 만나게 할 수 있겠는가?"

『맹자』
3편 (공손추상 公孫丑上)

3-1: 1　공손추가 여쭈었다. "선생님께서 제나라에서 중요한 직책을 담당하신다면 관중과 안자(안평중)의 공적을 다시 일으킬 수 있겠습니까?"

3-1: 2　¹맹자가 대답했다. "그대는 진실로 제나라 사람이구나. 관중과 안자를 알 뿐이로구나. ²어떤 사람이 증서에게 묻기를, '그대와 자로는 누가 더 현명한가?'라 하니, 증서가 불안해하며 말하기를, '자로는 나의 돌아가신 할아버지께서 두려워하신 분이네.'라 하였다. ³어떤 사람이 다시 묻기를, '그렇다면 그대와 관중은 누가 더 현명한가?'라 하였네. ⁴증서가 노한 낯빛으로 대답하기를, '자네는 어찌하여 나를 관중에다 비교하려 드는가? 관중은 임금의 신임을 얻기를 지위를 독차지하였고, 나라의 정치를 시행한 지가 그렇게 오래 되었는데도, 공훈과 업적은 그렇게 보잘 것 없었네. 자네는 어찌하여 나

를 관중에 견주려 드는가?'라 하였다 하네.

3-1: 3 관중은 증서도 견주어지고 싶어 하지 않았는데, 그대는 내가 관중처럼 하기를 원한단 말인가?"

3-1: 4 공손추가 여쭈었다. "관중은 그 임금을 패자가 되게 하였고, 안자는 그 임금을 이름이 드러나게 하였는데, 관중과 안자도 오히려 배울 만한 것이 못 됩니까?"

3-1: 5 맹자가 대답했다. "제나라를 가지고 임금노릇 하기란 손을 뒤집는 것처럼 쉬운 일이다."

3-1: 6 공손추가 여쭈었다. "그렇다면 제자의 의혹이 더욱 심해집니다. 문왕의 덕을 가지고 백 년을 살고나서 죽었는데도 아직 그 덕이 천하에 흡족하게 젖어들지 못하였으며, 무왕과 주공이 계승한 다음에야 그 덕이 크게 행해졌습니다. 그런데 지금 임금노릇 하기가 쉬운 것처럼 말씀하시니, 그렇다면 문왕은 본받을 만한 분이 못됩니까?"

3-1: 7 [1]맹자가 대답했다. "문왕을 어찌 감당할 수 있겠는가? 탕왕으로부터 무정에 이르기까지 현명하고 성스러운 임금이 예닐곱 분이 나와서 천하가 은나라에 돌아간 지가 오래되었으니, 오래되면 변하기 어려운 일이라네. [2]무정은 제후들의 조회를 받고 천하를 다스리기를 마치 손바닥 위에서 굴리듯이 하였다네. 주紂는 무정 때로부터 오래되지 않아서, 옛 집안과 오래된 풍속이나 전해오는 기풍과 선한 정치가 아직도 간직되어 있었네. 또한 미자와 미중과 왕자 비간과 기자와 교격이 있었으니, 이들은 모두 현명한 인물들로서, 서로 더불어 주를 보좌하였으므로 오랜 세월이 지난 뒤에야 나라를 잃었던 것일세. [3]한 자 되는 땅도 그의 소유 아님이 없었으며, 한 사람의 백성도 그의 신하 아님이 없었네. 그런데도 문왕은

사방 백 리의 땅을 가지고 일어나셨으니, 이 때문에 어려웠던 것일세. ⁴제나라 사람의 속담에, '비록 지혜가 있더라도 대세를 타는 것만 못하고, 비록 농기구가 있더라도 농사철을 기다리는 것만 못하다.'라는 말이 있네. 지금은 그렇게 하기가 쉬운 때일세. ⁵하나라 임금과 은나라 주나라의 전성기에는 천 리가 넘는 땅을 가진 자는 없었는데, 제나라는 천 리가 넘는 땅을 가지고 있으며, 닭 울고 개 짖는 소리가 서로 들리는 마을이 사방의 국경에까지 닿아 있네. 제나라가 그만한 백성을 가지고 있으니, 땅을 다시 더 넓히지 않고 백성을 다시 더 모아들이지 않더라도 어진 정치를 시행하여 임금노릇을 한다면 누가 막을 수 있겠는가. ⁶또한 임금노릇하는 자가 나타나지 않은 것이 지금보다 더 드물었던 적이 없었으며, 백성들이 포학한 정치에 시달린 것이 지금보다 더 심한 적이 없었네. 굶주린 자에게는 먹을 것 주기가 쉽고, 목마른 자에게는 마실 것 주기가 쉬운 일일세. ⁷공자께서는, '덕이 퍼져 나가는 것은 파발마로 명령을 전달하는 것보다 빠르다.'고 말씀하셨네. ⁸지금과 같은 때를 만나서 전차 만 대를 가진 큰 나라가 어진 정치를 시행한다면 백성들이 기뻐함은 거꾸로 매달린 것을 풀어준 것과 같을 것이네. 그러므로 일은 옛사람의 절반만 하고도 공적은 반드시 옛사람의 두 배가 될 것일세. 오직 이때만이 그렇게 할 수 있는 것이네."

3-2: 1 공손추가 여쭈었다. "선생님께서 제나라의 재상 지위에 오르시어 도리를 행할 수 있게 된다면, 비록 이로 말미암아 패권을 차지하거나 왕도를 이루더라도 이상하지 않을 것입니다. 이렇게 된다면 마음이 동요하지 않겠습니까?"

맹자가 대답했다. "그렇지 않네. 나는 마흔 살이 되면서부터 마음이 동요하지 않게 되었네."

3-2: 2 공손추가 말했다. "그러시다면 선생님께서는 맹분보다 훨씬 뛰어나십니다."

맹자가 말했다. "이것은 어렵지 않은 일이네. 고자도 나보다 먼저 마음이 동요하지 않게 되었네."

3-2: 3 공손추가 여쭈었다. "마음이 동요하지 않게 되는 데는 방법이 있습니까?"

3-2: 4 [1]맹자가 대답했다. "있지. 북궁유가 용기를 기르는 방법은 살갗이 찔려도 움찔하지 않고, 눈이 찔려도 눈동자가 피하지 않았으며, 털끝만큼이라도 남에게 꺾였다고 생각되면 마치 장바닥에서 종아리를 맞는 것처럼 여겼다네. 비천한 사람에게서도 모욕을 받지 않으려 하고, 또한 큰 나라의 임금에게서도 모욕을 받지 않으려 하였지. 큰 나라의 임금을 칼로 찌르는 것 보기를 마치 비천한 사람 찌르는 것같이 여겼으며, 두려워하는 제후가 없었고, 험담하는 소리가 들리면 반드시 되갚아주었다네. [2]맹시사는 용기를 기르는 방법에 대해 말하기를, '이길 수 없는 것을 이길 수 있는 것처럼 보아야 한다. 적의 형편을 헤아려본 다음에 전진하거나, 승리할 계책을 세운 다음에 맞붙는다면, 이것은 적의 대군을 두려워하는 자이다. 내가 어찌 반드시 이길 수 있겠는가? 두려워하지 않을 수 있을 뿐이다.'라 하였다네. [3]맹시사는 증자와 흡사하고 북궁유는 자하와 흡사하니, 이 두 사람의 용기는 누가 더 나은지 모르겠지만, 그러나 맹시사의 경우는 요점을 지켰다. [4]옛날에 증자가 자양에게 이르기를, '자네는 용기를 좋아하는가? 내가 일찍이 선생님으로부터 큰 용기에 대해 들었네. 스스로 돌이켜 보아서 자신이 바르지 못하다면 비록 천한 사람이라도 내

가 두려워하지 않을 수 없다. 스스로 돌이켜 보아서 자신이 바르다면 비록 천만 명 앞이라도 내가 가서 맞설 수 있다고 하셨다.'라 하였네. ⁵맹시사가 기개를 지킨 것은 역시 증자가 요점을 지킨 것만 못하네."

3-2: 5   공손추가 여쭈었다. "감히 여쭙겠습니다. 선생님께서 마음이 동요하지 않는 것과 고자가 마음이 동요하지 않는 것에 대해 말씀을 들을 수 있겠습니까?"

3-2: 6   ¹맹자가 대답했다. "고자는 '말에서 얻지 못하면 마음에서 찾지 말고, 마음에서 얻지 못하면 기개에서 찾지 말라.'고 말했는데, '마음에서 얻지 못하면 기개에서 찾지 말라'는 것은 옳지만, '말에서 얻지 못하면 마음에서 찾지 말라.'는 것은 옳지 않네. 의지란 기개의 장수요, 기개는 몸에 가득 차 있는 것이라네. ²의지가 최고요, 기개는 그 다음이지. 그래서 '그 의지를 잘 붙들어서 그 기개를 손상시키지 말라.'고 말하는 것일세.

3-2: 7   공손추가 여쭈었다. "이미 '의지가 최고요 기개가 그 다음이다.'라 말씀하셨는데, 또 '그 의지를 붙들어서 그 기개를 손상시키지 말라.'고 말씀하신 것은 무슨 뜻입니까?"

3-2: 8   맹자가 대답했다. "의지가 한결같으면 기개를 움직이고, 기개가 한결같으면 의지를 움직이는 것이니, 지금 넘어지는 것이나 달리는 것은 기개이지만, 도리어 그 마음을 움직이게 되네."

3-2: 9   공손추가 여쭈었다. "감히 여쭙겠습니다. 선생님께서는 무엇을 잘 하십니까?"

맹자가 대답했다. "나는 남의 말을 잘 알아듣네. 나는 나의 '툭 터진 기개'(浩然之氣)를 잘 기르네."

3-2:10 공손추가 여쭈었다. "감히 여쭙겠습니다. 무엇을 '툭 터진

기개'라고 합니까?"

3-2:11 ¹맹자가 대답했다. "말로 설명하기는 어렵네. 그 기개란 지극히 크고 지극히 강하니, 올곧음으로 길러서 해치는 일이 없으면, 하늘과 땅 사이에 꽉 차게 된다네. ²이 기개는 의로움과 도리에 짝이 되니, 의로움과 도리가 없으면 이 기개는 굶주리게 되고 마네. ³이 기개는 의로움이 모여서 생겨나는 것이지, 의로움이 파고들어 이 기개를 얻게 되는 것은 아닐세. 행동하고 나서 마음에 흡족하지 않음이 있으면 이 기개는 굶주리게 되네. 그래서 내가 '고자는 일찍이 의로움을 알지 못했다.'고 말한 것은, 고자가 의로움을 밖에 있는 것으로 여기기 때문일세. ⁴반드시 일삼음이 있어야 하지만, 미리 기대하지도 말고, 마음에 잊지도 말며, 억지로 조장하지도 말아야 하네. ⁵송나라 사람처럼 하지 말아야 하네. 송나라 사람에 자기가 심은 곡식의 싹이 자라지 않는다고 안타까워하여 싹을 뽑아올린 자가 있었지. 그는 지쳐서 돌아와 집안 사람들에게 말하기를, '오늘 나는 매우 피곤하다. 내가 싹이 자라도록 도와주었다.'고 하였다네. ⁶그의 아들이 달려가서 살펴보니, 싹은 말라죽어 있었네. 천하에 곡식의 싹이 자라도록 도우려 들지 않는 자가 드물지. 이익이 없다고 여겨 버려두는 자는 싹을 김매지 않는 자이고, 자라는 것을 돕겠다는 자는 싹을 뽑아올리는 자일세. 이는 유익함이 없을 뿐만 아니라, 도리어 해치는 것이네."

3-2:12 공손추가 여쭈었다. "무엇을 남의 말을 잘 알아듣는다고 합니까?"

맹자가 대답했다. "편벽된 말에서는 그 가려진 바를 알고, 방탕한 말에서는 그 빠져 있는 바를 알며, 도리에 벗어난 말에서는 그 어긋난 바를 알며, 빠져나가려고 꾸미는 말에서는 그 궁색한 바를 알 수 있다네. 이 네 가지 말은 그 마음에서 생겨나 그 정치에 해를 끼치고, 그 정치에서 발생하여 그 사업에 해를 끼치는 것이지. 성인이 다시 나오시더라도 반드시 내 말을 따르실 것일세."

3-2:13 공손추가 말했다. "재아와 자공은 말을 잘 하였고, 염우(염백우)와 민자(민자건)와 안연은 덕행을 잘 설명하였는데, 공자께서는 이 두 가지를 겸하셨으면서도 '나는 웅대하는 말에 능하지 못하다.'고 말씀하셨습니다. 그렇다면 선생님께서는 이미 성인이시겠습니다."

3-2:14 맹자가 말했다. "아! 이게 웬 말인가? 옛날에 자공이 공자께 여쭈기를, '선생님께서는 성인이시지요?'라 하자, 공자께서는 '성인이야 내가 감당할 수 없지만, 나는 배우기를 싫어하지 않고 가르치기를 게을리 하지 않았다.'고 대답하였네. 자공이 말하기를, '배우기를 싫어하지 않는 것은 지혜로움이요, 가르치기를 게을리 하지 않는 것은 어짊이다. 어질고 또 지혜로우시니, 선생님은 이미 성인이십니다.'라 하였었지. 성인은 공자께서도 자처하지 않으셨는데, 이게 웬 말인가?"

3-2:15 공손추가 여쭈었다. "옛날에 제가 들으니, '자하와 자유와 자장은 모두 성인의 한 부분만을 가지고 있었고, 염우와 민자와 안연은 성인의 전체를 갖추고 있지만 미약하였다.'고 하였습니다. 감히 선생님께서 편안히 자신을 견주시는 바를 여쭙겠습니다."

3-2:16 맹자가 대답했다. "잠시 이 이야기는 접어두세."

3-2:17 [1]공손추가 여쭈었다. "백이와 이윤은 어떻습니까?"
맹자가 대답했다. "도리가 같지 않네. '임금으로 모실 만한 분이 아니면 섬기지 않으며, 백성으로 삼을 만하지 않으면 부리지 않는다.'하여, 세상이 다스려지면 나아가고 어지러우면 물러났던 것은 백이였고, '누구를 섬긴들 내 임금이 아니며, 누구를 부린들 내 백성이 아니랴.'하여, 다스려져도 나아가고 어지러워도 나아갔던 것은 이윤일세. ²벼슬할 만하면 벼슬하고 그만둘 만하면 그만두며, 오래 머물 만하면 오래 머물고 빨리 떠날 만하면 빨리 떠났던 것은 공자일세. 모두 옛 성인이신데, 내가 실행하지는 못하지만 원하는 바는 공자를 배우는 것이라네."

3-2:18 공손추가 여쭈었다. "백이와 이윤이 공자에 비해 이처럼 대등합니까?"

맹자가 대답했다. "아닐세. 세상에 인간이 태어난 이후로 공자 같은 분이 없었네."

3-2:19 공손추가 여쭈었다. "그렇다면 세 분 성인 사이에 같은 점이 있습니까?"

3-2:20 맹자가 대답했다. "있지. 100리 되는 땅을 얻어서 임금 노릇을 하였다면, 세 분 모두 제후들의 조회를 받고 천하를 다스릴 수 있었겠지만, 한 가지라도 의롭지 못한 일을 행하거나, 한 사람이라도 죄 없는 이를 죽이고서 천하를 얻는 것은 세 분 모두 하지 않을 것이니, 이것은 같은 점일세."

3-2:21 공손추가 여쭈었다. "감히 그 다른 점을 여쭙겠습니다."

3-2:22 ¹맹자가 대답했다. "재아와 자공과 유약(유자)은 지혜가 성인을 알아 보기에 넉넉하였으며, 이들의 지혜가 낮았다 하더라도 좋아하는 사람에게 아첨하는 데 이르지는 않았을 것일세. ²그런데 재아가 말하기를, '나로서 선생님(공자)을 관찰하니 요임금이나 순임금보다 훨씬 더 훌륭하시도다.'라 하

였네. ³자공이 말하기를, '그 예법을 보면 그 정치를 알 수 있고, 그 음악을 들으면 그 덕을 알 수 있으니, 백 대 이후에 지나온 백 대의 임금들을 평가해본다면 어느 누구도 공자를 넘어설 수 없었도다. 세상에 인간이 태어난 이후로 공자만한 분은 없었다.'고 하였다네. ⁴유약이 말하기를, '어찌 사람에서만 그러하겠는가. 달리는 짐승들 가운데 기린이나, 날아다니는 새들 가운데 봉황이나, 흙더미들 가운데 태산이나, 물웅덩이들 가운데 황하와 바다는 같은 종류의 사물이다. 백성들 가운데 성인도 역시 같은 종류의 인간이다. 다만 같은 종류 속에서 특출하게 빼어났으며, 모여 있는 무리 가운데서 우뚝하게 솟아났도다. 세상에 인간이 태어난 이후로 공자보다 더 훌륭한 분은 없었다.'고 하였네."

3-3: 1   ¹맹자가 말했다. "힘으로써 어진 덕을 가장하는 것은 패권이니, 패권은 반드시 큰 나라를 차지하고자 한다. 도덕으로써 어진 덕을 실행하는 것은 임금노릇이니 임금노릇은 큰 나라를 필요로 하지 않는다. 탕임금은 70리 땅으로 임금노릇 하셨고, 문왕은 100리 땅으로 임금노릇 하셨다. ²힘으로써 남을 복종시키는 것은 마음으로 복종함이 아니라 힘이 모자라기 때문이다. 덕으로써 남을 복종시키는 것은 마음 속에서 기뻐하여 정성으로 복종함이니, 70제자가 공자에게 복종함과 같다. ³『시경』(「대아: 문왕유성」)에서는, '서쪽으로부터 동쪽으로부터, 남쪽으로부터 북쪽으로부터, 기꺼이 복종하지 않는 이가 없도다.'라 하니, 이것을 말하는 것이다."

3-4: 1   ¹맹자가 말했다. "어질면 영화롭고, 어질지 못하면 치욕을 당하게 된다. 이제 치욕을 싫어하면서도 어질지 않은데 머무는 것은, 마치 습한 것을 싫어하면서도 낮은 지대에서 사는

것과 같다. ²만약 치욕을 싫어한다면 덕을 귀하게 여기고 선비를 높이는 것보다 좋은 길이 없다. 현명한 사람이 지위에 오르고, 유능한 사람이 직책을 맡아서, 나라가 한가롭게 되거든, 이러한 때에 이르러 정치와 형벌을 밝힌다면 비록 큰 나라일지라도 반드시 두려워할 것이다. ³『시경』(「빈풍: 치효」)에서는, '하늘에 구름 끼어 비가 내리기 전에, 저 뽕나무 뿌리를 거두어다가 창문을 튼튼하게 얽어매도다. 지금 이 백성들로 누가 감히 나를 업신여기랴.' 하였네. ⁴공자께서 말씀하기를, '이 시를 지은 자는 도리를 알 것이다. 자기 나라를 다스릴 수 있다면 누가 감히 업신여기겠는가?'라 하셨지. ⁵이제 나라가 한가하게 되었다고, 이러한 때에 이르러 멋대로 즐기고 나태하게 놀기만 한다면, 이것은 스스로 재앙을 불러들이는 짓일세. 재앙과 복이란 자기 스스로 불러들이지 않는 것이 없다네. ⁶『시경』(「대아: 문왕」)에서는, '길이 천명에 짝하고자 하면, 스스로 많은 복을 추구해야 한다.'라 하였네. ⁷『서경』「태갑」편에서는, '하늘이 내린 재앙은 오히려 피할 수 있지만, 스스로 지은 재앙은 벗어날 길이 없다.'고 하였으니, 이것을 말한 것일세."

3-5: 1 ¹맹자가 말했다. "현명한 자를 높이고, 재능 있는 자를 부리며, 걸출한 인물들이 지위에 있으면, 천하의 선비들이 모두 기뻐하여 그 조정에서 벼슬하기를 원할 것이다. ²시장에서는 자릿세만 받고 물품세를 징수하지 않거나, 오래 쌓아둔 화물에 대해 법에 따라 거두어가고 자릿세도 받지 않는다면, 천하의 장사꾼들이 모두 기뻐하여 그 시장에다 물건을 쌓아두기를 원할 것이다. ³관문에서는 조사만 하고 세금을 거두지 않으면, 천하의 나그네들이 모두 기뻐하여 그 길로 다니

기를 원할 것이다. ⁴농사짓는 자들에게 공공전답을 경작하는데 동원만 하고 세금을 받지 않는다면, 천하의 농민들이 모두 기뻐하여 그 들판에서 경작하기를 원할 것이다. ⁵주거지에서 근로동원과 주민세가 없으면, 천하의 백성들이 모두 기뻐하여 그 나라 백성이 되기를 원할 것이다. ⁶진실로 이 다섯 가지를 시행할 수 있다면, 이웃나라의 백성들이 부모처럼 우러러볼 것이니, 그 자제를 거느리고서 그 부모를 공격하는 일은 세상에 인간이 태어난 이후로 성공할 수 있는 자가 없었다. ⁷이와 같으면 천하에 대적할 자가 없는 것이다. 천하에 대적할 자가 없는 사람은 천명으로 다스리는 자이니, 이렇게 하고서도 임금노릇 못할 자는 없을 것이다."

3-6: 1 ¹맹자가 말했다. "사람들은 모두 남에게 차마 못하는 마음을 가지고 있다. 옛 임금들은 남에게 차마 못하는 마음을 가지고, 남에게 차마 못하는 정치를 시행하셨다. ²남에게 차마 못하는 마음으로 남에게 차마 못하는 정치를 시행한다면, 천하를 다스리는 일은 손바닥 위에서 굴리듯 쉬울 것이다. ³'사람들이 모두 남에게 차마 못하는 마음을 가지고 있다.'고 말하는 까닭은, 이제 사람들이 갑자기 어린아이가 우물로 들어가려 하는 것을 보기만 해도 모두 깜짝 놀라고 측은히 여기는 마음을 가지고 있기 때문이다. 그것은 어린아이의 부모와 교분을 맺으려 하기 때문도 아니요, 마을이나 친구들에게 칭찬을 받고자 하기 때문도 아니며, 어린아이의 비명소리를 싫어해서 그렇게 하는 것도 아니다.

⁴이로 말미암아 본다면 측은히 여기는 마음이 없으면 사람이 아니요, 부끄러워하고 미워하는 마음이 없으면 사람이 아니며, 사양하는 마음이 없으면 사람이 아니요, 옳고 그름을 가

려내는 마음이 없으면 사람이 아니다. [5]측은히 여기는 마음은 어진 덕의 실마리요, 부끄러워하고 미워하는 마음은 의로운 덕의 실마리이며, 사양하는 마음은 예절바른 덕의 실마리요, 옳고 그름을 가려내는 마음은 지혜로운 덕의 실마리이다. [6]사람이 이 네 가지 실마리(사단)를 가지고 있는 것은 사람이 팔과 다리의 사지를 가지고 있는 것과 같다. 이 네 가지 실마리를 가지고 있으면서도 스스로 자기는 실행할 수 없다고 말하는 자는 자신을 해치는 자이고, 자기 임금은 실행할 수 없다고 말하는 자는 자기 임금을 해치는 자이다. [7]무릇 자기에게 네 가지 실마리를 가지고 있는 사람이면, 모두가 이 실마리들을 넓히고 채울 줄 안다. 마치 불이 처음 타오르며 샘물이 처음 흘러나오는 것과 같으니, 진실로 이 실마리들을 채워나갈 수 있다면 넉넉히 온 천하를 보호할 수 있을 것이요, 진실로 이 실마리들을 채워나가지 못한다면 부모도 섬길 수 없을 것이다."

3-7: 1   [1]맹자가 말했다. "화살 만드는 사람이 어찌 갑옷 만드는 사람보다 어질지 못하겠는가마는, 화살 만드는 사람은 행여 사람을 상하게 하지 못할까 염려하고, 갑옷 만드는 사람은 행여 사람을 상하게 할까 염려한다. 무당과 널 짜는 목공도 또한 그러하다. 그러므로 생업을 위한 기술을 선택함에 삼가지 않으면 안 된다. [2]공자께서 말씀하기를, '마을은 어진 풍속이 아름다운 것인데, 마을을 가려 살려고 하면서 어질게 살지 않는다면 어찌 지혜롭다 하겠는가?'라 하셨다. 어진 덕은 하늘이 내려준 가장 높은 벼슬이요, 사람이 살 수 있는 가장 편안한 집이다. 그러나 아무도 막는 이가 없는 데도 어질게 하지 못하니, 이것은 지혜롭지 못한 것이다. [3]어질지 못하고, 지혜롭

지 못하며, 예절이 바르지 않고, 의롭지 못하면 남에게 부림을 당하게 된다. 남에게 부림을 당하면서 부림당하는 것을 부끄러워하는 것은, 마치 활 만드는 사람이 활 만드는 일을 부끄러워하며, 화살 만드는 사람이 화살 만드는 일을 부끄러워하는 것과 같다. 만약 그 일을 부끄러워한다면 어진 덕을 행하는 것만 못하다. [4]어진 사람은 활쏘기 하는 것과 같다. 활 쏘는 사람은 자신을 바로잡은 뒤에야 쏜다. 쏘아서 맞지 않으면 자신을 이긴 사람을 원망하는 것이 아니라, 되돌아보고 자신에게서 결점을 찾을 뿐이다."

3-8: 1 [1]맹자가 말했다. "자로는 남들이 그에게 허물이 있다고 말해주면 기뻐하였다. 우임금은 좋은 말을 들으면 절을 하셨다. 위대한 순임금은 이보다도 더 위대함이 있었으니, 남과 함께 하기를 잘하셔서, 자기 주장을 버리고 남의 의견을 따르며, 남에게서 취하여 선을 행하는 것을 좋아하셨다. [2]밭 갈고 곡식을 심으며 질그릇 굽고 물고기 잡을 때로부터 제왕이 되는 데 이르기까지 남에게서 취하지 않는 것이 없으셨다. 남에게서 취하여 선을 행하신 것은, 남과 더불어 선을 행하시는 것이다. 그러므로 군자는 남과 더불어 선을 행하는 것보다 더 큰 일이 없다."

3-9: 1 [1]맹자가 말했다. "백이는 섬길 만한 임금이 아니면 섬기지 않았고, 벗할 만한 사람이 아니면 벗 삼지 않았으며, 악한 사람의 조정에 서지 않았고, 악한 사람과 더불어 말하지도 않았다. 악한 사람의 조정에 서거나 악한 사람과 더불어 말한다는 것을 마치 조정에서 입는 옷과 관을 쓰고서 진흙과 숯구덩이에 앉은 것처럼 여겼다. 악을 미워하는 마음을 미루어나가 생각하였는데, 마을 사람과 더불어 서있을 때에 그 사람이 쓰고

있는 관이 바르지 못하면 뒤돌아보지도 않고 떠나가면서, 마치 자신을 더럽힐 듯이 여겼다. [2]이 때문에 제후들이 비록 초빙하는 말을 잘 써가지고 찾아오는 자가 있더라도 받아들이지 않았으니, 받아들이지 않았다는 것은 또한 나아감을 달갑게 여기지 않은 것이다. [3]유하혜는 도리를 벗어난 임금을 섬기는 것도 부끄러워하지 않았고, 낮은 벼슬도 비천하게 여기지 않았으며, 나아가서는 현명함을 숨기지 않아 반드시 그 도리를 다 하였다. 벼슬에서 버려져도 원망하지 않았고, 곤궁함을 당해서도 근심하지 않았다. 그래서 그는 말하기를, '너는 너고 나는 나다. 비록 네가 내 곁에서 옷을 걷고 맨몸을 드러낸들 네가 어찌 나를 더럽힐 수 있겠는가?'라 하였다. [4]그러므로 유유하게 이런 무례한 자와 함께 있으면서도 스스로 올바름을 잃지 않았다. 떠나려고 하다가도 잡아당겨 멈추게 하면 멈추었으니, 잡아당겨 멈추게 하면 멈추었다는 것은 이 또한 떠나가는 것을 달갑게 여기지 않은 것이다."

3-9: 2 맹자가 말했다. "백이는 국량이 좁고 유하혜는 공손하지 않다. 국량이 좁음과 공손하지 않음은 군자가 따르지 않는다."

『맹자』
4편 (공손추하 公孫丑下)

4- 1:1 [1]맹자가 말했다. "하늘의 시기가 땅의 유리함만 못하고, 땅의 유리함은 사람의 화합함만 못하다. [2]둘레가 겨우 3리 되는 내성과 둘레가 겨우 7리 되는 외성을 포위하여 공격해도 이기지 못하는 수가 있다. 포위하여 공격하다 보면 반드시 하늘의 시기를 얻게 되겠지만, 그런데도 이기지 못한다면 이것은 하늘의 시기가 땅의 유리함만 못해서이다. [3]성이 높지 않은 것도 아니고, 성을 둘러싼 못이 깊지 않은 것도 아니며, 병기가 예리하지 않거나 갑옷이 견고하지 않은 것도 아니고, 식량이 많지 않은 것도 아닌데도, 성을 버리고 달아나게 된다면 이것은 땅의 유리함이 사람의 화합함만 못해서이다. [4]그래서 나는 말하기를, '영토의 경계로 백성을 제한하지 않고, 산과 강의 험준함으로 나라의 견고함을 삼지 않으며, 병기와 갑옷의 예리함으로 천하에 위엄을 드러내지 않는다.'고 했던 것이

다. 도리를 얻은 자는 도와주는 사람이 많고, 도리를 잃은 자는 도와주는 사람이 적다. 도와주는 사람이 지극히 적어지면 친척마저 배반하게 되고, 도와주는 사람이 지극히 많아지면 천하가 순종하게 된다. [5]천하가 순종하는 힘으로 친척마저 배반하는 자를 공격하는 것이니, 그러므로 군자는 전쟁을 하지 않을지언정 전쟁을 한다면 반드시 이길 것이다."

4- 2:1 맹자가 조정에 나가 임금을 뵈려고 하였는데, 임금이 사람을 보내와 말하기를, "내가 나가서 만나려 했는데, 감기가 들어서 바람을 쐴 수 없습니다. 아침에 조정에 나갈 것인데 내가 조정에서 그대를 만나뵐 수 있겠습니까?"라 하였다.

맹자가 대답했다. "불행하게도 병이 있어서 조정에 나가 뵐 수 없습니다."

4- 2:2 다음 날 밖으로 나가 <u>동곽씨</u>에게 조문하려 하니, <u>공손추</u>가 여쭈었다. "어제는 병이 났다 하여 사양하시고서, 오늘은 조문하러 가신다는 것이 어쩌면 안될 일이 아닙니까?"

맹자가 대답했다. "어제는 병이 났으나, 오늘은 나았으니, 어찌 조문하지 않겠는가?"

4- 2:3 임금이 사람을 시켜 병문안을 하고 의원을 보내오자, <u>맹중자</u>가 대답했다. "어제는 임금의 명령이 계셨지만 약간 병이 있어서 조정에 나가지 못하시더니, 오늘은 병이 조금 나으셔서 서둘러 조정에 나가셨습니다. 모르겠습니다마는 아직 도착하지 않으신 것인지요?"

4- 2:4 그리고서 몇 사람을 시켜 <u>맹자</u>가 돌아오는 길목을 지키고 있다가, "집에 돌아오시지 말고, 반드시 조정에 나가시라."고 말하게 하였다.

4- 2:5 <u>맹자</u>는 조정에 나갈 생각도 없고, 집에 돌아가기도 마땅치

않아, 부득이 경추씨에게 가서 묵었다.

4- 2:6 경자(경추씨)가 말했다. "안으로는 부모 자식 사이와 밖으로는 임금 신하 사이가 인간의 큰 윤리입니다. 부모와 자식 사이에는 은혜를 주로 하고, 임금과 신하 사이에는 공경을 주로 하는데, 저는 임금께서 선생을 공경하는 것은 보았고, 선생께서 임금을 공경하는 것은 못 보았습니다."

4- 2:7 [1]맹자가 대답했다. "아! 이게 무슨 말입니까? 제나라 사람이 어진 덕이나 의로운 덕을 가지고 임금과 더불어 말하는 이가 없는 것은 어찌 어진 덕이나 의로운 덕을 아름답지 않다고 여겨서이겠습니까? [2]그 마음 속으로 말하기를, '어찌 더불어 어진 덕이나 의로운 덕을 말할 수 있으랴.'고 하는 것입니다. 그렇다면 이보다 심하게 공경하지 않음이 없을 것입니다. 나는 요임금과 순임금의 도리가 아니면 감히 임금 앞에서 말씀드리지 않습니다. 그러므로 제나라 사람으로 나만큼 임금을 공경하는 사람이 없습니다."

4- 2:8 경자가 말했다. "그렇지 않습니다. 그것을 두고 말하는 것이 아닙니다. 『예경』(「예기: 옥조」)에서는, '아버지가 부르시면 예 하고 대답만 하지 않으며, 임금이 명령하여 부르시면 수레에 말을 매기를 기다리지 않는다.'고 하였습니다. 진실로 조정에서 임금을 뵈려고 하셨는데, 임금의 명령을 듣고서는 끝내 가지 않으셨으니, 마땅히 예법과 서로 같지 않은 듯합니다."

4- 2:9 [1]맹자가 대답했다. "어찌 그것을 두고 말한 것이겠습니까? 증자가 말하기를, '진나라와 초나라의 부유함은 내가 따를 수 없지만, 저들이 그 부유함을 가지고 나를 대하면 나는 내 어진 덕으로 대할 것이며, 저들이 그 벼슬을 가지고 나를 대하

면 나는 내 의로운 덕으로 대할 것이니, 내 어찌 아쉬울 것 있 겠는가?'라 하였습니다. 어찌 의롭지 않은데 증자께서 말씀 하셨겠습니까? 이것도 혹시 한 가지 도리가 될 것입니다. ²천 하에는 어디서나 통용되는 존귀함이 세 가지가 있습니다. 벼 슬이 그 한 가지요, 나이가 그 한 가지요, 덕이 그 한 가지 입 니다. 조정에서는 벼슬만한 것이 없고, 마을에서는 나이만한 것이 없고, 임금을 보좌하고 백성을 다스리는 데는 덕만한 것 이 없습니다. 어찌 그 한 가지를 소유하고서 두 가지를 가진 사람을 가벼이 여길 수 있겠습니까? ³그래서 장차 큰 일을 해 내려는 임금은 반드시 불러서 보지 않는 신하가 있습니다. 그와 상의하고자 하는 일이 있으면 찾아갔으니, 덕을 높이고 도리를 즐거워함이 이와 같지 않으면, 더불어 큰 일을 하기에 부족할 것입니다. ⁴그러므로 탕임금은 이윤에게 배우고 난 다음에 그를 신하로 삼았으므로 수고롭지 않고서도 임금 노 릇을 하셨고, 환공은 관중에게 배우고 난 다음에 그를 신하로 삼았으므로 수고롭지 않고서도 패권을 누리게 된 것입니다. ⁵지금의 천하는 임금들이 차지한 땅도 비슷하고 베푸는 덕도 비슷해서 서로 월등하게 뛰어나지 못하고 있는 것은 다름이 아닙니다. 자기가 가르칠 사람을 신하로 삼기 좋아하고 자기 가 가르침을 받을 사람을 신하로 삼기 좋아하지 않기 때문입 니다. ⁶탕임금이 이윤에 대해서나, 환공이 관중에 대해서 감 히 불러서 보지 않았습니다. 관중도 오히려 불러서 볼 수 없 었는데, 하물며 관중을 대수롭지 않게 보는 사람을 불러보겠 습니까!"

4- 3:1 진진이 말했다. "전날에 제나라에서는 임금이 좋은 황금 2,000냥을 주어도 받지 않으셨는데, 송나라에서는 1,400냥

을 주자 받으셨고, 설나라에서는 1,000냥을 주자 받으셨습니다. 전날에 받지 않은 것이 옳다면 오늘에 받은 것이 잘못일 것이요, 오늘에 받은 것이 옳다면 전날에 받지 않은 것이 잘못일 것입니다. 선생님께서는 반드시 이 두 가지 가운데 한 가지 잘못에 해당하실 것입니다."

4- 3:2 ¹맹자가 말했다. "받았던 것이나 안 받았던 것이 모두 옳았네. 송나라에 있을 때는 내가 장차 먼 길을 가게 되었는데, 먼 길을 가는 자에게는 반드시 노잣돈을 주는 법이지. '노잣돈을 보낸다.'고 말하니, 내가 어찌 받지 않을 수 있겠는가? ²설나라에 있을 때는 내가 위험에 경계하는 마음을 품고 있었는데, '경계하고 계시다는 말을 들었습니다. 그래서 무기를 마련하시라고 돈을 보냅니다.'고 말하니, 내가 어찌 받지 않을 수 있겠는가? ³제나라에 있을 때는 받을 이유가 없었네. 받을 이유가 없는데 보내주면, 이것은 재물로 매수하는 것이니, 어찌 군자로서 재물로 매수될 수가 있겠는가?"

4- 4:1 맹자가 평륙 고을에 갔을 때, 그곳을 다스리는 대부 공거심에게 물었다. "창을 잡은 그대의 병사가 하루에 세 번 대오를 이탈한다면 버리지 않겠습니까?"

공거심이 대답했다. "세 번까지 기다리지 않겠습니다."

4- 4:2 맹자가 말했다. "그렇다면 그대가 대오를 이탈한 일이 또한 많습니다. 흉년에 그대의 백성으로 노약자들은 죽어서 구렁텅이에 널렸었고, 장성한 자들은 흩어져 사방으로 떠도는 자가 몇 천 명이나 되었지요."

공거심이 대답했다. "이 일은 제 힘으로 해결할 수 있는 일이 아닙니다."

4- 4:3 맹자가 물었다. "지금 남의 소와 양을 받아다가 길러주는

사람이 있다면, 반드시 소와 양을 위해 목장과 꼴을 구할 것입니다. 목장과 꼴을 구하다가 얻지 못하면 그 주인에게 되돌려 주어야 하겠습니까? 그렇지 않으면 서서 소와 양이 죽어 가는 것을 보고 있어야겠습니까?"

공거심이 대답했다. "이것은 저의 죄입니다."

4- 4:4 뒷날 맹자가 선왕을 뵙고서, "임금님의 도읍을 다스리는 자를 제가 다섯 사람을 알고 있는데, 자기 죄를 알고 있는 자는 오직 공거심뿐입니다."라 말하고, 선왕을 위해 그 이야기를 들려주었다.

선왕이 말했다. "이것은 저의 죄입니다."

4- 5:1 맹자가 지와에게 말했다. "그대가 영구 고을의 수령을 사양하고 형벌을 담당한 관리가 되기를 청한 것은 일리가 있는 것 같소. 그 자리는 간언할 수 있기 때문이지요. 그런데 이제 이미 몇 달이 지났는데 아직도 간언할 수 없단 말입니까?"

4- 5:2 지와가 선왕에게 간언했으나 그 말을 써주지 않으니, 신하의 직책을 내놓고 떠나갔다.

4- 5:3 제나라 사람들이 말했다. "맹자가 지와를 위해서 말해준 것은 좋지만, 맹자 자신을 위해서도 그렇게 하는지는 모르겠다."

공도자가 이 말을 맹자에게 알려주었다.

4- 5:4 맹자가 말했다. "내가 들으니, '관직이 있는 자는 그 직책을 수행할 수 없으면 떠나고, 간언의 책임을 지고 있는 자는 간언을 할 수 없으면 떠난다.'고 하였네. 나는 관직이 없으며, 나는 간언의 책임도 없으니, 내가 나아가고 물러남은 어찌 넉넉하게 여유가 있지 않겠는가?"

4- 6:1 맹자가 제나라에서 대신이 되어 등나라에 조문을 갔었다.

임금이 합 고을을 다스리는 대부인 왕환을 부사로 삼아 맹자를 수행하게 하였다. 왕환은 아침 저녁으로 맹자를 만났지만, 제나라에서 등나라로 갔다가 돌아오는 길에 맹자는 일찍이 왕환과 더불어 조문사절로 가는 일에 대해 말하지 않았다.

4- 6:2 　공손추가 여쭈었다. "제나라 대신의 지위가 작지 않고, 제나라와 등나라 사이의 길이 가깝지 않은 데도 왕복하는 동안에 일찍이 왕환과 더불어 조문사절로 가는 일에 대해 말하지 않으셨으니, 어찌된 일입니까?"

4- 6:3 　맹자가 대답했다. "그가 이미 알아서 처리하였는데, 내가 무슨 말을 하겠는가?"

4- 7:1 　맹자가 제나라로부터 노나라에 가서 모친상에 장례를 치루고 제나라로 돌아올 때 영 땅에 머물렀다.

4- 7:2 　충우가 여쭈었다. "전날에는 제가 못난 것을 모르시고 저에게 널을 짜는 목수 일을 살펴보게 하셨는데, 일이 급하여 제가 감히 여쭙지 못했습니다. 이제 가만히 여쭙고자 하오니, 널 짜는 나무가 너무 아름다웠던 것 같습니다."

4- 7:3 　[1]맹자가 대답했다. "옛적에는 속 널과 겉 널에 일정한 한도가 없었네. 중고시대에 속 널의 두께가 7촌이었고 겉 널도 이에 걸맞게 썼지. 천자로부터 서인에 이르기까지 다만 보기에 아름답게 하기 위해서가 아니라, 이렇게 한 뒤에야 자식된 사람의 마음을 다 할 수 있었기 때문이라네. [2]속 널과 겉 널을 그렇게 할 수 없으면 자식으로서 기쁠 수 없었고, 그렇게 마련할 재물이 없어도 기쁠 수가 없지. 속 널과 겉 널을 그렇게 할 수 있고 또 그렇게 마련할 재물이 있으면 옛 사람들은 모두 이렇게 속 널과 겉 널을 썼으니, 내가 어찌 홀로 그렇게

하지 않겠는가? ³또 죽은 이를 위해 흙이 시신의 살갗에 닿지 않게 한다면, 자식된 사람의 마음에 어찌 만족스럽지 않겠는가? 내가 들으니 '군자는 천하 때문에 자기 부모에게 검소하게 하지 않는다.'고 하였다네."

4- 8:1 심동이 사사롭게 물었다. "연나라를 정벌해도 되겠습니까?"

4- 8:2 맹자가 대답했다. "정벌해도 되지요. 연나라 임금 자쾌로서는 남에게 연나라를 넘겨주어서는 안되는 법이고, 연나라 재상 자지도 연나라를 자쾌에게서 넘겨받을 수 없는 법이었지요. 비유하자면 여기에 벼슬하는 자가 한 사람 있는데, 그대가 그를 좋아하여 임금에게 아뢰지 않고 사사로이 그대의 벼슬과 녹봉을 그에게 물려준다거나, 그 관리도 또한 임금의 명령이 없이 사사롭게 그대에게서 받았다고 하면 옳겠습니까? 어찌 이와 다르겠습니까?"

4- 8:3 제나라 사람이 연나라를 정벌하자, 어떤 사람이 물었다. "제나라에게 연나라를 치도록 권하셨다는데, 그런 일이 있었습니까?"

4- 8:4 ¹맹자가 대답했다. "아닙니다. 심동이 '연나라를 정벌해도 되겠습니까?'하고 묻기에, 내가 '정벌해도 된다.'고 대답했더니, 그가 내 말을 옳게 여겨 정벌한 것입니다. 그가 만약 '누가 정벌할 수 있겠습니까?'하고 물었다면, 나는 '천명으로 다스리는 자라면 정벌할 수 있다.'고 대답했을 것입니다. ²지금 살인한 자가 있다고 합시다. 어떤 사람이 '그 사람을 죽여도 됩니까?'하고 묻는다면, 나는 '죽여도 된다.'고 대답할 것입니다. ³그 사람이 만약 '누가 그를 죽일 수 있겠습니까?'라고 물었다면, 나는 '형벌을 맡은 관리라면 죽일 수 있다.'고 대답할

것입니다. 지금은 연나라와 다를바 없는 나라가 연나라를 정벌하는 것인데, 내가 어찌 권하였겠습니까?"

4- 9:1   연나라 사람이 배반하자, 선왕이 말했다. "나는 맹자에게 매우 부끄럽다."

4- 9:2   진가가 여쭈었다. "임금님께서는 근심하지 마십시오. 임금님께서 스스로 생각하시기에 주공과 더불어 누가 더 어질고 또 지혜롭다고 여기십니까?"

　　　선왕이 말했다. "아! 이것이 무슨 말이냐."

4- 9:3   진가가 말했다. "주공이 관숙을 시켜 은나라 백성을 감독하게 하였는데, 관숙이 은나라 백성을 이끌고 배반하였습니다. 주공이 미리 알고서 시켰다면 이것은 어질지 못한 일이요, 모르고서 시켰다면 이것은 지혜롭지 못한 것입니다. 어질고 지혜로움은 주공도 완전하지 못하셨는데, 하물며 임금님께서야 말할게 있겠습니까? 제가 맹자를 만나보고 해명하겠습니다."

4- 9:4   진가가 맹자를 만나보고 물었다. "주공은 어떤 사람입니까?"

　　　맹자가 대답했다. "옛 성인입니다."

4- 9:5   진가가 물었다. "관숙을 시켜 은나라 백성을 감독하게 하였는데, 관숙이 은나라 백성을 이끌고 배반했다 하는데, 그러한 일이 있었습니까?"

　　　맹자가 대답했다. "그렇습니다."

4- 9:6   진가가 물었다. "주공은 관숙이 배반할 것임을 미리 알고서 시켰습니까?"

　　　맹자가 대답했다. "모르셨습니다."

4- 9:7   진가가 물었다. "그렇다면 성인도 허물이 있는 것입니까?"

4- 9:8　맹자가 대답했다. "주공은 아우이고, 관숙은 형이니, 주공의 허물이야 당연하지 않겠습니까? 또한 옛날의 군자들은 허물이 있으면 고쳤는데, 지금의 군자들은 허물이 있으면 그것을 그대로 밀고 나갑니다. 옛날의 군자들은 그 허물이 일식이나 월식과 같아서 백성들이 모두 그 허물을 보았고, 허물을 고치는 데 이르면 백성들이 모두 우러러 보았습니다. 지금의 군자들은 어찌 다만 그대로 밀고 나갈 뿐이겠습니까. 또한 허물을 따라가면서 변명까지 하고 있습니다."

4-10:1　맹자가 제나라의 관직을 그만두고 돌아갈 차비를 하였다.

4-10:2　선왕이 맹자를 집으로 찾아와 만나보고 말했다. "지난날 만나기를 원했으나 만날 수 없었다가, 조정에서 함께 지낼 수 있어서 매우 기뻤습니다. 그런데 이제 또다시 나를 버리고 돌아가신다니, 알지 못하겠습니다만, 이 뒤로도 계속하여 만나 뵐 수 있을지요?"

　　맹자가 대답했다. "감히 청하지 못할 뿐이지만, 진실로 원하는 바입니다."

4-10:3　뒷날 선왕이 시자에게 말했다. "내가 맹자에게 서울의 복판에다 집을 지어주고 64,000섬의 녹봉을 주어 제자들을 기르게 하여, 여러 대부들과 온 나라 사람들이 모두 공경하고 본받을 바가 있게 하고자 하는데, 그대는 어찌 나를 위해 맹자에게 말해주지 않으려는가?"

4-10:4　시자가 진자(진진)를 통해 맹자에게 알리게 하니, 진자는 시자의 말을 맹자에게 알려주었다.

4-10:5　[1]맹자가 말했다. "그런가. 저 시자가 어찌 그 일이 안 되는 줄을 알겠는가? 만약 내가 부유해지고자 하였다면, 대신의 녹봉인 64만 섬을 사양하고 64,000섬을 받는 것이 부자가 되고

자 하는 것이겠는가? ²계손씨가 말하기를, '이상하도다! 자숙의는 자기가 정사를 하다가 쓰이지 않으면 그만두어야 할 것인데, 또 그 자제를 대신이 되게 하였구나. 사람들이 누군들 부유하고 고귀함을 바라지 않겠는가마는, 홀로 부유하고 고귀함 속에서 사사롭게 이익을 독차지하고 있구나.'라 하였던 것일세. ³옛날에는 시장에서 자기가 가지고 있는 물건으로 자기에게 없는 물건과 바꾸었는데, 담당관리는 질서를 유지할 뿐이었네. 그런데 어떤 비천한 사내가 반드시 언덕 높은 곳을 찾아 올라가서 좌우로 바라보면서 시장의 이익을 독차지하였으니, 사람들이 모두 그 사람을 비천하게 여겼지. 그래서 이익을 독차지하는 행위에 따라 세금을 징수하였으니, 장사꾼에게 세금을 징수하게 되었던 것은 이 비천한 사내로부터 시작되었다네."

4-11:1 맹자가 제나라를 떠나는 길에 주땅에서 묵었다.

4-11:2 선왕을 위해 맹자의 발길을 만류하려는 자가 꿇어앉아서 말하였으나, 맹자는 응대하지 않고 안석에 기대어 누웠다.

4-11:3 그 손님이 불쾌해 하며 말했다. "저는 하룻밤을 재계하고 난 다음에 감히 말씀드렸는데, 선생님께서 누우시고 들으려 하지 않으시니, 다시는 감히 뵙지 말아야겠습니다."

4-11:4 ¹맹자가 대답했다. "앉으시오. 내가 그대에게 분명하게 말해 주리다. 옛날에 노나라 목공은 자사의 곁에 잘 모시는 사람이 없으면 자사를 안심하고 머물게 하지 못하였고, 설류와 신상은 목공의 곁에 보좌할 만한 사람이 없으면 그 자신을 안심하고 머물 수 없었소. ²그대가 나를 위해 염려하지만, 목공이 자사에 대한 염려에 못미친다면, 그대가 나를 끊은 것이요? 내가 그대를 끊은 것이요?"

4-12:1   맹자가 제나라를 떠나자, 윤사가 사람들에게 말했다. "임금이 탕임금이나 무왕같이 될 수 없는 줄을 몰랐다면 이것은 맹자의 식견이 밝지 못한 것이요, 탕임금이나 무왕같이 될 수 없는 줄 알고서 그런데도 왔던 것이라면 이것은 녹봉을 얻으려 한 것이다. 천 리 길을 와서 임금을 만났지만 알아줌을 얻지 못했기 때문에 떠난 것인데, 사흘을 묵은 다음에 주땅을 떠났으니, 어찌 이렇게도 늑장을 부렸던 것인가? 나는 이점이 불쾌하다."

4-12:2   고자高子가 이 말을 맹자에게 알려드렸다.

4-12:3   ¹맹자가 말했다. "윤사가 어찌 나를 알겠는가? 천리 길을 가서 임금을 만나뵌 것은 내가 원한 것이지만, 알아줌을 얻지 못했기 때문에 떠나간 것이야 어찌 내가 원한 것이겠는가? 나로서는 그렇게 하지 않을 수 없었던 것이다. ²내가 사흘을 묵고서 주땅을 떠났지만, 내 마음에는 오히려 너무 서둘렀다고 여겨진다. 나는 임금이 생각을 바꾸기를 바랐던 것이요, 임금이 만약 생각을 바꾸었다면 반드시 나를 되돌아가게 하였을 것이다. ³주땅을 떠나는데도 임금은 나를 만류하려고 쫓아오지 않으셨다. 그런 다음에 나는 아무 미련없이 돌아갈 뜻을 굳혔다. 비록 그렇더라도 내가 어찌 임금을 버리겠는가. 임금은 그래도 선한 정치를 행할 수 있는 넉넉한 힘이 있다. 임금이 만일 나를 쓰신다면, 어찌 제나라 백성만 편안하겠는가. 천하의 백성들이 모두 편안할 것이다. 임금께서 부디 마음을 바꾸시기를 나는 날마다 바라고 있다. ⁴내가 어찌 이렇게 못난 사내처럼 임금에게 간언하다가 받아주지 않는다고 화를 내며, 성난 기색을 얼굴빛에 드러내고, 떠나가는데 하루 종일 있는 힘을 다해 멀리 간 다음에야 묵겠는가?"

4-12:4 윤사가 이 말을 듣고 말했다. "나는 진실로 소인이로다."

4-13:1 맹자가 제나라를 떠나오는데, 충우가 도중에 여쭈었다. "선생님께서는 기쁘지 않은 기색이 있는 듯합니다. 지난날 제가 선생님께 들으니, '군자는 하늘을 원망하지 않고, 사람을 허물하지 않는다.'고 하셨습니다."

4-13:2 ¹맹자가 대답했다. "그 때는 그 때이고, 지금은 지금이다. 5백 년이면 반드시 임금노릇 하는 자가 나오고, 그 사이에는 반드시 세상에 이름을 떨치는 자가 있다네. ²주나라가 일어난 이래로 7백여 년이 되었으니, 그 수의 한도로 보면 이미 지났지만, 그 때의 형세로 살펴보면 임금노릇 하는 자가 나올 만하게 되었네. ³하늘이 아직 천하를 다스리고자 하지 않는 것이지, 만일 천하를 다스리고자 한다면, 오늘의 세상에 나 말고 그 누가 있겠는가? 내가 어찌하여 기뻐하지 않겠는가."

4-14:1 맹자가 제나라를 떠나 휴땅에 머물렀는데, 공손추가 여쭈었다. "벼슬하면서 봉록을 받지 않는 것이 옛 도리입니까?"

4-14:2 맹자가 대답했다. "아닐세. 숭땅에서 내가 임금을 만나 뵙고서는 물러나와 떠나려는 뜻이 있었네. 떠날 뜻을 바꾸고 싶지 않았으니, 그래서 봉록을 받지 않은 것일세. 잇달아 군대를 출동시키는 명령이 있어서 떠나겠다고 청할 수가 없었을 뿐이요, 제나라에 오래 머무르는 것은 나의 뜻이 아니었네."

『맹자』
5편 (등문공상滕文公上)

5-1: 1 등나라 문공이 세자로 있을 때에 초나라로 가려고 송나라를 지나면서 맹자를 만나 뵈었다.

5-1: 2 맹자가 성품의 선함을 말하면서, 말마다 반드시 요임금과 순임금을 들어서 말했다.

5-1: 3 세자가 초나라에서 돌아오는 길에 다시 맹자를 뵈었다.

5-1: 4 ¹맹자가 말했다. "세자께서는 제 말을 의심하십니까? 도리는 하나일 뿐입니다. ²성간은 제나라 경공에게 이르기를, '저들도 사내요 저도 사내인데, 제가 어찌 저들을 두려워하겠습니까?'라 하였습니다. ³안연이 말하기를, '순은 어떤 사람이며, 나는 어떤 사람인가? 일을 잘 해보려는 자는 역시 순과 같아야 한다.'고 하였습니다. ⁴공명의가 말하기를, '주공께서 문왕은 나의 스승이다라 하셨으니, 주공이 어찌 나를 속이겠는가?'라 하였습니다. ⁵이제 등나라는 긴 곳을 잘라다가 짧은

곳에 보충하면, 겨우 사방 50리 되는 작은 나라이지만, 오히려 선한 나라가 될 수 있습니다. 『서경』(「열명」)에서는, '만약 약이 독해서 눈이 캄캄하고 어지럽게 하지 않으면 그 병이 낫지 않는다.'고 하였습니다."

5-2: 1   등나라 정공이 죽자, 세자가 연우에게 말했다. "지난번에 맹자께서 일찍이 나와 더불어 송나라에서 이야기 한 적이 있는데, 내 마음에 끝내 잊혀지지 않소. 이제 불행하게도 아버지이신 임금이 돌아가신 큰 변고를 당했으니, 내가 그대를 시켜 맹자께 물어본 다음에 장례의 일을 치루고자 하오."

5-2: 2   연우가 추나라에 가서 맹자에게 물었다.

5-2: 3   [1]맹자가 대답했다. "역시 잘하시는 것입니다. 부모의 상례는 진실로 자신의 마음을 다 기울이는 것입니다. 증자가 말하기를, '살아서는 섬기기를 예법으로 하며, 돌아가시면 장례를 예법으로 하고, 제사를 예법으로 한다면 효성스럽다고 말할 수 있다.'고 하였습니다. 제후의 예법은 내가 아직 배우지 못했지만, 비록 그러나 내가 일찍이 들은 것이 있습니다. [2]삼년의 상례기간 동안에 거친 상복을 입고 미음이나 죽을 먹는 것은 천자로부터 서인에 이르기까지 하·은·주의 세 시대가 공통이었습니다."

5-2: 4   연우가 돌아와 보고하니, 세자는 삼년상을 지내기로 결정하였다.

5-2: 5   부형들과 모든 관료들이 다들 삼년상을 원하지 않았다. 그래서 세자에게 말하기를, "우리의 종갓집 나라인 노나라의 옛 임금들도 삼년상을 행하지 않았고, 우리의 옛 임금들도 역시 행하지 않으셨는데, 당신의 시대에 이르러 이를 뒤집는 것은 옳지 않습니다. 또 옛 기록에 이르기를 '상례와 제례는 선

조를 따르라.'고 하였습니다."라 하였다.
세자가 말했다. "내가 전수 받은 바가 있습니다."

5-2: 6   세자는 연우에게 말했다. "내가 지난날 일찍이 학문을 하지 않고, 말달리거나 칼 쓰기를 좋아했더니, 지금 부형과 모든 관료들이 나를 부족하게 여겨, 상례의 큰 일을 온전히 해내지 못할까 염려하고 있는 것이오. 그대는 나를 위해 맹자께 다시 물어봐주시오."

5-2: 7   연우가 다시 추나라에 가서 맹자께 물었다.

5-2: 8   [1]맹자가 말했다. "그렇다면 다른 사람에게서 대답을 찾을 수가 없습니다. [2]공자께서 말씀하기를, '임금이 돌아가시면 세자는 모든 행정을 재상에게 맡기고서, 죽을 먹고 얼굴을 시커멓게 하고서 상주의 자리에 나아가 곡을 해야 한다. 그러면 모든 관료들이나 담당관리가 감히 슬퍼하지 않음이 없을 것이니, 세자가 몸소 앞서서 하기 때문이다. [3]윗사람이 좋아하는 것이 있으면 아랫사람은 반드시 이를 좋아함이 더 심할 것이다. 군자의 덕은 바람이라면 소인의 덕은 풀이니, 풀 위에 바람이 불면 풀은 반드시 눕기 마련이다.'라 하셨습니다. 이 일은 세자에게 달려 있습니다."

5-2: 9   연우가 돌아와 보고하니, 세자가 말했다. "그렇다. 이것은 진실로 나에게 달려 있다."고 하였다.

5-2:10   다섯 달 동안 상주의 초막에 거처하면서, 명령이나 훈계를 하지 않았더니, 모든 관료와 친족들이 옳게 여겨, "예를 안다."고 말하였다. 장례하는 날에 이르러 사방에서 몰려와 살펴보았는데, 세자의 얼굴빛은 슬펐고 울며 통곡하는 소리는 애절하여 조문하는 자들이 크게 감복하였다.

5-3: 1   등나라 문공이 나라 다스리는 일에 대해 물었다.

5-3: 2   ¹맹자가 대답했다. "백성의 일은 느슨하게 해서는 안됩니다. 『시경』(「빈풍: 칠월」)에서는, '낮에는 띠풀을 베어 오고, 밤에는 새끼 꼬았도다. 빨리 올라가 지붕을 손질해놓아야, 비로소 새봄에 온갖 곡식을 파종하겠도다.'라 하였습니다. ² 백성들이 살아가는 도리란 안정된 생업이 있는 자는 변함없이 착한 마음을 간직할 수 있지만, 안정된 생업이 없는 자는 변함없이 착한 마음을 간직할 수 없습니다. 만약 변함없이 착한 마음을 간직하지 못한다면 방탕하고 편벽되며 간사하고 사치스러운 짓을 못하는 것이 없을 것입니다. ³죄악에 빠지게 된 다음에 뒤따라 형벌을 준다면, 이것은 백성을 그물질하여 잡아들이는 것입니다. 어찌 어진 사람이 임금의 자리에 있으면서 백성을 그물질하여 잡아들이는 일을 할 수 있겠습니까? 그러므로 현명한 임금은 반드시 공손하고 검소하여 아랫사람을 예법에 맞게 대우하며, 백성들에게 세금을 거두는 데에 제한이 있었던 것입니다. 양호(양화)가 말하기를, '부유하게 되려면 어질게 할 수가 없고, 어질게 하면 부유하게 될 수 없다.'고 하였습니다. ⁴하나라 시대는 한 집이 50이랑의 땅을 받았는데 그중에 5이랑의 수확을 바치는 '공'(貢)세법을 썼고, 은나라 사람은 한 집에 70이랑의 땅을 받고 별도로 여덟 집이 70이랑의 땅을 공동으로 경작하여 바치는 '조'(助)세법을 썼고, 주나라 사람은 100이랑을 받았는데 그중에 10이랑의 수확을 바치는 '철'(徹)세법을 썼는데, 그 실제는 모두 10분의 1의 세법입니다. '철'은 일정하게 통용한다는 뜻이고, '조'는 백성의 힘을 빌린다는 뜻입니다. ⁵용자가 말하기를, '토지를 다스리는 것은 '조'세법보다 좋은 것이 없고, '공'세법보다 나쁜 것이 없다.'고 하였습니다. '공'세법이

란 몇 년의 수확을 평균한 중간 수량을 항상 내는 세금으로 삼는 것이니, 풍년에는 곡식이 어지럽게 쌓여있어서 많이 거두어도 포악한 것이 되지 않는데 적게 거두어가고, 흉년에는 밭에다 거름 줄 비용도 모자라는데 반드시 정해진 수량을 채워서 거두어갑니다. [6]백성의 부모가 되어서 백성들이 쉴세라 일년 내내 부지런히 노동하면서도 그 부모를 봉양할 수 없게 하고, 또 빌려준다는 명목으로 세금을 더 많이 거두어가서, 늙은이와 어린아이들이 구렁텅이에 굴러 떨어져 죽게 한다면, 백성의 부모됨이 어디에 있다는 것입니까? 대대로 주는 녹봉은 등나라가 진실로 시행하고 있습니다. [7]『시경』(「소아: 대전」)에서는, '우리의 공공전답(公田)에 먼저 비를 내려주시고, 그런 다음에 우리의 개인전답(私田)에도 비를 내려주소서'라 하였으니, 오직 '조'세법에는 공공전답이 있지만, 이 시를 살펴보면 주나라에도 역시 '조'세법을 썼던 것입니다. [8]'상'(庠)과 '서'(序)와 '학'(學)과 '교'(校)를 설치하여 백성을 가르쳤으니, '상'은 봉양한다는 뜻이고, '교'는 가르친다는 뜻이고, '서'는 활쏘기를 익힌다는 뜻입니다. 하나라에서는 '교'라 하고, 은나라에서는 '서'라 하고, 주나라에서는 '상'이라 하였으며, '학'은 하·은·주 세 시대가 공통으로 사용하였던 명칭이었으니, 모두 인륜을 밝히는 것입니다. 위에서 다스리는 자가 인륜을 밝히면, 이래에서 백성들은 서로 친해집니다. 임금노릇 하는 자가 나오면 반드시 와서 법도로 삼을 것이니, 이는 임금노릇하는 자의 스승이 되는 것입니다. [9]『시경』(「대아: 문왕」)에서는, '주나라가 비록 오래된 나라이나, 그 천명은 새롭도다.'라 하였으니, 이는 문왕을 두고 말한 것입니다. 그대가 힘써 행한다면 또한 그대의 나라를 새롭게 할 수 있을 것입니다."

5-3: 3 　등나라 문공은 필전을 시켜 맹자에게 토지를 9등분하여 8호에 분배하는 '정전'(井田)제도에 대해 묻게 하였다.

5-3: 4 　맹자가 대답했다. "그대의 임금은 어진 정치를 행하고자 하여 골라서 그대를 보내셨으니, 그대는 반드시 힘써야 할 것입니다. 어진 정치란 반드시 토지의 경계를 정하는 것에서부터 시작되는 것이니, 토지의 경계를 구분하는 것이 바르지 않으면 정전법의 토지분배가 고르지 못하게 되고, 녹봉으로 받는 곡물이 공평하지 않게 됩니다. 그러므로 포악한 임금과 탐욕에 빠진 관리들은 반드시 토지의 경계를 정하는 일에 태만할 것입니다. 토지의 경계가 이미 바로잡아지면 토지를 나누어주고 녹봉을 규정하는 일도 가만히 앉아서도 정해질 수 있습니다.

5-3: 5 　[1]등나라는 영토가 좁고 작으나, 그래도 다스릴 군자도 있고, 들에서 일할 백성도 있을 것입니다. 군자가 없으면 백성을 다스리지 못할 것이고, 백성이 없으면 군자를 봉양하지 못할 것입니다. [2]들에서는 9분의 1을 거두는 '조'세법을 쓰고, 도읍에서는 10분의 1을 거두는 '공'세법을 써서 스스로 세금을 바치게 하기를 청합니다. 대신 이하의 관리는 반드시 제사를 받드는 토지가 있으니, 제사를 받드는 토지는 50이랑이고, 나머지 남자에게는 25이랑을 줍니다. [3]장사지내거나 이사하여도 고향을 떠나는 일이 없으니, 고향의 밭에서 함께 '정전'을 경작한 자들은 나가고 들어 올 때에는 서로 우애하며, 지키고 망볼 때에는 서로 도우며, 병드는 사람이 있을 때에는 서로 보살펴줄 것이요, 백성들은 친애하고 화목하게 될 것입니다. [4]사방 10리의 땅을 9등분한 것이 '정'(井)이니, '정'은

900이랑이요, 그 복판의 100이랑이 공공전답입니다. 여덟 집에서 모두 100이랑씩을 개인전답으로 받고, 공공전답을 함께 경작하는데, 공공전답의 일을 끝마친 다음에 그제야 개인전답의 일을 돌볼 수 있습니다. 이 '정전'은 백성을 관리와 구별하는 점입니다. [5]이것이 '정전'의 대략입니다. 이를 아름답게 다듬고 실현하는 일이야 임금과 그대에게 달려 있습니다."

5-4: 1 신농의 말을 행하는 자인 허행이 초나라에서 등나라로 가서 궁궐의 문에 이르러 문공에게 아뢰었다. "먼 곳에 사는 사람이 임금님께서 어진 정치를 행하신다는 소문을 듣고, 살 곳을 받아 백성이 되기를 원합니다."

문공이 그에게 거처할 곳을 주었다.

5-4: 2 허행의 무리 수십 명이 모두 거친 삼베옷을 입고는 신을 삼고 자리를 짜서 먹고 살았다.

5-4: 3 진량의 제자인 진상이 그 아우 진신과 함께 쟁기와 보습을 지고 송나라에서 등나라로 가서 말했다. "임금님께서 성인의 정치를 행하신다는 소문을 들었으니, 이 역시 성인이시라, 성인의 백성이 되기를 원합니다."

5-4: 4 진상이 허행을 만나보고 크게 기뻐하여, 배웠던 것을 다 버리고 그에게 배웠다.

5-4: 5 진상이 맹자를 만나 허행의 말을 전하고서, "등나라 임금은 진실로 현명합니다. 비록 그러하나 아직 도리를 듣지 못하였습니다. 현명한 사람은 백성들과 더불어 나란히 서서 밭 갈아서 먹고 살며, 아침 저녁을 손수 지어먹고서 정치를 합니다. 지금 등나라에는 곡식 창고와 물품 창고가 있는데, 이것은 백성을 괴롭혀서 자기를 봉양하는 것입니다. 어찌 현명하다 할 수 있겠습니까?"

5-4: 6　　맹자가 물었다. "허자(허행)는 반드시 자기가 농사를 지어 가지고 먹습니까?"

　　　　진상이 대답했다. "그렇습니다."

5-4: 7　　맹자가 물었다. "허자는 반드시 자기가 베를 짜가지고서 옷을 입습니까?"

　　　　진상이 대답했다. "아닙니다. 허자는 거친 삼베옷을 입습니다."

5-4: 8　　맹자가 물었다. "허자는 머리에 관을 씁니까?"

　　　　진상이 대답했다. "관을 씁니다."

5-4: 9　　맹자가 물었다. "무슨 관을 씁니까?"

　　　　진상이 대답했다. "흰 명주로 만든 관을 씁니다."

5-4:10　　맹자가 물었다. "스스로 그것을 짭니까?"

　　　　진상이 대답했다. "아닙니다. 곡식을 주고 바꿉니다."

5-4:11　　맹자가 물었다. "허자는 어찌하여 스스로 짜지 않습니까?"

　　　　진상이 대답했다. "농사일에 방해 되기 때문입니다."

5-4:12　　맹자가 물었다. "허자는 가마솥과 시루로 밥을 짓고, 쇠붙이 쟁기로 밭을 갑니까?"

　　　　진상이 대답했다. "그렇습니다."

5-4:13　　맹자가 물었다. "자기 스스로 이런 기구들을 만듭니까?"

　　　　진상이 대답했다. "아닙니다. 곡식을 주고 바꿉니다."

5-4:14　　맹자가 물었다. "곡식으로 기구와 바꾸는 것은 옹기장이나 대장장이를 해치는 것이 아니요, 옹기장이나 대장장이 또한 그들이 만든 기구로 곡식과 바꾸는 것이 어찌 농부를 해치는 것이겠습니까?. 또한 허자는 어찌 옹기장이나 대장장이 노릇을 하여 무엇이나 다 자기 집에서 만들어두었다가 꺼내 쓰지 않고, 번잡하게 온갖 장인들과 교역합니까? 어찌하여 허자는

번거로움을 꺼리지 않는 것입니까?"

5-4:15 진상이 대답했다. "온갖 장인들의 일은 진실로 밭을 갈면서 같이 할 수는 없는 것입니다."

5-4:16 ¹맹자가 말했다. "그렇다면 천하를 다스리는 것만은 밭을 갈면서도 할 수 있다는 말입니까? 관리가 해야 할 일이 있고 백성이 해야 할 일이 있습니다. 또 한 사람의 몸에 온갖 장인의 기술을 갖추고서 반드시 자기가 직접 만든 다음에 쓴다면, 이것은 천하의 사람을 끌어다가 지쳐버리게 하는 것입니다. ²그러므로 나는 말하기를, '어떤 사람은 마음을 수고롭게 하고, 어떤 사람은 몸을 수고롭게 한다. 마음을 수고롭게 하는 자는 남을 다스리고, 몸을 수고롭게 하는 자는 남에게 다스림을 받는다. 남에게 다스림을 받는 자는 남을 먹여주고, 남을 다스리는 자는 남에게 얻어먹는 것이 천하에 공통된 의리다.'라 합니다.

³요임금의 시대에는 천하가 아직도 안정되지 않아서, 홍수가 멋대로 흘러넘쳐 천하에 범람하였고, 풀과 나무가 너무 무성하고 새와 짐승이 너무 번식하였으며, 오곡은 여물지 않고, 새와 짐승은 사람에게 달려들었으며, 짐승의 발굽과 새의 발자국이 낸 길이 도읍 한 가운데 얽혀 있었습니다. 요임금은 홀로 이를 근심하다가 순을 등용하여 다스림을 펼치게 하였습니다.

⁴순임금은 익(백익)을 시켜 불을 맡아보게 하였는데, 익이 산과 못에 불을 질러 태우니, 새와 짐승들이 달아나 숨었습니다. 우를 시켜 아홉 개의 강을 뚫어 제수와 탑수의 물길을 통하게 하여 바다로 흘러들게 하며, 여수와 한수의 물을 트고 회수와 사수를 소통시켜 장강으로 흘러들게 하였습니다.

그런 다음에 나라 안이 먹고 살 수가 있었습니다. 이때를 만나 우는 8년 동안 바깥에 있으면서 세 번이나 자기 집 문 앞을 지나가면서도 들어가지 못하였으니, 비록 밭 갈고자 하였다 하더라도 할 수 있었겠습니까? ⁵후직을 시켜 백성들에게 농사를 가르쳐서 오곡을 심고 가꾸게 하였는데, 오곡이 여물자 백성들을 양육할 수 있게 되었습니다. 인간이 되는 데는 도리가 있으니, 배불리 먹고 따뜻하게 입고 편안하게 살더라도, 가르침이 없으면 새나 짐승에 가깝게 됩니다. 성인은 이 점을 근심하여, 설을 교육담당의 관리로 삼아 인륜을 가르치게 하셨습니다. 부모와 자식 사이에는 친애함이 있고, 임금과 신하 사이에는 의로움이 있고, 남편과 아내 사이에는 분별이 있고, 어른과 아이 사이에는 차례가 있으며, 친구 사이에는 믿음이 있어야 하는 것입니다.

⁶방훈(요임금)이 말하기를 '백성들을 부지런히 힘쓰게 하고, 바로잡아주고, 도와주어서, 스스로 제자리를 잡게 하며, 그런 다음에 이끌어주고 가르쳐야 한다.'고 하였습니다. 성인이 백성을 근심함이 이와 같은데, 어느 겨를에 밭을 갈겠습니까? ⁷요임금은 순을 얻지 못하는 것을 자기의 근심거리로 삼았고, 순임금은 우와 고요를 얻지 못한 것을 자기의 근심거리로 삼았습니다. 100이랑의 땅을 경작하기가 쉽지 않음을 자기의 근심거리로 삼는 자는 농부입니다. 재물을 남에게 나누어주는 것을 은혜라 하고, 선한 도리를 남에게 가르쳐 주는 것을 '충직'이라 하고, 천하를 위해 인재를 얻는 것을 '어진 덕'이라 합니다. 그러므로 천하를 남에게 넘겨주기는 쉬워도, 천하를 위해 인재를 얻기는 어려운 것입니다. ⁸공자께서 말씀하시기를, '위대하도다, 요가 임금노릇 하심이여!

오직 하늘이 위대하다고 하였는데, 오직 요가 하늘을 본받으셨으니, 넓고 넓어서 백성들이 요의 덕에 이름을 붙일 수 없었다. 임금답도다, 순이여! 높고 높아서 천하를 차지하고서도 관여하지 않으셨도다.'라 하셨습니다.

요임금과 순임금이 천하를 다스림에 어찌 그 마음을 쓰지 않았겠습니까마는 역시 밭가는 일에는 마음을 쓰지 않았습니다. ⁹나는 중화의 법도로 오랑캐의 풍속을 변화시켰다는 말은 들었지만, 오랑캐에게 변화를 당했다는 말은 듣지 못하였습니다.

진량은 초나라에서 태어났지만 주공과 중니(공자)의 도리를 좋아하여 북쪽으로 중국에 와서 배웠는데, 북방의 학자들도 그보다 앞선 자가 없었으니, 그는 이른바 호걸스런 선비라 하겠습니다. 그대의 형제가 그를 수십 년 동안 스승으로 섬기다가, 스승이 죽자 마침내 그를 배반하였군요.

¹⁰옛날에 공자께서 돌아가시자, 3년이 지난 뒤에 제자들이 짐을 꾸려 집으로 돌아가려 할 때, 자공에게 나아가 손을 맞잡고 허리를 구부려 절하고서, 서로 마주보며 통곡하였는데, 모두 목이 쉰 뒤에 돌아갔습니다. 자공은 다시 공자의 무덤 곁으로 돌아와 무덤 앞터에 초막을 짓고서 홀로 3년을 더 거처한 뒤에 돌아갔습니다. 뒷날 자하와 자장과 자유가 유약이 성인(공자)을 닮았다고 하여, 공자를 섬기던 예법으로 유약을 섬기고자 하여, 증자에게 동의해주기를 힘써 요청했습니다. ¹¹증자가 말하기를, '안되오. 장강과 한수의 물로 씻어내고, 가을볕에 쪼여 말려낸 것 같으니, 그 지극히 흰 빛깔에는 아무 것도 더 보탤 수 없소.'라 하였습니다. ¹²이제 허행은 왜가리 소리를 내는 남쪽 오랑캐 땅 사람으로 옛 임금의 도리

를 비난하는데, 그대는 그대의 스승을 배반하고서 그에게 배우고 있으니, 역시 증자와는 다르군요.
¹³나는 '새가 깊숙한 골짜기에서 나와 높은 나무 위로 옮겨간다'는 말은 들었지만, '높은 나무에서 내려와 깊숙한 골짜기로 들어간다'는 말은 듣지 못하였습니다. ¹⁴『시경』(「노송: 비궁」)에서는, '서쪽 오랑캐와 북쪽캐는 공격하고, 형땅과 서땅은 혼내주도다.'라 하였습니다. 주공도 이들을 공격하였는데, 그대는 도리어 그것을 옳다고 하여 배우니, 역시 잘못 변화된 것 같습니다."

5-4:17 진상이 말했다. "허자의 도리를 따르면 시장의 물건 값이 두 가지가 아니어서 나라 안에 거짓이 없을 것이니, 비록 5척 키의 어린아이를 시장에 보내더라도 속이는 일이 없을 것입니다. 베와 비단은 길고 짧음이 같으면 값이 서로 같고, 삼실과 명주솜은 가볍고 무거움이 같으면 값이 서로 같으며, 오곡은 많고 적음이 같으면 값이 서로 같고, 신발은 크고 작음이 같으면 값이 서로 같을 것입니다."

5-4:18 맹자가 대답했다. "물건의 품질이 똑같지 않은 것은 물건의 실정입니다. 값의 차이가 혹은 서로 두 배가 되고 다섯 배가 되고, 혹은 서로 열배나 백배가 되며, 혹은 서로 천배나 만배가 되지요. 그대는 양으로만 견주어서 값을 같게 하니, 이것은 천하를 어지럽히는 것입니다. 만약 거칠게 삼은 신발과 촘촘하게 삼은 신발이 크기가 같다고 값이 같으면, 사람들이 어찌 촘촘하게 삼은 신발을 만들겠소. 허자의 도리를 따른다면 서로 이끌며 거짓을 행할 것이니, 어떻게 나라를 다스릴 수 있겠습니까?"

5-5: 1 묵적의 교도인 이지가 서벽을 통해 맹자를 뵙고자 하였다.

맹자가 말했다. "내가 진실로 만나보기를 원하지만, 지금은 아직 내가 병중이라, 병이 낫거든 내가 가서 만나볼 것이니, 이자(이지)는 올 것이 없다."

5-5: 2   뒷날 또 맹자를 뵙기를 요구하자, 맹자가 말했다. "내가 이제는 그를 만나 볼 수 있다. 그런데 솔직하지 않으면 도리가 드러나지 않을 것이다. 내가 우선 솔직하게 말하겠다. 내가 들으니, 이자는 묵적의 교도라 하는데, 묵적의 교도는 상례를 치를 때 박하게 하는 것을 도리로 삼는다. 이자는 이러한 도리로 천하의 풍속을 바꾸려고 생각하니, 어찌 상례를 후하게 하는 것이 옳지 않고 귀중하지 않다고 여기지 않겠는가? 그런데도 이자는 자기 부모의 장례를 후하게 하였으니, 이것은 비천하게 여기는 부모를 섬긴 것이다."

5-5: 3   서벽이 이 말을 이자에게 알려주었더니, 이자가 말했다. "유교인의 도리에 '옛사람은 갓난아이를 돌보듯이 한다.'고 하였는데, 이 말은 무슨 말인가? 나는 그것이 사랑에는 차등이 없지만, 사랑을 베푸는 것은 부모로부터 시작한다는 말이라 여긴다."

5-5: 4   서벽이 이 말을 맹자에게 전해주었다.

5-5: 5   [1]맹자가 말했다. "이자는 진실로 사람들이 그 형의 아들을 친애하는 것이 그 이웃집의 갓난아이를 친애하는 것과 같이 한다고 여긴단 말인가? '갓난아이를 돌보듯이 한다.'는 말은 뜻을 따로 취함이 있다. [2]갓난아이가 엉금엉금 기어서 우물로 빠져들어 가려는 것은 갓난아이의 죄가 아니라는 말이다. 또 하늘이 만물을 생성하는 것은 근본을 하나가 되게 하는데, 이자는 근본을 둘이 되게 하기 때문이다. [3]상고시대에 일찍이 그 부모를 장사지내지 않은 자가 있었다. 그 부모가 죽으

면 들어다가 골짜기에 버렸다. 뒷날 그 곳을 지나는데 여우와 너구리가 파먹고, 파리와 모기가 빨아먹고 있었다. ⁴그의 이마에 진땀이 흐르고 곁눈질하면서 똑바로 보지 못했다. 진땀이 흐르는 것은 남들이 보기 때문이 아니오, 마음 속에 있는 것이 얼굴에까지 도달한 것이다. 그는 집에 돌아가 삼태기와 가래를 가져와 흙으로 시신을 덮었다. 흙으로 시신을 덮는 것이 진실로 옳다면, 효성스러운 자식과 어진 사람이 그 부모의 시신을 덮는 데에는 반드시 도리가 있을 것이다."

5-5: 6 서벽이 이 말을 의자에게 알려주니, 의자가 멍하니 한참을 있다가 말했다. "나를 가르쳐 주셨다."

『맹자』
6편 (등문공하滕文公下)

6- 1:1   진대가 말했다. "제후를 만나보지 않으시는 것은 자잘한 지조인 것 같습니다. 이제 한 번 만나보시면 크게는 '왕도'를 이루실 것이고, 작게는 '패도'를 이루실 것입니다. 또 옛 기록에 '한 자를 굽혀 여덟 자를 편다.'고 하였으니, 마땅히 해볼 만한 일일 듯합니다."

6- 1:2   [1]맹자가 대답했다. "옛날에 제나라 경공이 사냥을 나갔을 때, 동산을 지키는 관리를 부르면서 대부를 부르는 깃털 장식의 깃발로 부르자, 동산 지키는 관리가 오지 않아서, 그를 죽이려 했었네. 공자께서 그 관리를 칭찬하여, '뜻있는 선비는 구렁텅이에 던져질 것을 잊지 않고, 용맹한 선비는 자기 목이 달아날 것을 잊지 않는다.'고 하셨다네. [2]공자께서는 그 관리에게서 무엇을 취하셨겠는가? 자기의 신분에 맞는 부름이 아니면 가지 않았던 것을 취한 것일세. 만약 부르기를 기다리

지도 않고 간다면 어떻겠는가? ³또 '한 자를 굽혀서 여덟 자를 편다.'는 것은 이익으로써 말한 것일세. 만약 이익으로 한다면, 여덟 자를 굽혀서 한 자를 펴는 것이 이익이 된다면, 그래도 할 수 있겠는가?

⁴옛날에 조간자가 왕량을 시켜 총애하는 신하인 해와 함께 수레를 타고 사냥하게 하였는데, 종일토록 한 마리의 짐승도 잡지 못하자, 총애하는 신하 해가 돌아와 보고하기를 '천하에 졸렬한 수레몰이꾼이었습니다.'라 하였다네. ⁵어떤 사람이 왕량에게 그 말을 전하자, 왕량이 '다시 수레를 몰아보겠습니다.'했는데, 힘써 요청한 뒤에야 할 수 있었다네. 이번에는 하루 아침나절에 열 마리의 짐승을 잡자, 총애하는 신하 해가 돌아와 보고하기를, '천하에 유능한 수레몰이꾼이었습니다.'라 하였다네. 조간자는 '내가 그에게 너의 수레를 맡아서 몰아주도록 하겠다.'고 하였네. ⁶조간자가 왕량에게 말했더니, 왕량이 따르지 않으면서 말하기를, '제가 그를 위해 법도대로 수레를 몰았더니, 종일토록 한 마리도 잡지 못했는데, 그를 위해 법도를 어기고 수레를 몰았더니, 하루 아침나절에 열 마리를 잡았습니다. 『시경』(「소아: 거공」)에서는, '수레 모는 법도를 잃지 않아도, 활을 쏘는 대로 명중이로다.'라 하였습니다. 저는 소인배의 수레를 몰아주는 데는 익숙하지 못하니, 사양하고자 합니다.'라 하였다네. ⁷수레몰이꾼조차도 활 쏘는 사람에게 아부하는 것을 부끄러워하니, 아부해서 새나 짐승을 산더미처럼 잡더라도 하지 않았는데, 만약 도리를 굽혀 제후를 따른다면 어떻겠는가? 또한 자네가 잘못일세. 자기를 굽힌 자로서 남을 곧게 펴줄 수 있는 자는 아직 없었네."

6- 2:1   경춘이 말했다. "공손연과 장의는 어찌 진실로 대장부가 아니겠습니까? 한 번 노하면 제후들이 두려워했고, 편안히 거처하면 천하가 잠잠했습니다."

6- 2:2   ¹맹자가 대답했다. "이 어찌 대장부라 할 수 있겠습니까. 그대는 예법을 배우지 않았습니까? 장부가 관례할 때는 그 아버지가 훈계하고, 여자가 시집갈 때는 그 어머니가 훈계합니다. 시집가는 딸을 대문에서 전송하면서 경계하여, '시집에 가서는 반드시 공경하고 반드시 경계하여 남편의 뜻을 어기지 말아야 한다.'고 말합니다. 순종하는 것을 바른 도리로 삼는 것은 아녀자의 도리입니다. ²천하의 넓은 집에서 살고, 천하의 바른 자리에 서며, 천하의 큰 도리를 행하면서, 뜻을 얻으면 백성들과 함께 그 도리를 따르고, 뜻을 얻지 못하면 홀로 그 도리를 실행하며, 부유함과 고귀함도 그 마음을 어지럽힐 수 없고, 가난함과 비천함도 그 의지를 바꿀 수 없고, 권위와 무력도 그 지조를 굽힐 수 없어야, 이러한 사람을 대장부라 하는 것입니다."

6- 3:1   주소가 물었다. "옛날의 군자도 벼슬을 하였습니까?"

6- 3:2   맹자가 대답했다. "벼슬을 하였습니다. 기록에 이르기를, '공자께서는 석 달 동안이나 섬길 임금이 없으면 초초한 듯 하셨고 국경을 나가게 되면 반드시 임금을 만날 때 드릴 예물을 싣고 가셨다.'고 합니다. 공명의는 '옛사람은 석 달 동안 섬기는 임금이 없으면 위문하였다.'고 말했습니다."

6- 3:3   주소가 물었다. "석 달 동안 섬기는 임금이 없다고 위문하는 것은 너무 조급하게 구는 것이 아닙니까?"

6- 3:4   ¹맹자가 대답했다. "선비가 지위를 잃은 것은 제후가 나라를 잃은 것과 같습니다. ²『예경』(『예기』,「제통」)에서는, '제

후가 밭을 갈면 백성들이 도와서 제사에 올릴 곡식에 이바지
하고, 부인은 누에를 치고 실을 켜서 제사 때 입는 의복을
만든다. 제사에 희생으로 바칠 짐승이 잘 길러지지 못하거
나, 제사에 올리는 곡식이 정결하지 못하거나, 제사에 입을
의복이 갖추어지지 못하면, 감히 제사 지내지 못한다.'고 하
였으니, 선비로서도 토지가 없으면 역시 제사를 지내지 못
합니다. ³희생으로 바칠 짐승을 길러내고 사냥한 짐승과 제
물을 담을 그릇과 제사에 입을 의복이 갖추어지지 못하여 감
히 제사를 지내지 못하면, 감히 잔치를 하지 못하니, 그래도
위문할 만한 일이 아니겠습니까?"

6- 3:5 주소가 물었다. "국경을 나가게 되면 반드시 임금을 만날
때 드릴 예물을 싣고 가셨다는 것은 무슨 까닭입니까?"

6- 3:6 맹자가 대답했다. "선비가 벼슬하는 것은 농부가 밭을 가는
것과 같으니, 농부가 어찌 국경을 나가면서 쟁기와 보습을
놓고 가겠습니까?"

6- 3:7 주소가 물었다. "진晉나라도 벼슬할 만한 나라이지만, 벼슬
하는 것이 이다지도 시급한 일이라는 말은 들어보지 못했습
니다. 벼슬하는 것이 이다지 시급한 일이라면, 군자가 벼슬
하기를 어려워하는 것은 무슨 까닭입니까?"

6- 3:8 ¹맹자가 대답했다. "사내가 태어나면 그가 아내를 맞게 되
기를 바라고, 딸이 태어나면 그가 남편을 맞게 되기를 바라
는 것은 부모의 마음이니, 사람마다 다 이런 마음을 갖고 있
습니다. 그러나 부모의 명령과 중매하는 말을 기다리지도 않
고, 담에 구멍을 뚫고서 서로 들여다보거나 담을 넘어 서로
따라다니면, 부모와 나라 안의 사람들이 모두 천하게 여길
것입니다. ²옛사람들은 일찍이 벼슬을 하려고 하지 않은 적

이 없었지만, 그래도 벼슬에 나가는 도리를 따르지 않는 것을 미워하였습니다. 도리를 따르지 않고 벼슬길에 나가는 것은 구멍을 뚫고 서로 들여다보는 것과 같은 꼴이지요."

6- 4:1 팽갱이 여쭈었다. "뒤 따르는 수레가 수십 대에다, 따르는 사람 수백 명을 거느리고 다니며, 제후들에게 녹봉을 받아먹는 것은 너무 지나친 것이 아닙니까?"

6- 4:2 맹자가 대답했다. "그 도리에 맞지 않는다면 한 그릇의 밥이라도 남에게서 받으면 안 되지만, 만약 그 도리에 맞는다면 순이 요임금에게서 천하를 받는 것도 지나치다고 여기지 않았는데, 자네는 이것을 지나치다고 여기는가?"

6- 4:3 팽갱이 말했다. "아닙니다. 선비가 하는 일도 없이 봉록을 받아먹어서는 안된다는 것입니다."

6- 4:4 [1]맹자가 대답했다. "자네가 만약 서로의 공로를 소통하고 서로의 생산물을 교환하여, 남는 것으로 부족한 것을 보충하지 않는다면, 농사꾼은 남아도는 곡식이 있을 것이고, 여자들은 남아도는 베가 있을 것이다. 자네가 만약 이를 소통한다면 목수나 수레 만드는 사람들이 모두 자네에게서 먹을 것을 얻게 될 것일세. [2]여기에 어떤 사람이 있는데, 집에 들어오면 부모에게 효도하고, 밖에 나가면 어른을 공경하며, 옛 임금의 도리를 지켜서 후대의 배우는 이를 길러주는데도, 자네에게 먹을 것을 얻지 못한다면, 자네는 어찌하여 목수나 수레 만드는 사람은 소중하게 여기면서 어질고 의로운 덕을 행하는 사람은 가벼이 여기는가?"

6- 4:5 팽갱이 여쭈었다. "목수나 수레 만드는 사람은 그 뜻이 먹을 것을 구하려는 것이지만, 군자가 도리를 행하는 것도 그 뜻이 먹을 것을 구하려는 것입니까?"

6- 4:6   맹자가 물었다. "자네가 어찌하여 그 뜻을 따지는가? 자네에게 끼친 공로가 있어서 먹여줄만하니, 먹여주는 것일세. 또한 자네는 그 뜻을 보고 먹여주는 것인가? 끼친 공로를 보고 먹여주는 것인가?"
　　　팽갱이 대답했다. "뜻을 보고서 먹여줍니다."
6- 4:7   맹자가 물었다. "여기에 어떤 사람이 있는데, 기와를 부수고 담장에다 어지럽게 그려 놓는데, 그 뜻이 먹을 것을 구하려는 것이라면 자네는 그를 먹여주겠는가?"
　　　팽갱이 대답했다. "아닙니다."
6- 4:8   맹자가 말했다. "그렇다면 자네는 뜻을 보고 먹여주는 것이 아니라, 공로를 보고 먹여주는 것이네."
6- 5:1   만장이 여쭈었다. "송나라는 작은 나라입니다. 이제 왕도정치를 행하려다가, 제나라와 초나라가 이를 미워하여 송나라를 치면 어찌합니까?"
6- 5:2   [1]맹자가 대답했다. "탕임금이 박땅에 사셨을 때 갈나라와 이웃하였는데, 갈백이 방탕하여 제사를 지내지 않았다네. [2]탕임금이 사람을 시켜 묻기를, '어찌하여 제사를 지내지 않습니까?'라 하였더니, 갈백이 '바칠 희생이 없기 때문입니다.'라 대답하였네. 탕임금이 사람을 시켜 소와 양을 보내주었는데, 갈백이 잡아먹고 또 제사를 지내지 않았다네. 탕임금이 또 사람을 시켜 묻기를 '어찌하여 제사를 지내지 않습니까?'라 하였더니, 갈백이 '제사에 올릴 곡식이 없기 때문입니다.'라 대답하였네. [3]탕임금이 박땅의 백성들을 시켜 갈나라에 가서 제사에 올릴 곡식을 경작하게 하고, 노약자들은 경작하는 사람들에게 먹을 것을 날라다 주게 하였다네. 그런데 갈백은 자기 백성들을 이끌고 나와서 술과 밥과 기장과 쌀을 나르는

사람들을 막아서서 빼앗고, 내놓지 않는 자는 죽였네. 어느 아이가 기장밥과 고기를 날랐는데, 그 아이도 죽이고서 뺏아갔네. 『서경』(「중훼지고」)에서는, '갈백이 먹을 것 나르는 자를 원수로 여겼다.'고 하였으니, 이 사실을 말한 것일세. [4]이 어린아이를 죽였기 때문에 탕임금이 갈나라를 정벌하자, 온 세상 사람들이 모두 말하기를, '천하를 탐내서가 아니라, 일반백성을 위해 원수를 갚아주려는 것이다.'라 하였네. 탕임금은 갈나라부터 정벌을 시작하였는데, 열한 번 정벌을 하였으나, 천하에 대적할 자가 없었네. [5]동쪽을 향해 정벌에 나서면 서쪽 오랑캐들이 원망하고, 남쪽을 향해 정벌에 나서면 북쪽 오랑캐들이 원망하면서, '어찌하여 우리 지역의 정벌을 뒤로 미루시는가?'라 하였다네. 백성들은 탕임금의 정벌을 바라고 기다리기를 큰 가뭄에 비를 바라듯이 하였네. 그래서 장터에 모여드는 사람들이 발길을 멈추지 않았고, 들에서 김매는 사람들도 동요하지 않았으며, 탕임금이 그 임금을 죽이고 그 백성을 위문하면, 단비가 내린 듯이 백성들이 크게 기뻐하였다네.

[6]『서경』(「중훼지고」)에서는, '우리 임금님을 기다린다오. 임금님께서 오셔야 우리가 다시 형벌을 받지 않을 터인데!'라 하였고, 『서경』(「무성」)에서는, '신하로 복종하지 않는 자가 있어서 동쪽으로 정벌하여 그곳의 남녀 백성들을 편안하게 해주시자, 검은색과 노란색으로 곱게 짠 비단을 광주리에 담아 예물로 가져와서 우리 주나라 임금 앞으로 안내받아 그 훌륭함을 바라보고는 주나라에 신하로 복종했다.'고 하였네. [7]그곳 관리들은 검은 색 비단과 노란 색 비단을 광주리에 담아 예물로 가져와서 이쪽 관리들을 맞이하고, 그곳 백성들은

그릇에 밥을 담고 병에 마실 것을 담아서 이쪽 병사들을 맞이하였으니, 이는 백성들을 물과 불 같은 재난 속에서 구출해주고, 잔학한 자를 제거했을 따름이네. [8]『서경』「태서」편에서는, '우리의 무력이 위엄을 떨쳐, 저들의 영토를 공격하였다. 잔학한 자를 제거하여, 살벌한 무력을 크게 베푸니, 탕임금보다 더욱 빛났다.'고 하였다네. [9]왕도정치를 행하지 않을지언정 만약 왕도정치를 행한다면 온 천하의 사람들이 모두 고개를 들어서 바라보며 그를 임금으로 삼고자 할 것이니, 제나라와 초나라가 비록 크다 하더라도 무엇을 두려워하리오?"

6- 6:1 맹자가 대불승에게 물었다. "그대는 그대의 임금이 착해지기를 바랍니까? 내가 분명히 그대에게 말하겠소. 여기에 초나라 대부가 있는데, 그의 아들이 제나라 말을 하기를 원한다면, 제나라 사람을 시켜 가르치게 하겠습니까? 초나라 사람을 시켜 가르치게 하겠습니까?"

대불승이 대답했다. "제나라 사람을 시켜 가르치게 할 것입니다."

6- 6:2 [1]맹자가 말했다. "제나라 사람 하나가 그를 가르치는데 많은 초나라 사람들이 그에게 떠들어댄다면, 비록 날마다 종아리를 치며 제나라 말을 하도록 요구해도 할 수 없을 것입니다. 그러나 그를 끌어다가 제나라 서울의 번잡한 장거리와 악마을 사이에 몇 년 동안 둔다면, 비록 날마다 종아리를 치며 초나라 말을 하도록 요구해도 역시 할 수 없을 것입니다. [2]그대는 설거주를 착한 선비라 하여 그를 시켜 임금이 계신 곳에 머물게 하였는데, 임금이 계신 곳에 있는 자가 어른이나 어린이나, 낮은 자거나 높은 자거나 모두가 설거주와 같

은 사람이라면, 임금이 누구와 더불어 착하지 않은 짓을 하겠소? 임금이 계신 곳에 있는 자가 어른이나 어린이나, 낮은 자거나 높은 자거나 모두가 <u>설거주</u>와 같은 사람이 아니라면, 임금이 누구와 더불어 착한 일을 하겠소? 한 사람의 <u>설거주</u>가 홀로 송나라 임금을 어떻게 하겠소?"

6-7:1 <u>공손추</u>가 여쭈었다. "제후를 만나보지 않는 것은 무슨 의리입니까?"

6-7:2 ¹<u>맹자</u>가 대답했다. "옛날에는 그 신하가 되지 않았다면 그 임금을 만나보지 않았네. <u>단간목</u>은 <u>위</u>나라 <u>문후</u>가 집을 찾아오자 담장을 넘어 피하였고, <u>설류</u>는 <u>노</u>나라 목공이 집을 찾아오자 문을 닫고 받아들이지 않았으니, 이것은 모두 너무 심했네. 만나보려는 정성이 절실하면 만나볼 수 있는 것일세. ²<u>양화</u>는 공자가 자기를 만나러 오게 하려고 하였으나 무례하다는 말 듣기를 싫어했던 것이겠지. 대부가 선비에게 물건을 내려주었을 때, 그 선비가 자기 집에서 직접 받고 감사하지 못했다면, 대부의 집으로 찾아가 절하고 감사해야하는 법이니, 그래서 <u>양화</u>는 <u>공자</u>가 집에 없는 때를 엿보아 <u>공자</u>에게 찐 새끼돼지를 보내주었고, 그 의도를 알아차린 <u>공자</u>도 <u>양화</u>가 집에 없을 때를 엿보아 찾아가서 절했던 것이네. ³이러한 때에 <u>양화</u>가 먼저 <u>공자</u>를 찾아갔었다면, <u>공자</u>도 어찌 만나보지 않았겠는가? ⁴<u>증자</u>는, '어깨를 굽실거리며 아첨하여 웃는 것은 한여름에 밭에서 일하는 것보다 더 고되다.'라 말했지. ⁵<u>자로</u>는, '자기 뜻에 맞지 않은데도 어울려 말하는 자는 그 얼굴빛을 보면 부끄러움으로 붉어지는데, 이런 사람은 내가 알고자 하는 바가 아니다.'라 말했네. 이로 말미암아 살펴보면 군자가 기르는 것이 무엇인지를 알 수 있을 것일세."

6- 8:1   대영지가 말했다. "10분의1 세법을 시행하고 관문과 시장의 세금을 폐지한다는 것은 금년에 할 수는 없으니, 세금을 줄여주고 내년까지 기다린 다음에 폐지한다면 어떻겠습니까?"

6- 8:2   [1]맹자가 말했다. "이제 한 사람이 날마다 이웃집의 닭을 훔쳤는데, 어떤 사람이 그에게 '이것은 군자의 도리가 아니다.'라 하였소. [2]그 사람이 대답하기를, '훔치는 횟수를 줄여서 한 달에 닭 한 마리씩 훔쳐 먹다가 내년까지 기다린 다음에 그만두고자 한다.'고 하였다오. 만약 그것이 의롭지 않음을 안다면 재빨리 그만두어야지, 어찌 내년까지 기다려야 하겠소?"

6- 9:1   공도자가 여쭈었다. "남들은 모두들 선생님이 변론하기를 좋아한다고 일컫습니다. 감히 여쭙겠는데, 왜 그런 것입니까?."

6- 9:2   [1]맹자가 대답했다. "내가 어찌 변론하기를 좋아하겠는가? 나로서는 어쩔 수 없는 일일세. 천하에 사람이 살아온 지는 오래 되었는데, 한 번 다스려졌다가 한 번 어지러워졌다 하였네. [2]요임금의 시대에는 큰물이 역류하여 온 나라 안이 범람하자, 뱀과 용이 사람 살 곳에 우글거려 사람들이 정착할 곳이 없어서, 낮은 지대의 사람들은 나무 위에 둥지를 틀었고, 높은 지대에 사는 사람들은 굴을 파고 살았다네. 『서경』(「대우모」)에 '큰물이 나를 경계하게 했다.'고 하였으니, 큰물이란 홍수일세. [3]그래서 우를 시켜 물을 다스리게 하였는데, 우는 땅을 파서 물이 바다로 흘러들게 하고, 뱀과 용을 몰아다가 풀이 우거진 늪으로 쫓아내며, 물은 땅의 낮은 곳을 따라 흘러가게 되니, 장강과 회수와 황하와 한수가 그것이네. 험난하고 막힌 것이 이미 멀어지고, 새와 짐승들이 사람을 해

치는 일이 사라진 다음에야 사람들이 평탄한 땅을 얻어서 살게 되었다네.

⁴요임금과 순임금이 이미 세상을 떠나고, 성인의 도리가 쇠퇴하여 포악한 군주가 잇달아 나와서 백성들의 집을 허물어 못을 만들어 놓으니, 백성들이 편안히 쉴 곳이 없어졌고, 백성들의 농토를 못쓰게 하여 동산을 만들어 놓으니, 백성들이 옷과 음식을 얻을 수 없게 되었네. 거짓된 이론과 포악한 행동이 잇달아 일어나 동산과 연못과 습지가 많아져 새와 짐승들이 몰려오게 되었지. ⁵주임금의 시대에 와서 천하가 다시 크게 어지러워졌는데, 주공이 무왕을 도와 주임금을 죽이고, 엄나라를 정벌하였는데, 3년 만에 그 임금을 토벌하고, 비렴을 바다 구석으로 몰아다가 죽였지. 나라를 멸망시킨 것이 50개 나라였고, 범과 표범, 코뿔소와 코끼리를 몰아내어 멀리 쫓으니, 천하가 크게 기뻐하였다네. ⁶『서경』(「군아」)에서는, '크게 드러나셨도다. 문왕의 계책이여! 크게 계승하셨도다. 무왕의 공적이여! 우리 후세 사람들을 도와주시고 열어주시되, 모두 바른 도리로 하셔서 흠이 없게 하셨다.'고 했다네. ⁷세상의 질서는 허물어지고 인간의 도리는 무너졌으며, 거짓된 이론과 포악한 행동이 또 일어나니, 신하로서 제 임금을 죽이는 자가 있으며, 자식으로서 제 아비를 죽이는 자가 있었지. 공자께서 이를 두려워하여『춘추』를 지으셨던 것이네.

⁸『춘추』를 짓는 것은 천자가 하는 일일세. 이 때문에 공자께서 말씀하기를, '나를 알아주는 자도 오직『춘추』의 저작 때문일 것이요, 나를 꾸짖는 자도 오직『춘추』의 저작 때문일 것이다.'라 하셨네. ⁹성스러운 임금이 나오지 않으니, 제후들

은 방자하게 행동하고, 초야의 선비들은 멋대로 의논을 내세우자, 양주와 묵적의 말이 천하에 가득차게 되었고, 천하의 온갖 말들이 양주에 속하지 않으면 묵적에 속하게 되었던 것일세. [10]양씨(양주)는 자신만을 위하니, 이는 임금을 무시하는 것이고, 묵씨(묵적)는 똑같이 사랑하니, 이는 아비를 무시하는 것이네. 아비를 무시하고 임금을 무시하면 이는 새나 짐승일세. 공명의가 말하기를 '임금의 푸줏간에는 살찐 고기가 있고, 마구간에는 살찐 말이 있는데도, 백성들에게는 굶주린 기색이 있고, 들에는 굶어 죽은 시체가 있다면, 이것은 짐승을 몰고가서 사람을 잡아먹게 하는 것이다.'라 하였다네. [11]양주와 묵적의 도리가 소멸되지 않으면 공자의 도리가 드러나지 못할 것이네. 양주와 묵적의 도리는 거짓된 이론이 백성을 속여서 어진 덕과 의로운 덕을 막는 것이니, 어진 덕과 의로운 덕이 막히면 짐승을 몰고가서 사람을 잡아먹게 하는 것이요, 장차 사람이 서로 잡아먹게 될 것일세. [12]내가 이 때문에 두려워하여 옛 성인들의 도리를 지키고 양주와 묵적을 막으며, 방탕한 말을 몰아내어 거짓된 이론을 내세우는 자가 일어나지 못하게 하려는 것이네. 거짓된 이론은 그 마음에서 일어나면 그 일을 해칠 것이고, 일에서 일어나면 그 정치를 해칠 것이니, 성인이 다시 나오셔도 내 말을 바꾸지 않을 것일세.

[13]옛날에 우가 홍수를 막아서 천하가 화평해졌고, 주공이 오랑캐를 병탄하고 맹수를 몰아내서 백성들이 편안해졌으며, 공자가 『춘추』를 저술하자 반란을 일으키는 신하들과 부모를 해치는 자식들이 두려워했던 것이네. [14]『시경』(「노송: 비궁」)에서는, '서쪽 오랑캐와 북쪽 오랑캐는 공격하고, 형땅과 서

땅은 혼내주니, 감히 우리에게 항거할 자가 없도다.'라 하였네. 아비를 무시하고 임금을 무시하는 것은 주공이 징벌하였던 바일세. [15]나도 사람의 마음을 바로잡고, 거짓된 이론을 소멸시키며, 치우치고 과격한 행동을 막고, 방탕한 말을 몰아내어, 세 성인(우·주공·공자)을 계승하려는 것이네. 어찌 변론을 좋아하겠는가? 나로서는 어쩔 수 없는 것이라네. [16]말로 양주와 묵적을 막아낼 수 있는 자는 성인의 무리일세."

6-10:1 광장이 물었다. "진중자는 어찌 참으로 청렴한 선비가 아니겠습니까? 오릉에서 살 때 사흘 동안 먹지 못하여 귀가 들리지 않고, 눈이 보이지 않았는데, 우물가에 굼벵이가 반이 넘게 파먹은 오얏을 기어가서 먹었는데, 세 번을 삼킨 뒤에야 귀가 들리고 눈이 보였습니다."

6-10:2 [1]맹자가 말했다. "제나라 선비 가운데 나는 반드시 중자(진중자)를 으뜸으로 여깁니다. 비록 그렇다하더라도 중자가 어찌 청렴하다 할 수 있겠소? 중자의 지조를 충족시키려면 지렁이가 된 다음에라야 가능할 것이요. [2]지렁이는 위로 마른 흙을 먹고 아래로 누런 물을 마시지만, 중자가 사는 집은 백이가 지은 것인가요? 그렇지 않으면 도척이 지은 것인가요? 먹는 곡식은 백이가 심은 것인가요? 그렇지 않으면 도척이 심은 것인가요? 이 점을 알 수 없구려." [3]광장이 말했다. "이런 것이 무슨 상관이 있겠습니까? 그는 직접 신을 삼았고 아내가 삼실을 잣고 다듬어 곡식을 바꿔 먹었습니다."

6-10:4 [1]맹자가 대답했다. "중자는 제나라에서 대대로 벼슬하던 집안 사람입니다. 그의 형 진대가 합땅에서 받는 녹봉이 몇만 섬이었는데, 형의 녹봉을 의롭지 않은 녹봉이라 하여 먹지 않았으며, 형의 집을 의롭지 않은 집이라 하여 살지 않고,

형을 피하고 어머니를 떠나서 오릉에서 거처하였지요. [2]뒷날 집에 돌아가니, 그 형에게 살아있는 거위를 선물한 자가 있었소. 그는 이마를 찌푸리며 말하기를, '꽥꽥거리는 것을 어디에 쓰겠는가?'라고 하였소. 뒷날 그 어머니가 이 거위를 잡아서 그에게 먹게 하였는데, 형이 밖으로부터 돌아와서 '이것은 꽥꽥거리는 것의 고기이다.'라 말하자, 그는 밖으로 나가 먹은 것을 토해버렸소. [3]어머니가 주면 먹지 않고 아내가 주면 먹으며, 형의 집이면 살지 않고 오릉에서는 살았으니, 이렇게 하고도 오히려 그 지조를 충족시킬 수 있겠습니까? 중자 같은 사람은 지렁이가 된 다음에라야 그 지조를 충족시킬 것이요."

『맹자』
7편 (이루상 離婁上)

7- 1:1　¹맹자가 말했다. "이루의 밝은 눈과 공수자의 교묘한 솜씨로도 걸음쇠와 곱자를 쓰지 않으면, 둥글거나 네모난 것을 이룰 수 없고, 사광의 밝은 귀로도 여섯 가락(황종·태주·고선·유빈·이칙·무역)을 쓰지 않으면 다섯 소리(궁·상·각·치·우)를 바로잡을 수 없으며, 요와 순의 도리로도 어진 정치를 쓰지 않으면 천하를 균평하게 다스릴 수 없다. ²이제 어진 마음과 어질다는 소문이 있으면서도 백성이 그 혜택을 입지 못하여 후세에 본보기가 되지 못하는 것은 옛 임금의 도리를 행하지 않았기 때문이다. ³그래서 '착하기만 한 것은 정치를 하기에 부족하고, 법도만으로는 스스로 시행될 수 없다.'고 말한다. ⁴『시경』(「대아: 가락」)에서는, '잘못하지 아니하고, 잊지 아니하여, 옛 법도를 따르셨네.'라 하니, 옛 임금의 법도를 따르고서 잘못된 적은 아직 없었다.

⁵성인은 이미 시력을 다하고, 이어서 걸음쇠와 곱자나 수준기와 먹줄을 쓰니, 둥글고, 네모나고, 평평하고, 곧은 것을 만드는데 이루 다 쓸 수 없다. 이미 청력을 다하고, 이어서 여섯 가락을 쓰니, 다섯 소리를 바로잡는데 이루 다 쓸 수 없다. 이미 생각하는 능력을 다하고, 남에게 차마 하지 못하는 마음으로 정치를 하니, 어진 덕이 천하를 덮었던 것이다. ⁶그래서 '높게 만들려면 반드시 구릉을 이용하고, 낮게 만들려면 반드시 개울과 못을 이용한다.'고 말한다. 정치를 하면서 옛 임금의 도리를 따르지 않는다면 지혜롭다고 할 수 있겠는가? ⁷이 때문에 오직 어진 사람이 높은 자리에 있어야 마땅하다. 어질지 않은데 높은 자리에 있게 되면, 이것은 대중에게 악을 퍼뜨리는 것이다. ⁸위에서 도리로 헤아림이 없고, 아래에서 법률을 지킴이 없으며, 조정에서는 법도를 믿지 않고, 장인이 척도를 믿지 않으며, 군자가 의리를 범하고, 소인이 형벌을 범한다면, 나라가 유지되는 것이 요행이다. ⁹그래서 '성곽이 완전하지 못하고 병사나 무기가 많지 못한 것이 나라의 재앙이 아니요, 밭과 들이 개간되지 못하고 재물이 모이지 않는 것이 나라의 해독이 아니다. 위에서 예법이 없고 아래에서 배움이 없으면, 변란을 일으키는 백성들이 나와서 나라가 망하는 데 오래 걸리지 않는다.'고 말한다.
¹⁰『시경』(「대아: 판」)에서는, '하늘이 바야흐로 뒤집어엎으려 하시니, 그렇게 왁자지껄하지 말라'고 하였다. '왁자지껄하다'는 것은 '시끄럽다'는 것과 같다. 임금을 섬김에 의리가 없으며, 나아가고 물러남에 예법이 없으며, 말을 했다하면 옛 임금의 도리를 비판하는 사람은 답답한 것과 같다. ¹¹그래서 '어려운 일을 군주에게 요구하는 것을 '공손하다'하고,

선한 것을 베풀고 간사함을 막는 것을 '공경한다'하며, 우리 임금이 무능하다고 하는 것을 '해친다'한다.'고 말한다."

7- 2:1 ¹맹자가 말했다. "걸음쇠와 곱자는 둥근 것과 네모진 것의 표준이고, 성인은 인륜의 표준이다. ²임금이 되고자 한다면 임금의 도리를 다하고, 신하가 되고자 한다면 신하의 도리를 다할 것이니, 두 가지는 모두 요와 순을 본받을 따름이다. 순이 요임금을 섬기던 방법으로 임금을 섬기지 않는다면 그 임금을 공경하지 않는 것이요, 요가 백성 다스리던 방법으로 백성을 다스리지 않는다면 그 백성을 해치는 것이다. ³공자께서 '도리는 두 가지이니, 어진 덕을 행하는 것과 어질지 않음을 행하는 것일 따름이다.'라 하셨다. ⁴자기 백성에게 포학하게 굴면, 심한 경우 자신은 살해당하고 나라는 멸망하며, 심하지 않은 경우 자신은 위태로워지고 나라는 쇠약하게 된다. 어둡다는 뜻의 '유'(幽)나 사납다는 뜻의 '여'(厲)라고 시호가 붙여지면, 비록 효성스런 자식과 후손이라 하더라도 백대가 지나도 그 칭호를 고칠 수가 없다. ⁵『시경』(「대아:탕」)에서는, '은나라가 거울삼아야 할 것이 멀리 있지 않으니, 하나라 왕조의 시대에 있도다.'라 하였으니, 이를 두고 한 말이다."

7- 3:1 ¹맹자가 말했다. "하·은·주 세 왕조가 천하를 얻은 것은 어질었기 때문이고, 천하를 잃은 것은 어질지 못했기 때문이다. ²나라가 피폐하고 흥성하며 존립하고 멸망하는 것 또한 그러하다. ³천자가 어질지 못하면 천하를 보존하지 못하고, 제후가 어질지 못하면 사직을 보존하지 못하며, 대신과 대부가 어질지 못하면 종묘를 보존하지 못하고, 선비나 서민이 어질지 못하면 제 몸을 보존하지 못한다. ⁴이제 죽거나 망하는 것을 싫어하면서 어질지 못함을 좋아하면, 이것은 취하기를

『맹자』 243

싫어하면서 억지로 술을 마시는 것과 같다."

7-4:1 ¹맹자가 말했다. "남을 사랑하는데도 친해지지 않으면 자신의 어진 덕을 되돌아보아야 하고, 남을 다스리는데도 다스려지지 않으면 자신의 지혜를 되돌아보아야 하며, 남에게 예법으로 대하는데도 응답이 없으면 자신의 공경함을 되돌아보아야 한다. 일을 행하고서도 성과가 없다면 모두 자신을 되돌아보고 원인을 찾아야 한다. 그 자신이 바르면 천하의 모든 사람이 자기에게 돌아올 것이다. 『시경』(「대아: 문왕」)에서는, '길이 천명에 합함이 스스로 많은 복을 구하는 것이로다.'라 하였다."

7-5:1 맹자가 말했다. "사람이 늘 하는 말이 있는데, 모두 '천하'와 '나라'와 '집안'을 말한다. 천하의 근본은 나라에 있고, 나라의 근본은 집안에 있고, 집안의 근본은 자신에 있다."

7-6:1 맹자가 말했다. "정치를 하는 것은 어렵지 않으니, 큰 집안에 거슬리지 않는 것이다. 큰 집안이 사모하는 것은 한 나라가 사모하고, 한 나라가 사모하는 것은 천하가 사모한다. 그래서 성대한 덕의 교화가 천하에 넘치게 되는 것이다."

7-7:1 ¹맹자가 말했다. "천하에 도리가 행해지면 덕이 작은 사람은 덕이 큰 사람에게 부림을 받고, 현명함이 낮은 사람은 현명함이 높은 사람에게 부림을 받는다. 천하에 도리가 행해지지 않으면 규모가 작은 자가 큰 자에게 부림을 받고, 힘이 약한 자가 강한 자에게 부림을 받는다. 이 두 가지는 하늘의 이치이니, 하늘의 이치를 따르는 자는 살아남고, 하늘의 이치를 거스르는 자는 멸망한다.

²제나라 경공이 말하기를, '이미 남에게 명령을 내릴 수도 없는데, 또 남의 명령을 받지도 않는다면, 이것은 남과의 관

계를 끊는 것이다.'라 하고, 눈물을 흘리면서 오나라로 딸을 시집보냈다. ³이제 작은 나라가 큰 나라를 스승으로 받들면서 명령받는 것을 부끄러워한다면, 이것은 제자로서 선생에게 명령받는 것을 부끄러워하는 것과 같다. ⁴만약 명령받기를 부끄러워한다면, 문왕을 스승으로 받드는 것만 못하다. 문왕을 스승으로 받든다면 큰 나라는 5년, 작은 나라는 7년이면 반드시 천하에 정치를 펴게 될 것이다. ⁵『시경』(「대아: 문왕」)에서는, '은나라 자손들이, 그 수가 억만 명뿐이 아니었건만, 상제께서 이미 명령을 내리신지라, 오직 주나라에 복종하도. 오직 주나라에 복종하니, 천명은 일정하지 아니하도. 은나라 선비 중에 아름답고 민첩한 자들이 주나라 서울에서 강신제를 돕고 있도다.'라 하였는데, 공자께서는, '어진 덕은 사람이 많다고 될 수 없는 것이다. 나라의 임금이 어진 덕을 좋아하면 천하에 대적할 자가 없다.'고 말씀하셨다. ⁶이제 천하에 대적할 자가 없기를 바라면서도 어진 덕으로 하지 않는다면, 이것은 뜨거운 것을 쥐고서도 물로 씻어내지 않는 것과 같다. 『시경』(「대아: 상유」)에서는, '누가 뜨거운 것을 쥐고서 씻어내지 않을 수 있겠는가?'라 하였다."

7- 8:1 ¹맹자가 말했다. "어질지 않은 자와 더불어 말할 수 있겠는가? 남의 위태로움을 보고도 편안하고, 남의 재난을 보면서 이롭게 여기며, 남이 망하는 것을 보고서 즐거워하는구나. 어질지 않는 자라도 더불어 말할 수 있다면, 어찌 나라를 망치고 집안을 무너뜨리는 일이야 있겠는가? ²어떤 어린 아이가 노래하기를, '푸른 물결의 물이 맑으면 내 갓 끈을 씻을 것이요, 푸른 물결의 물이 흐리면 내 발을 씻으리로다.'라 하였다. ³공자께서는, '제자들아, 저 노래를 들어보아라. 맑으면

갓 끈을 씻고, 흐리면 발을 씻는다고 하니, 이것은 스스로 불러들이는 것이다.'라 말씀하셨다. ⁴무릇 사람은 반드시 스스로 업신여긴 다음에 남이 그를 업신여기고, 집안은 반드시 스스로 허물어뜨린 다음에 남이 그 집안을 허물어뜨리며, 나라는 반드시 스스로 파괴한 다음에 남이 그 나라를 파괴하는 것이다. ⁵(『서경』)「태갑」편에서는, '하늘이 만든 재앙은 오히려 피할 수 있지만, 스스로 만든 재앙은 피할 수 없다.'고 한 것은 이를 두고 한 말이다."

7- 9:1 ¹맹자가 말했다. "걸과 주가 천하를 잃었다는 것은 그 백성을 잃은 것이다. 그 백성을 잃었다는 것은 백성의 마음을 잃은 것이다. 천하를 얻는 데는 도리가 있으니, 그 백성을 얻으면 이것이 천하를 얻는 것이다. 그 백성을 얻는 데는 도리가 있으니, 백성의 마음을 얻으면 이것이 백성을 얻는 것이다. 백성의 마음을 얻는 데는 도리가 있으니, 백성이 원하는 바를 거두어서 주고, 싫어하는 바를 베풀지 말아야 하는 것일 뿐이다. ²백성이 어진 덕을 붙좇는 것은 마치 물이 아래로 흘러내리고, 짐승이 넓은 들로 달려나가는 것과 같다. ³그래서 못으로 물고기를 몰아 주는 것은 수달이고, 숲으로 참새를 몰아 주는 것은 새 매이며, 탕과 무왕에게 백성을 몰아 주는 것은 걸과 주이다. ⁴이제 천하의 군주 가운데 어진 덕을 좋아하는 사람이 있다면 제후들이 모두 그를 위해 백성을 몰아 줄 것이니, 비록 임금노릇 하기를 바라지 않더라도 어쩔 수 없을 것이다. ⁵지금 임금 노릇을 하고자 하는 자는 마치 7년 된 병에 3년 묵은 쑥을 구하는 것과 같다. 진실로 비축하지 않는다면 죽을 때까지 얻지 못할 것이다. 진실로 어진 덕에 뜻을 두지 않는다면 죽을 때까지 근심하고 치욕을 당하다가 죽음에

이를 것이다. ⁶『시경』(「대아: 상유」)에서는, '그렇게 하지 않으면 어찌 착할 수 있으리오. 서로 구렁텅이에 빠질 뿐이네.'라고 한 것은, 이를 두고 한 말이다."

7-10:1 ¹맹자가 말했다. "스스로 자신을 해치는 사람과는 더불어 말을 할 수 없고, 스스로 자신을 포기하는 사람과는 더불어 일을 행할 수 없다. 말할 때마다 예법과 의리를 비방하는 것을 '스스로 자신을 해치는 자'라 하고, 나는 어진 덕에 머물러 살고 의로움에 따라 행할 수 없다고 하는 것을 '스스로 자신을 포기하는 자'라 한다. ²어진 덕은 사람의 편안한 집이고, 의로움은 사람의 바른 길이다. 편안한 집을 비워 두고 그 집에 머물러 살지 않으며, 바른 길을 버려두고 그 길을 따라 가지 않으니, 슬프도다!"

7-11:1 ¹맹자가 말했다. "도리는 가까운 데 있는데도 먼 데서 찾으며, 할 일은 쉬운 데 있는데도 어려운 데서 찾는다. 사람마다 자기 어버이를 친애하며, 자기 어른을 공경하면 천하가 태평할 것이다."

7-12:1 ¹맹자가 말했다. "아랫자리에 있으면서 윗사람의 신임을 받지 못하면 백성을 다스릴 수 없다. 윗사람에게 신임을 받는 데는 도리가 있으니, 벗들에게 신용을 얻지 못하면 윗사람에게 신임을 얻을 수 없다. ²벗들에게 신용을 얻는 데는 도리가 있으니, 어버이를 섬겨서 기뻐하게 하지 못하면 벗들에게 신용을 얻을 수 없다. ³어버이를 기뻐하게 하는 데는 도리가 있으니, 자신을 되돌아보아 성실하지 못하면 어버이를 기뻐하게 할 수 없다. ⁴자신을 성실하게 하는 데는 도리가 있으니, 선을 밝게 알지 못하면 자신을 성실하게 할 수 없다. ⁵이 때문에 성실함은 하늘의 도리이고, 성실하기를

생각하는 것은 사람의 도리이다. ⁶지극히 성실한데도 남을 감동시키지 못한 일은 아직 있었던 적이 없으며, 성실하지 않으면서 남을 감동시킬 수 있었던 일도 아직 있었던 적이 없다."

7-13:1 　¹맹자가 말했다. "백이는 주를 피하여 북해의 바닷가에서 살았는데, 문왕이 일어났다는 소식을 듣고 말하기를, '어찌 돌아가지 않으리오, 내가 들으니 서백(문왕)은 늙은이를 잘 봉양한다 하는구나.'라 하였다. ²태공이 주를 피하여 동해의 바닷가에서 살았는데, 문왕이 일어났다는 소식을 듣고서 말하기를, '어찌 돌아가지 않으리오, 내가 듣기에 서백은 늙은이를 잘 봉양한다 하는구나.'라 하였다. 두 노인은 천하의 존경받는 노인인데 문왕에게 돌아왔으니, 이것은 천하의 어른들이 돌아온 것이다. 천하의 어른들이 돌아왔으니, 그 자식들이 어디로 가겠는가? ³제후 가운데 문왕의 정치를 시행하는 자가 있다면 7년 안에 반드시 천하를 다스리게 될 것이다."

7-14:1 　¹맹자가 말했다. "염구(염유)가 계씨의 가신이 되어 계씨의 덕을 바르게 바꿀 수 없으면서, 세금을 거두는 것이 이전에 비해 배가 되자, 공자께서 '염구는 나의 제자가 아니다. 제자들아, 북을 울리며 성토해도 좋다.'고 말씀하셨다. ²이로 말미암아 본다면, 군주가 어진 정치를 행하지 않는데도 그 군주를 부유하게 해주면 모두 공자에게 버림을 받을 자이다. 하물며 그 군주를 위해 힘써 전쟁을 하겠는가? 땅을 다투느라 전쟁을 하여, 사람을 죽인 것이 들에 가득하며, 성을 다투느라 전쟁을 하여 사람을 죽인 것이 성에 가득하게 하니, 이것은 이른바 '토지를 끌어다가 사람 고기를 먹게 한다'는 것

이니, 죄가 죽어도 용서받을 수 없는 것이다. ³그러므로 전쟁하기를 좋아하는 자는 극형을 받게 하고, 제후들을 연합시키는 자는 그 다음 형벌을 받게 하며, 황무지를 개간하여 토지를 경작하도록 맡기는 자는 그 다음 형벌을 받게 해야 한다."

7-15:1 ¹맹자가 말했다. "사람을 살피는 데는 눈동자보다 더 좋은 것이 없다. 눈동자는 그 악을 가리지 못한다. 가슴 속이 올바르면 눈동자가 맑고, 가슴 속이 올바르지 않으면 눈동자가 흐리다. ²그 말을 듣고 그 눈동자를 살피면 사람들이 어찌 숨길 수 있겠는가?"

7-16:1 맹자가 말했다. "공손한 사람은 남을 업신여기지 않고, 검소한 사람은 남에게서 빼앗지 않는다. 남을 업신여기거나 남에게서 빼앗는 군주는 오직 남들이 순종하지 않을까 염려하니, 어떻게 공손하거나 검소할 수 있겠는가? 공손함이나 검소함이야 어찌 목소리나 웃는 모습으로 행할 수 있겠는가?"

7-17:1 ¹순우곤이 물었다. "남자와 여자 사이에는 직접 주고받지 않는 것이 예법입니까?"

맹자가 대답했다. "예법입니다."

²순우곤이 물었다. "형수가 물에 빠졌다면 손을 내밀어 구출해야 합니까?"

³맹자가 대답했다. "형수가 물에 빠졌는데도 구출해주지 않는다면 이것은 승냥이나 이리입니다. 남자와 여자가 직접 주고받지 않는 것은 예법이지만, 형수가 물에 빠졌을 때 손을 내밀어 구출해주는 것은 변통입니다."

⁴순우곤이 물었다. "지금 천하가 물에 빠져 있는데 선생께서 구출해주지 않는 것은 무슨 까닭입니까?"

⁵맹자가 대답했다. "천하가 물에 빠졌다면 도리로써 구출

하는 것이요, 형수가 물에 빠졌다면 손을 내밀어 구출하는 것인데, 그대는 손으로 천하를 구출하고자 합니까?'

7-18:1 공손추가 여쭈었다. "군자는 자기 자식을 직접 가르치지 않는 것은 무슨 까닭입니까?"

7-18:2 [1]맹자가 대답했다. "형편이 그렇게 할 수 없기 때문이네. 가르친다는 것은 반드시 올바름으로써 하는 것인데, 올바름이 행해지지 않는다면 노여움이 뒤따르게 되고, 노여움이 뒤따르면 도리어 부모 자식 사이를 손상시키게 되네. [2]아버지는 나를 올바름으로 가르치시지만, 아버지의 행함도 올바름에서 나온 것이 아니다.'라고 한다면, 이것은 부모 자식 사이에 서로 손상시키는 것일세. 부모 자식 사이에 서로 손상시킨다면 잘못된 일이지. [3]옛날에는 자식을 서로 바꾸어 가르쳤네. 부모 자식 사이에는 선을 하도록 요구하지 않았으니, 선을 하도록 요구하면 멀어지고, 멀어지면 상서롭지 못함이 이보다 더 큰 것이 없네."

7-19:1 [1]맹자가 말했다. "섬기는 일로는 어느 것이 중대한가? 어버이를 섬기는 일이 중대하다. 지키는 일로는 어느 것이 중대한가? 자신을 지키는 일이 중대하다. 그 자신을 잃지 않고서 그 어버이를 섬길 수 있었다는 사람에 대해서 나는 들어보았지만, 그 자신을 잃고서도 그 어버이를 섬길 수 있었다는 사람에 대해서 나는 아직 들어보지 못하였다. 무엇인들 섬기는 일이 아니랴마는 어버이를 섬김이 섬김의 근본이요, 무엇인들 지키는 일이 아니랴마는 자신을 지킴이 지킴의 근본이다. [2]증자가 아버지 증석을 봉양할 때 반드시 상차림에 술과 고기가 있었다. 상을 물리려 할 때는 반드시 누구에게 줄지를 여쭈었고, 증석이 '남은 것이 있느냐?'고 물으시면 반드시

'있습니다.'라 하였다. 증석이 죽고 나서, 아들 증원이 증자를 봉양할 때 반드시 상차림에 술과 고기가 있었지만, 상을 물리려고 할 때는 누구에게 줄지를 여쭙지 않았다. 증자가 '남은 것이 있느냐?'고 물으시면 반드시 '없습니다.'라 대답하였는데, 다음에 다시 올리기 위해서였다. 이것은 이른바 '입과 몸을 봉양한다.'는 것이다. ³증자같이 하는 것은 '뜻을 봉양한다.'는 것이다. 어버이를 섬기는 것은 증자처럼 하는 것이 옳다."

7-20:1 맹자가 말했다. "인물은 나무랄 게 못되고, 정치는 비난할 게 못된다. 오직 대인이라야 군주의 마음이 잘못됨을 바로잡을 수 있다. 군주가 어질면 어질지 아니함이 없고, 군주가 의로우면 의롭지 아니함이 없으며, 군주가 바르면 바르지 아니함이 없다. 한번 군주를 바로잡으면 나라가 안정하게 된다."

7-21:1 맹자가 말했다. "기대하지 않았는데 칭찬을 받는 수가 있고, 온전함을 추구했는데 비방을 받는 수가 있다."

7-22:1 맹자가 말했다. "사람들이 말을 쉽사리 하는 것은 책임진다는 생각이 없는 것일 따름이다."

7-23:1 맹자가 말했다. "사람의 병통은 남의 스승이 되기를 좋아하는 데 있다."

7-24:1 ¹악정자가 자오(왕환)를 따라 제나라에 갔다.

²악정자가 맹자를 뵙자, 맹자가 말했다. "자네도 역시 나를 보러 왔는가?"

악정자가 말했다. "선생님께서는 어찌하여 이런 말씀을 하십니까?"

맹자가 물었다. "자네는 여기에 온 지 며칠이나 되었는가?"

악정자가 대답했다. "좀 지났습니다"

³맹자가 말했다. "좀 지났다면 내가 이런 말을 하는 것이 마땅하지 않은가?"

악정자가 말했다. "숙소를 정하지 못해서였습니다."

⁴맹자가 말했다. "자네는 '숙소를 정한 후에 어른을 찾아뵙는다.'고 들었던가?"

악정자가 말했다. "제가 잘못했습니다."

7-25:1 맹자가 악정자에게 말했다. "자네가 자오를 따라온 것은 한갓 먹고 마시기 위해서일세. 나는 자네가 옛사람의 도리를 배우고 나서 그것으로 먹고 마시기만 할 줄은 생각하지 못했었네."

7-26:1 맹자가 말했다. "불효에는 세 가지가 있는데, 자손이 없는 것이 가장 크다. 순임금이 부모에게 알리지 않고 아내를 맞이 했던 것은 자손이 없을까 근심했기 때문이었다. 군자는 이 일을 부모에게 알린 것과 같다고 여긴다."

7-27:1 맹자가 말했다. "어진 덕의 실제는 어버이를 섬기는 것이고, 의로움의 실제는 형을 따르는 것이다. 지혜로움의 실제는 이 두 가지를 알고서 지키며 버리지 않는 것이고, 예절바름의 실제는 이 두 가지를 알맞게 조절하여 문채나게 하는 것이며, 음악의 실제는 이 두 가지를 즐거워하는 것이다. 즐거워한다면 어버이와 형을 섬길 마음이 생겨나니, 생겨나면 어찌 그만둘 수 있겠는가? 그만둘 수 없다면 자기도 모르게 발로 뛰고 손으로 춤추게 될 것이다."

7-28:1 ¹맹자가 말했다. "천하가 크게 기뻐하여 장차 자신에게 돌아오려고 하는데, 천하가 기뻐하여 자신에게 돌아오는 것을 마치 지푸라기 같이 여긴 것은 오직 순이 그러하였다. 어버이의 마음을 얻지 못하면 사람이 될 수 없고, 어버이에게 순

종하지 않으면 자식이 될 수 없다. ²순이 어버이를 섬기는 도리를 다하여 고수가 기뻐하게 되었고, 고수가 기뻐함에 천하가 교화되었으니, 고수가 기뻐함에 천하의 부모와 자식 관계가 안정되었다. 이를 일러 큰 효도라 한다."

『맹자』
8편 (이루하離婁下)

8- 1:1 　¹맹자가 말했다. "순은 저풍에서 태어나 부하로 옮겼다가 명조에서 돌아가셨으니, 동쪽 오랑캐의 인물이다. ²문왕은 기주에서 태어나 필영에서 돌아가셨으니, 서쪽 오랑캐의 인물이다. ³이 두 분은 땅이 서로 천여 리나 떨어져 있고, 시대가 서로 천여 년이나 떨어져 있다. ⁴그러나 뜻을 얻어 중국에 행함에 있어서는 부절이 합치되는 것 같았다. 앞 시대의 성인과 뒷 시대의 성인이 그 법도가 한 가지였다."

8- 2:1 　자산이 정나라의 정치를 맡아 보았는데, 자신이 타는 수레로 진수와 유수에서 사람들을 건네주었다.

8- 2:2 　¹맹자가 말했다. "은혜롭지만 정치할 줄을 모르는 것이다. 하나라 책력으로 11월에 사람이 건널 수 있는 다리를 만들고, 12월에 수레가 건널 수 있는 다리를 만들면, 백성들이 물 건너는 것을 걱정하지 않을 것이다. ²군자가 정치를 공평하

게 한다면 길을 지나갈 때 사람들을 물리쳐 길을 열어도 괜찮다. 어찌 사람마다 건네줄 수 있겠는가? 그러므로 정치하는 자가 사람마다 기뻐하게 하려면 날마다 그 일만 해도 모자랄 것이다."

8- 3:1 　맹자가 제나라 선왕에게 말했다. "군주가 신하 보기를 손이나 발처럼 여기면 신하는 군주 보기를 배나 심장처럼 여기고, 군주가 신하 보기를 개나 말처럼 여기면 신하는 군주 보기를 보통 사람처럼 여기며, 군주가 신하 보기를 진흙이나 지푸라기처럼 여기면 신하는 군주 보기를 원수 같이 여깁니다."

8- 3:2 　선왕이 물었다. "예법에는 전날에 섬겼던 군주를 위해 입는 상복이 있는데, 군주가 어떻게 해야 신하가 상복을 입게 됩니까?"

8- 3:3 　[1]맹자가 대답했다. "충고하면 행해지고 건의하는 말이 받아들여지며, 은택이 백성에게 내려가는데, 까닭이 있어서 떠나게 되면 군주가 사람을 시켜 인도하여 국경을 나가게 해주고, 또한 그가 가는 곳에 먼저 사람을 보내 준비해주며, 떠난 지 3년이 지나도 돌아오지 않으면, 그런 다음에야 그에게 내려주었던 토지와 주택을 거두어들이니, 이것을 '세 가지 예법이 있다.'고 합니다. 이렇게 한다면 그 군주를 위해 상복을 입습니다. [2]지금은 신하가 되어 충고하면 행하지 않고, 건의하는 말은 받아들이지 않으니, 은택이 백성에게 내리지 않으며, 까닭이 있어서 떠나게 되면 군주가 붙잡아 두기도 하고, 또한 그가 가는 곳에서 곤궁을 당하게 하며, 떠나는 날 바로 그에게 내려주었던 토지와 주택을 거두어들이니, 이것을 일러 '원수'라 합니다. 원수에게 무슨 상복이 있겠습니까?"

8- 4:1   맹자가 말했다. "죄가 없는데도 선비를 죽이면 대부가 떠나게 될 것이요, 죄가 없는데 백성을 죽이면 선비가 떠나가 버릴 것이다."

8- 5:1   맹자가 말했다. "군주가 어질면 어질지 않을 사람이 없고, 군주가 의로우면 의롭지 않을 사람이 없다."

8- 6:1   맹자가 말했다. "예법에 맞지 않는 예법과 의리에 맞지 않는 의리를 대인은 행하지 않는다."

8- 7:1   맹자가 말했다. "중용의 덕을 지닌 사람이 중용의 덕을 지니지 못한 사람을 양육하고, 재능 있는 사람이 재능 없는 사람을 양육한다. 그래서 사람들은 현명한 부모와 형이 있음을 즐거워한다. 만약 중용의 덕을 지닌 사람이 중용의 덕을 지니지 못한 사람을 버리고, 재능 있는 사람이 재능 없는 사람을 버린다면, 현명한 사람과 못난 사람이 서로 떨어진 거리는 그 사이가 한 치도 안될 것이다."

8- 8:1   맹자가 말했다. "사람은 하지 않는 일이 있고나서 그런 다음에라야 하는 일이 있을 수 있다."

8- 9:1   맹자가 말했다. "남의 선하지 못함을 말하면 그 후환을 어떻게 감당할 것인가?"

8-10:1   맹자가 말했다. "중니(공자)께서는 너무 심한 것을 하지 않으셨다."

8-11:1   맹자가 말했다. "대인은 말을 한다고 반드시 신용을 지키는 것이 아니요, 행동을 한다고 반드시 이루는 것이 아니라, 오직 의로움과 함께 있다."

8-12:1   맹자가 말했다. "대인은 갓난아이의 천진한 마음을 잃지 않는다."

8-13:1   맹자가 말했다. "살아 계실 때 봉양하는 것은 큰일로 칠 수

없고, 오직 돌아가신 분을 보내는 것을 큰일로 칠 수 있다."

8-14:1 맹자가 말했다. "군자가 도리에 따라 깊은 조예를 이루는 것은 스스로 깨닫고자 하는 것이다. 스스로 깨달으면 거처함이 편안하고, 거처함이 편안하면 축적함이 깊어진다. 축적함이 깊어지면 좌우의 가까운 것에서 취해 쓰면서도 그 근원을 만나게 된다. 그래서 군자는 스스로 깨닫고자 하는 것이다."

8-15:1 맹자가 말했다. "널리 배우고서 자세히 설명하는 것은 장차 돌이켜서 간략하게 설명하기 위함이다."

8-16:1 맹자가 말했다. "선함으로써 남을 복종시키려는 자는 아직 남을 복종시킬 수 있었던 일이 없다. 선함으로써 남을 기른 뒤에라야 천하를 복종시킬 수 있다. 천하가 마음으로 복종하지 않는데 임금 노릇 하였던 자는 아직 없었다."

8-17:1 맹자가 말했다. "말은 실상이 없으면 상서롭지 않다. 상서롭지 않은 실상이란 현명한 자를 은폐시키는 자가 이에 해당된다."

8-18:1 서자(서벽)가 여쭈었다. "중니(공자)는 자주 물을 일컬으면서, '물이여! 물이여!'라 말씀하셨는데, 물에서 무엇을 취한 것입니까?"

8-18:2 ¹맹자가 대답했다. "근원의 샘물은 솟아나 밤낮을 그치지 않고 흘러내려서, 구덩이를 채운 뒤에 나아가 사방의 바다에 이른다네. 근본이 있다는 것은 이와 같으니, 이 점을 취한 것일세. ²진실로 근원이 없다면 칠팔월 사이에 비가 집중되면 개울과 도랑이 모두 가득차지만, 그것이 마르는 것은 서서 기다릴 수 있네. 그래서 명성이 실정보다 지나친 것을 군자는 부끄러워한다네."

8-19:1 맹자가 말했다. "사람이 새나 짐승과 다른 점은 매우 적다.

서민은 그 다른 점을 버리고, 군자는 그 다른 점을 보존한다. 순은 여러 사물에 밝았고, 인륜을 살폈으며 어질고 의로움에 말미암아 순리대로 행했던 것이지, 어질고 의로움을 의도적으로 행했던 것은 아니다."

8-20:1 ¹맹자가 말했다. "우는 맛있는 술을 싫어하고 착한 말을 좋아하였다. 탕은 중용을 지키고 현명한 인재를 등용하는데 출신을 가리지 않았다. 문왕은 백성 보기를 다치기라도 할 듯이 대하고, 도리를 바라보기를 아직 못 본 듯이 하였다. 무왕은 가까이 있는 사람을 함부로 대하지 않았고 멀리 있는 사람을 잊지 않았다. ²주공은 삼대의 성스러운 임금을 아우르고 네 성스러운 임금의 사업을 시행할 것을 생각하였으며, 부합하지 않는 것이 있으면 우러러 생각하기를 밤에도 계속하다가 다행히 깨달음이 있으면 앉아서 날이 새기를 기다렸다."

8-21:1 ¹맹자가 말했다. "성스러운 임금의 자취가 없어지자 '시'가 없어졌으며, '시'가 없어진 뒤에 『춘추』가 지어졌다. ²진晉나라의 '승', 초나라의 '도올', 노나라의 '춘추'는 한 가지이다. 그 사실은 제나라 환공과 진나라의 문공의 일 등이며, 그 문체는 사관이 쓴 문체이다. 공자께서 말씀하기를, '그 의리는 내가 외람되게 취한 것이다.'라 하였다."

8-22:1 맹자가 말했다. "군자의 은택도 다섯 세대가 지나면 끊어지고, 소인의 은택도 다섯 세대가 지나면 끊어진다. 나는 공자의 제자가 되지 못했지만, 나는 사람들을 통해 공자를 사숙하였다."

8-23:1 맹자가 말했다. "받아도 되고 받지 않아도 되는데, 받는다면 청렴함을 손상시킬 것이요, 주어도 되고 주지 않아도 되는데, 준다면 은혜를 손상시킬 것이요, 죽어도 되고 죽지 않

아도 되는데, 죽는다면 용기를 손상시키게 된다."

8-24:1 방몽이 활쏘기를 예에게서 배워 예의 법도를 모두 익혔는데, 천하에 오직 예만이 자기보다 낫다고 생각하여, 이에 예를 죽였다.

맹자가 말했다. "이렇게 된 것은 예에게도 죄가 있다."

8-24:2 공명의는 "마땅히 죄가 없는 듯하다."고 말했었다.

8-24:3 ¹맹자가 말했다. "죄가 크지 않다고 할지언정, 어찌 죄가 없다고 하겠는가? 정나라 사람이 자탁유자를 시켜 위나라를 침범하자, 위나라에서 유공지사를 시켜 뒤쫓았다. ²자탁유자가 말하기를, '오늘 나는 병이 나서 활을 잡을 수 없으니, 나는 죽었구나!'라 하고, 마부에게 '나를 뒤쫓는 자가 누구인가?'하고 물었다. 마부가 '유공지사입니다.'라 대답했다. ³자탁유자가 말하기를, '나는 살았구나!'라 하였다. 마부가 '유공지사는 위나라에서 활을 잘 쏘는 자입니다. 선생께서 '나는 살았구나'라 하신 것은 무슨 뜻입니까?'라고 물었다. ⁴자탁유자가 말하기를, '유공지사는 윤공지타에게 활쏘기를 배웠고, 윤공지타는 나에게 활쏘기를 배웠다. 윤공지타는 단정한 사람이다. 그가 선택한 벗이나 제자도 반드시 단정한 사람일 것이다.'라 하였다. 유공지사가 추격해 이르러서, '선생께서는 어찌하여 활을 잡지 않습니까?'라 물었다. ⁵자탁유자가 말하기를, '오늘 나는 병이 나서 활을 잡을 수 없네.'라 하였다. 유공지사가 말하기를, '저는 윤공지타에게서 활쏘기를 배웠고, 윤공지타는 선생에게서 활쏘기를 배웠으니, 내가 차마 선생의 활쏘는 법도로 도리어 선생을 해칠 수는 없습니다. 비록 그렇지만 오늘의 일은 군주의 명령을 받은 일이라 내가 감히 그만둘 수 없습니다.'라 하고, 화살을 뽑

아서 바퀴에 두드려 그 쇠살촉을 빼버리고 화살 네 발을 쏜 다음에 돌아갔다."

8-25:1 맹자가 말했다. "천하의 절색인 서자(서시)라도 불결한 것을 뒤집어쓰고 있다면 사람들이 모두 코를 막고 지나갈 것이다. 비록 악한 사람이더라도 목욕재계를 한다면 상제께 제사를 드릴 수 있다."

8-26:1 ¹맹자가 말했다. "천하에서 성품을 말하는 것은 이미 그러한 자취를 따지는 것일 뿐이다. 이미 그러한 자취란 순응함을 근본으로 삼는다. ²지혜로운 자를 미워하는 것은 파헤쳐 끌어다 붙이기 때문이다. 만약 지혜로운 사람이 우가 물길을 열듯이 한다면 지혜로움을 미워함이 없을 것이다. 우가 물길을 여는 것은 일이 안 생기도록 열었다. 만약 지혜로운 자가 일이 안 생기도록 행동한다면 그 지혜로움도 위대할 것이다. ³하늘은 높고 별은 멀리 있지만, 진실로 이미 그러한 자취를 찾는다면 천년 뒤의 동짓날도 앉아서 알 수 있을 것이다."

8-27:1 공행자가 아들의 상을 당하자, 우사의 관직에 있는 왕환이 조문하러 갔다. 문을 들어서니, 앞으로 나와 우사와 말하는 자도 있고, 우사의 자리에 가서 우사와 말하는 자도 있었다.

8-27:2 맹자는 우사와 더불어 말을 하지 않았다. 우사가 기뻐하지 않으면서, "여러 군자들은 모두 나(왕환)와 말을 하는데, 맹자만 홀로 나와 이야기하지 않으니, 이것은 나를 가볍게 보는 것이다."라고 말했다.

8-27:3 맹자는 이 말을 듣고 말했다. "예법에 '조정에서는 자리를 넘어가서 서로 말하지 않으며, 층계를 넘어서 서로 읍하지 않는다.'고 하였다. 나는 예법을 행하고자 하는데, 자오(왕환)는 내가 자기를 무시했다고 하니 또한 이상하지 않은가?"

8-28:1　¹맹자가 말했다. "군자가 남들과 다른 까닭은 그가 마음을 간직하기 때문이다. 군자는 어진 덕으로 마음을 간직하고 예법으로 마음을 간직한다. 어진 사람은 남을 사랑하고, 예법을 가진 사람은 남을 공경한다. 남을 사랑하는 사람은 남들이 항상 그를 사랑하고, 남을 공경하는 사람은 남들이 항상 그를 공경한다. ²여기에 어떤 사람이 나를 횡포하게 대한다면, 군자는 반드시 스스로 반성하여, '내가 반드시 어질지 못하였거나 반드시 무례했던가보다. 그렇지 않다면 어찌 이런 일이 닥쳐오겠는가.'라 할 것이다. ³그가 스스로 반성하여 어질게 하며, 스스로 반성하여 예법있게 하였는데도 그가 횡포함이 여전하다면, 군자는 반드시 스스로 반성하여 '내가 반드시 진실하지 못했던가보다.'라 할 것이다. ⁴스스로 반성하여 진실한데도 그가 횡포함이 여전하다면, 군자는 말하기를, '이 자는 역시 망령된 사람일 뿐이다. 이렇게 한다면 새나 짐승과 무엇이 다르겠는가? 새나 짐승에게야 나무라서 무엇하겠는가?'라 할 것이다. ⁵그렇기 때문에 군자에게는 평생의 근심은 있어도 하루아침의 걱정은 없다. 근심하는 것이라면 이런 것이 있다. '순도 사람이고 나도 사람인데, 순은 천하에 본보기가 되어 후세에 전해지는데, 나는 아직도 시골 사람을 면하지 못하였구나.' 이것은 근심할 만한 일이다. ⁶근심한다면 어떻게 할 것인가? 순처럼 할 뿐이다. 군자로 말하면 걱정할 것은 없다. 어진 일이 아니면 행하지 않으며, 예법이 아니면 행하지 않는다. 만약 하루아침에 겪는 걱정거리가 있다면 군자는 걱정하지 않는다."

8-29:1　우와 직은 태평한 세상을 만났지만 세 번이나 자기 집 문 앞을 지나면서도 들어가지 않았으니, 공자께서 칭찬하셨다.

8-29:2   안자(안연)는 혼란한 세상을 만나 누추한 골목에서 거처했고, 한 그릇의 밥과 한 바가지의 물로 살았다. 다른 사람이라면 그 근심을 견디지 못했겠지만, 안자는 그 즐거움을 바꾸지 않았으니, 공자께서 칭찬하셨다.

8-29:3   맹자가 말했다. "우와 직과 안회(안연)는 그 도리가 같다. 우는 천하에 물에 빠진 자가 있으면 마치 자기가 그를 빠뜨린 것처럼 생각하고, 직은 천하에 굶주린 자가 있으면 마치 자기가 그를 굶주리게 한 것처럼 생각하였다. 그래서 이처럼 백성 구제하기를 급하게 하였던 것이다.

8-29:4   우와 직과 안자는 입장을 바꾸어놓으면 다 그렇게 하였을 것이다. 이제 한 집안의 사람으로 싸우는 자가 있다면, 이를 말리는데, 비록 머리를 풀어헤친 채 갓끈을 매고 가서 말리더라도 괜찮다. 그러나 마을이나 이웃에서 싸우는 자가 있다면 머리를 풀어헤친 채 갓끈을 매고 가서 말리는 것은 잘못 생각한 것이다. 문을 닫고 있더라도 괜찮다."

8-30:1   공도자가 여쭈었다. "광장을 온 나라 안에서 모두 불효하다고 일컫는데, 선생님께서는 그와 교유하시고 또 상종하시면서 예모를 갖추시니, 왜 그러시는지 감히 여쭙겠습니다."

8-30:2   [1]맹자가 대답했다. "세속에 이른바 불효는 다섯 가지가 있네. 그 팔다리를 게을리 하여 부모봉양을 돌아보지 않는 것이 첫 번째 불효요, 장기와 바둑을 두고 음주를 좋아하여 부모봉양을 돌아보지 않는 것이 두 번째 불효요, 재물을 좋아하고 아내와 자식만 편애하여 부모봉양을 돌아보지 않는 것이 세 번째 불효일세. [2]귀와 눈의 욕망을 거리낌 없이 좇다가 부모를 욕되게 하는 것이 네 번째 불효요, 용맹을 좋아하여 다투고 싸우다가 부모를 위태롭게 하는 것이 다섯 번째 불

효이네.

장자(광장)가 이 가운데 하나라도 저질렀는가? ³장자는 자식과 아버지 사이에 선을 권고하다가 서로 뜻이 맞지 않았었네. 선을 권고하는 것은 붕우의 도리이니, 부모와 자식 사이에 선을 권고하는 것은 은혜를 해침이 크네. ⁴장자가 어찌 남편과 아내의 관계나, 자식과 어머니의 관계를 잘 간직하고자 바라지 않았겠는가마는, 아버지에게 죄를 얻어서 아버지와 가깝게 지낼 수 없었기 때문에, 아내를 내보냈고, 자식을 물리쳐서 죽을 때까지 자식들의 봉양을 받지 못했다네. 그는 마음 쓰기를 이렇게 하지 않는다면, 그것은 죄가 큰 것이라 여겼던 것이니, 이런 사람이 장자일 뿐이네."

8-31:1 증자가 무성에 거처할 때 월나라가 침입해 오자, 어떤 사람이 "적군이 쳐들어 왔는데 어째서 떠나지 않습니까?"라 물었다.

8-31:2 증자가 떠나면서 말했다. "내 집에 남들이 들어와 살지 않도록 하고, 나무를 손상시키지 않도록 하여라." 적군이 물러가자 증자가 말했다. "내 집을 수선하라. 내가 장차 돌아갈 것이다." 적군이 물러가고 증자가 돌아왔다.

8-31:3 좌우에서 말했다. "(무성의 관원들이) 선생(증자)을 이처럼 충심으로 공경하여 대했는데, 적군이 이르자 먼저 떠나니 백성들이 지켜보고 따라하게 했었다. 그러고서 적군이 물러가자 돌아오니, 옳지 않은 듯하다."

8-31:4 심유행이 말했다. "이것은 너희들이 알 수 있는 것이 아니다. 전날에 선생께서 우리 심유씨 집에 머무실 때 부추가 난리를 일으켰는데, 선생을 따르는 70명은 모두 피하고 그 난리를 겪은 사람은 없었다."

8-31:5 자사가 위나라에 머무실 때, 제나라가 침입하였다. 어떤 사람이 "적군이 쳐들어 왔는데 어째서 떠나지 않습니까?"라고 물었다. 자사가 "만약 내가 떠나간다면 군주는 누구와 더불어 나라를 지키겠는가?"라 대답했다.

8-31:6 맹자가 이에 대해 말했다. "증자와 자사의 도리는 같다. 증자는 스승이었고 부형의 위치였지만, 자사는 신하였고 지위가 낮았다. 증자와 자사가 처지를 바꾸어 생각했다면 모두 그렇게 행동했을 것이다."

8-32:1 저자가 물었다. "임금께서 사람을 시켜 선생(맹자)을 엿보게 하셨는데, 선생은 과연 남들과 다른 점이 있습니까?"

8-32:2 맹자가 대답했다. "어찌 남들과 다르겠습니까? 요와 순도 보통 사람과 같았을 뿐입니다."

8-33:1 (맹자가 말했다.) "제나라 사람으로 본처 한 사람과 첩 한 사람을 두고 사는 사람이 있었다. 그 남편이 밖에 나가면 반드시 술과 고기를 실컷 먹고 나서 돌아오곤 하였다. 그 본처가 누구와 함께 먹고 마셨는지를 물어보면 모두 부유하고 고귀한 사람들이었다.

8-33:2 그의 본처가 첩에게 말하기를, '남편이 밖에 나가면 반드시 술과 고기를 실컷 먹고 나서 돌아오는데, 누구와 함께 먹고 마셨는지를 물어보면 모두 부유하고 고귀한 사람들이라 하네. 그러나 아직까지 유명한 사람이 찾아온 적이 없었네. 내가 남편이 가는 곳을 엿보려고 하네.'라 하였다.

8-33:3 다음날 아침 일찍 일어나 남편이 가는 곳을 몰래 따라갔는데, 온 성 안을 두루 돌아다니는데도 함께 서서 말하는 사람이 없었다. 마침내 동쪽 성밖의 무덤에서 제사지내는 사람에게 가서 그들이 먹고 남은 것을 구걸하고, 부족하면 또 돌아

보고서 다른 곳으로 갔다. 이것이 그가 실컷 먹는 방도였다.

8-33:4 그 본처가 돌아와서 첩에게 말하기를, '남편이란 우러러 바라보며 평생을 살아가야 하는 사람인데, 지금 이 꼴일세.'라 하였다.

8-33:5 그 본처는 첩과 함께 남편을 원망하면서 뜰 가운데서 서로 마주보고 울고 있는데, 남편은 이를 알지 못했다. 의기양양하게 밖에서 돌아와 그 본처와 첩에게 뽐냈던 것이다.

8-33:6 군자의 눈으로 보면, 사람들이 부귀와 영달을 찾는 방법으로서, 그 본처와 첩이 알면 부끄러워하여 서로 마주보고 울지 않을 경우가 매우 드물 것이다."

『맹자』
9편 (만장상萬章上)

9-1:1 만장이 여쭈었다. "순은 밭에 나가서 하늘을 우러러 부르짖으며 우셨는데, 어찌하여 그는 부르짖으며 우셨습니까?"
　　　　맹자가 대답했다. "부모를 원망하면서 동시에 사모하셨기 때문일세."

9-1:2 만장이 물었다. "증자가 말하기를 '부모가 사랑하면 기뻐하여 잊지 말고, 부모가 미워하면 더욱 노력하며 원망하지 말아야 한다.'고 하였는데, 그렇다면 순은 원망했던 것입니까?"

9-1:3 [1]맹자가 대답했다. "장식이 공명고에게 묻기를, '순이 밭에 갔던 이유는 제가 이미 가르침을 받았습니다마는, 하늘을 우러러 부르짖으며 울고, 부모를 부르며 울었던 것은 제가 알지 못하겠습니다.'라 하자, 공명고가 말하기를, '이것은 네가 알 수 있는 것이 아니다.'라 하였다네. [2]공명고는 효자의 마음이란 이처럼 근심이 없을 수 없다고 생각했던 것일세. 곧 '나는

온 힘을 기울여 밭을 갈아 자식의 직분을 다했을 뿐이다. 부모가 나를 사랑하지 않으시니 나에게 무슨 죄가 있어서인가.'라 여겼던 것이네. ³요임금은 그 자식인 아홉 아들과 두 딸을 시켜 모든 관료를 거느리고 소와 양과 창고의 곡식 등을 갖추어 밭고랑 가운데로 찾아가서 순을 받들게 하였네. 천하의 선비들로 순에게 나아가는 자가 많았지. 요임금은 장차 천하를 물려주려 하자, 순은 부모에게서 사랑을 받지 못했기 때문에, 곤궁한 사람이 돌아갈 곳이 없는 것 같이 하였다네. ⁴천하의 선비가 기뻐해 주는 것은 누구나 바라는 것이지만, 그의 근심을 풀기에 부족하였고, 어여쁜 여인은 누구나 바라는 것이지만, 요임금의 두 딸을 아내로 맞이하고서도 그의 근심을 풀기에 부족하였으며, 부유함은 누구나 바라는 것이지만, 천하를 차지하는 부유함도 그의 근심을 풀기에 부족하였네. ⁵고귀함은 누구나 바라는 것이지만 천자가 된 고귀함도 그의 근심을 풀기에 부족하였지. 사람들이 기뻐해줌이나 어여쁜 여인이나 부유함과 고귀함도 그의 근심을 풀 수 없었고, 오직 부모에게서 사랑을 받는 것만이 그의 근심을 풀 수 있었네. ⁶사람이 어려서는 부모를 그리워하다가, 어여쁜 여인을 알게 되면 어여쁜 소녀를 그리워하고, 아내와 자식이 생기면 아내와 자식을 그리워하며, 벼슬을 하게 되면 임금을 그리워하고, 임금의 마음을 얻지 못하면 속을 태우게 되네. 큰 효도는 죽을 때까지 부모를 그리워하는 것일세. 50세가 되어서도 부모를 그리워하는 사람을 나는 위대한 순에게서 보았다네."

9-2:1 만장이 여쭈었다. "『시경』(「제풍: 남산」)에서는, '아내를 맞이함을 어떻게 하는가? 반드시 부모에게 먼저 말씀드려야 하네.'라 하였습니다. 진실로 이 말대로 한다면, 순과 같이 해서

는 안될 것입니다. 순이 부모에게 먼저 말씀드리지 않고 아내를 맞이한 것은 어째서입니까?"

9-2:2 맹자가 대답했다. "먼저 말씀드린다면 반드시 아내를 맞이하지 못했을 것이네. 남자와 여자가 혼인하는 것은 인륜의 중대한 일인데, 만약 먼저 말씀드렸다면 인륜의 큰일을 폐지하게 되어 부모를 원망하였을 것일세. 이 때문에 먼저 말씀드리지 않았던 것이네."

9-2:3 만장이 여쭈었다. "순이 먼저 말씀드리지 않고 아내를 맞이한 것에 관해서는 제가 이미 가르침을 받았습니다. 요임금이 순을 사위로 삼으면서 그 부모에게 알리지 않은 것은 어째서입니까?"

맹자가 대답했다. "요임금도 알리면 사위로 삼을 수 없다는 것을 알았기 때문일세."

9-2:4 [1]만장이 여쭈었다. "부모가 순에게 창고 지붕을 수리하게 하고는 사다리를 치워버리고, 아버지인 고수가 창고에 불을 질렀습니다. 순에게 우물을 파게 하고는 우물에서 나오려 할 때 흙으로 덮어버렸습니다. 아우인 상이 말하기를, '도군(순)을 해치는 꾀는 모두 나의 공이다. 소와 양은 부모님께 드리고, 양곡창고도 부모님께 드리나, 방패와 창은 내가 갖고, 거문고도 내가 갖고, 아로새긴 활도 내가 갖고, 두 형수는 나의 잠자리를 보살피게 하겠다.'고 하였습니다. 상이 순의 집으로 들어갔는데, 순이 평상에서 거문고를 타고 있었습니다. [2]상이 말하기를 '답답하여 형님을 생각하고 있었습니다.'라 하고서 부끄러워하자, 순이 말하기를 '이곳의 신하들을 생각하여, 네가 내 집을 돌봐주러 왔구나.'라 하였습니다. 순은 상이 자기를 죽이려 하였음을 알지 못했던 것입니까?"

9-2:5 맹자가 대답했다. "어째서 몰랐겠느냐. 상이 근심하면 자기도 근심하고, 상이 기뻐하면 자기도 기뻐한 것일세."

9-2:6 만장이 여쭈었다. "그렇다면 순은 거짓으로 기뻐했던 것입니까?"

9-2:7 ¹맹자가 대답했다. "아닐세. 옛날에 살아 있는 물고기를 정나라 자산에게 올린 자가 있었는데, 자산이 연못지기에게 못에서 기르도록 시켰다네. 연못지기가 그 물고기를 삶아먹고서는 돌아와서, '처음에 풀어주자 비실비실하더니, 잠시 후 천천히 꼬리를 치면서 유유히 가버렸습니다.'라 보고했었지. ²자산이 '제 갈 곳으로 갔구나. 제 갈 곳으로 갔구나.'라고 말했다네. 연못지기는 밖으로 나오자, '누가 자산을 지혜롭다고 했는가? 내가 이미 삶아 먹었는데, 제 갈 곳으로 갔구나, 제 갈 곳으로 갔구나라고 말하더라.'고 했다네. ³그러므로 군자는 법도에 맞는 것으로 속일 수는 있지만, 도리가 아닌 것으로 속이기는 어렵다네. 그가 형을 사랑하는 도리를 내세우고 왔으므로, 진실로 믿고서 기뻐했던 것이지 어찌 거짓으로 그랬겠는가?"

9-3:1 만장이 여쭈었다. "상은 날마다 순을 죽이려고 일삼았는데, 천자로 즉위하여 그를 추방한 것은 무슨 까닭입니까?"

맹자가 대답했다. "그에게 영지를 봉해주었는데, 어떤 사람은 추방하였다고 말했다네."

9-3:2 만장이 말했다. "순이 공공을 유주에 유배하고, 환도를 숭산으로 추방하며, 삼묘를 삼위로 몰아내고, 곤을 우산으로 쫓아내었습니다. 이 네 사람을 처벌하자, 천하 사람들이 모두 복종한 것은 어질지 못한 자를 처벌했기 때문입니다. 상은 어질지 못함이 극심했는데도 유비땅에 봉하였습니다.

9-3:3 유비땅의 백성들은 무슨 죄입니까? 어진 사람이 어찌 이렇

게 합니까? 다른 사람에 대해서는 죄가 있으면 처벌하면서, 아우에 대해서는 죄가 있어도 영지를 봉해주는군요."

9-3:4 　맹자가 말했다. "어진 사람은 아우에게 노여움을 감춰두지도 않고, 원망을 묵혀두지도 않으며, 그를 친하게 대하여 사랑할 따름이네. 친하게 대하니, 그가 고귀하게 되기를 바라고, 사랑하니, 그가 부유하게 되기를 바랐네. 상을 유비에 봉해준 것은 부유하고 고귀하게 해준 것일세. 자신은 천자이면서 아우가 보통 사람이라면, 그를 친하게 대하고 사랑한 것이라 말할 수 있겠는가?"

9-3:5 　만장이 여쭈었다. "감히 여쭙겠습니다. 어떤 사람이 '그를 추방했다.'고 말하는 것은 무슨 뜻입니까?"

9-3:6 　맹자가 대답했다. "상이 그 나라를 제대로 다스리지 못하니, 천자가 관리를 보내어 그 나라를 다스리게 하고, 그 세금을 거두어주게 하였네. 그래서 '추방했다'고 이르는 것일세. 상이 어찌 저 백성들에게 포악하게 할 수 있었겠는가. 비록 그렇지만 항상 만나보고자 하셨네. 그래서 끊임없이 찾아오게 하였다네. '조공할 때가 되지 않았지만 정치의 일로 유비의 군주를 접견하였다.'고 하는 것은 이를 두고 말한 것일세."

9-4:1 　¹함구몽이 여쭈었다. "옛 말에 이르기를 '덕이 성대한 선비는 군주가 신하로 대할 수 없고, 부모가 자식으로 다룰 수 없다.'고 하였는데, 순이 남쪽을 바라보고 서자, 요가 제후들을 거느리고 북쪽으로 향하여 뵈었고, 고수도 북쪽으로 향하여 뵈었다 합니다. ²순이 고수를 보자, 그 얼굴에 불안한 기색이 돌았다 하고, 공자께서는 '이 때에는 천하가 몹시 위태로웠도다.'라 말씀하셨다는데, 모르겠습니다마는 이 말이 진실로 그렇습니까?"

9-4:2　¹맹자가 대답했다. "아닐세. 이것은 군자의 말씀이 아니네. 제나라 동녘 시골사람의 말일세. 요가 늙게 되자 순이 대신하여 정치를 맡아보았다네. ²『서경』「요전」편에서는, '28년 만에 방훈(요)이 세상을 떠났다. 백성들은 부모를 잃은 듯이 상례를 행하니, 삼년 동안 천하에서는 여덟가지 악기 소리가 끊어져 고요했다.'고 하였네. ³공자께서는, '하늘에 두 태양이 없고, 백성에게 두 임금이 없다.'고 말씀하셨지. 만약 순이 요가 죽기 전에 이미 천자가 되었는데, 그 뒤에 천하의 제후를 거느리고 요를 위해 삼년상을 행했다면, 그것은 천자가 둘이 있게 되는 것일세."

9-4:3　¹함구몽이 여쭈었다. "순이 요를 신하로 삼지 않은 것은 제가 이미 가르침을 받았습니다. 『시경』(「소아:북산」)에서는, '하늘 아래 어디나 임금의 땅 아닌 곳이 없고, 땅 끝까지 누구나 임금의 신하 아닌 이가 없노라.'고 하였습니다. ²순은 이미 천자가 되었습니다. 감히 여쭙겠는데, 고수를 신하로 삼지 않는다는 것은 어째서입니까?"

9-4:4　¹맹자가 대답했다. "이 시는 그런 것을 말한 것이 아닐세. 임금의 일에 수고를 다하는데도 부모를 봉양하지 못함을 말한 것으로, '이것은 임금의 일이 아님이 없는데도 나 혼자 노고를 다 하는구나.'라 말한 것일세. 그래서 시를 해설하는 사람은 글자로 말을 해쳐서는 안되고, 말로 뜻을 해쳐서도 안되네. 자기의 뜻을 미루어나가 작자의 뜻을 헤아린다면 시의 뜻을 이해할 수 있을 것일세. ²만약 말에만 사로잡힌다면, 「운한」(『시경』, 「대아」)편에서는, '주나라의 남은 백성들로 남을 사람이 없도다.'라 하였는데, 이 말을 그대로 믿는다면, 주나라에는 남은 백성이라고는 없는 것이 되네. ³효자의 지극함은 어버이를 높이

는 것보다 더 큰 것이 없고, 어버이를 높임의 지극함은 천하를 가지고 봉양하는 것보다 더 큰 것이 없네. 고수는 천자의 아버지가 되었으니 높임이 지극하고, 천하를 가지고 봉양하니 봉양함이 지극하였지. ⁴『시경』(「대아: 하무」)에서는, '길이 효도하기를 생각하니, 효도하기를 생각함은 법칙이 된다.'고 한 것은 이를 두고 한 말일세. ⁵『서경』(「대우모」)에서는, '순이 공경하게 일하고서 고수를 뵈었는데, 공경하고 삼가며 두려워하는 듯하셨다. 고수 또한 믿고 따랐다.'고 하였으니, 이것은 부모가 되어 그를 자식으로 다룰 수 없었던 것이네."

9-5:1 만장이 여쭈었다. "요는 천하를 순에게 주었다고 하는데, 그런 일이 있었습니까?"

맹자가 말했다. "아닐세. 천자는 천하를 남에게 줄 수 없네."

9-5:2 만장이 여쭈었다. "그렇다면 순이 천하를 차지하였던 것은 누가 준 것입니까?"

맹자가 대답했다. "하늘이 주셨네."

9-5:3 만장이 여쭈었다. "하늘이 주셨다는 것은 말로 당부하면서 주셨다는 것입니까?"

맹자가 대답했다. "아닐세. 하늘은 말을 하지 않는다네. 행동과 일로 그 뜻을 보여줄 뿐이네."

9-5:4 만장이 여쭈었다. "행동과 일로 그 뜻을 보여준다는 것은 어떻게 하는 것입니까?"

9-5:5 ¹맹자가 대답했다. "천자는 하늘에 사람을 천거할 수 있지만, 하늘로 하여금 그 사람에게 천하를 주도록 시킬 수는 없네. 제후는 천자에게 사람을 천거할 수 있지만, 천자로 하여금 그 사람을 제후로 봉하도록 시킬 수는 없네. 대부는 제후에게 사람을 천거할 수 있지만, 제후로 하여금 그 사람을 대부에 임

명하도록 시킬 수는 없다네. ²옛날 요가 순을 하늘에 천거하였는데, 하늘이 이를 받아들였고, 백성들 앞에 드러내놓으니, 백성들이 받아들였네. 그래서 '하늘은 말하지 않는다. 행동과 일로 그 뜻을 보여줄 뿐이다.'라고 말했던 것일세."

9-5:6 　만장이 여쭈었다. "감히 여쭙겠습니다. 하늘에 천거하니 하늘이 받아들이고, 백성들 앞에 드러내놓으니, 백성들이 받아들였다는 것은 어떤 것입니까?"

9-5:7 　¹맹자가 대답했다. "순을 시켜 제사를 주관하게 하였는데, 모든 신들이 흠향하니, 이것은 하늘이 받아들인 것일세. 순을 시켜 일을 주관하게 하였는데, 일은 다스려지고 백성들은 편안하게 여기니, 이것은 백성들이 받아들인 것일세. ²하늘이 그에게 천하를 주었고 사람들이 그에게 천하를 주었으니, 그래서 '천자는 천하를 남에게 주지 못한다.'고 말하는 것이라네. 순이 요를 28년이나 도왔으니, 그것은 사람이 할 수 있는 것이 아니라 하늘의 뜻일세. ³요가 세상을 떠나고 3년상을 마치자, 순은 요의 아들을 피해 남하땅 남쪽으로 갔었는데, 천하의 제후로 임금을 뵈러 오는 자들은 요의 아들에게 가지 않고 순에게로 갔으며, 소송을 하는 자들이 요의 아들에게 가지 않고 순에게로 갔으며, 찬송하여 노래하는 자들이 요의 아들을 찬송하지 않고 순을 찬송하였네. 그래서 '하늘의 뜻이다.'라고 말하는 것일세. ⁴그러한 다음에 중원에 가서 천자의 자리에 오르고, 요의 궁궐에 거처하였네. 요의 아들을 핍박했다면 이것은 찬탈이며 하늘이 주신 것이 아닐세. ⁵『서경』「태서」편에서는, '하늘은 우리 백성들이 보는 것을 통해 보시고, 하늘은 우리 백성들이 듣는 것을 통해 들으신다.'고 한 것은 이를 두고 한 말일세."

9-6:1 　만장이 여쭈었다. "사람들이 말하기를, '우에 이르러 덕이 쇠퇴해져서 천자의 자리가 현명한 이에게 전해지지 않고, 아들에게 전해지게 되었다.'고 하는데, 사실입니까?"

9-6:2 　¹맹자가 대답했다. "아닐세. 그렇지 않네. 하늘이 천자의 자리를 현명한 이에게 줄 만하면 현명한 이에게 주고, 하늘이 천자의 자리를 그 아들에게 줄 만하면 그 아들에게 주는 것일세. 옛날에 순이 우를 하늘에 천거하고 나서 17년 만에 순이 세상을 떠나셨네. 3년상을 마치고 우가 순의 아들을 피해 양성으로 갔었는데, 천하 백성들이 우를 따르기를 마치 요가 세상을 떠난 뒤에 백성들이 요의 아들을 따르지 않고 순을 따랐던 것 같았네. ²우가 익을 하늘에 천거하고 나서 7년 만에 우가 세상을 떠나셨네. 3년상을 마치고 익이 우의 아들을 피해 기산 북녘으로 갔는데, 임금을 뵈러 오거나 소송을 하는 자들이 익에게 가지 않고 계에게 가서 말하기를, '우리 임금의 아들이시다.'라 하였으며, 찬송하여 노래하는 자들이 익을 찬송하지 않고 계를 찬송하면서 말하기를, '우리 임금의 아들이시다.'라 하였다네. ³요의 아들 단주가 못났고, 순의 아들 역시 못났지만, 순이 요를 도운 것이나 우가 순을 도운 것은 지내온 햇수가 많았으니 백성들에게 은택을 베푼지 오래되었네. 계는 현명하여 우의 법도를 공경하고 이을 수 있었다네. ⁴그러나 익이 우를 도운 것은 지내온 햇수가 적었으니 백성들에게 은택을 베푼지 오래되지 않았던 것일세.

　순과 우와 익은 임금을 섬겼던 기간의 오래됨이 서로 달랐고, 그 자식이 현명한지 못났는지가 서로 달랐던 것은 모두 하늘의 뜻이었지, 사람이 할 수 있는 것이 아니었네. 하려던 것이 아닌데 그렇게 되는 것은 하늘의 뜻이고, 불러들인 것이 아닌데 그렇게 닥쳐오는 것은 운명이라네. [5]평범한 사내로서 천하를 차지하는 자는 그 덕이 반드시 순이나 우와 같아야 하면서, 또한 천자가 그를 천거해 주어야 한다네. 그래서 중니(공자)는 덕이 높으셨지만 천하를 차지하지 못했던 것일세. [6]대를 이어서 천하를 차지해 왔지만 하늘이 폐지해버리는 것은 반드시 걸이나 주 같은 자라네. 그래서 익과 이윤과 주공은 천하를 차지하지 못했던 것일세. [7]이윤이 탕을 도와서 천하에 임금노릇을 하게 하였네. 탕이 세상을 떠났을 때, 태정은 즉위하지 못하고 죽었으며, 외병은 두 살이고, 중임은 네 살이었지. 태갑이 탕의 법전을 뒤엎자 이윤은 그를 동땅으로 3년간 추방하였네. 태갑이 잘못을 뉘우치고 스스로 원망하며 스스로 바른 길을 닦아서, 동땅에서 어질게 살아가고 의로움을 실천하며, 3년동안 이윤이 자신에게 훈계한 것을 따랐으니, 그런 다음에 도읍인 박으로 돌아왔다네. [8]주공이 천하를 차지하지 못한 것은 하나라에서 익의 경우나 은나라에서 이윤의 경우와 같네. [9]공자께서는, '당(요)과 우(순)는 선양하였고, 하와 은과 주에서는 자손으로 계승되었는데, 그 의리는 같다.'고 말씀하셨네."

9-7:1 만장이 여쭈었다. "사람들이 말하기를, '이윤이 요리하는 일로 탕에게 써주기를 요구하였다.'고 하는데, 사실입니까?"

9-7:2 [1]맹자가 대답했다. "아닐세. 그렇지 않네. 이윤이 신나라의 들에서 밭을 갈았지만, 요와 순의 도리를 즐거워하여, 그 의리가 아니고 그 법도가 아니면 천하를 녹봉으로 주더라도 돌아보지 않고, 4천 필의 말을 매어 놓고 기다리더라도 쳐다보지 않았을 것이네. 그 의리가 아니고 그 법도가 아니면 지푸라기 하나도 남에게 주지 않으며, 지푸라기 하나도 남에게서 받지 않았네. [2]탕이 사람을 시켜 예물을 보내 그를 부르니, 이윤은

무심하게 '내가 탕이 부르려고 보내온 예물을 받아 무엇 하겠는가? 나로서는 어찌 밭고랑 가운데 살더라도 이 때문에 요와 순의 도리를 즐거워하는 것만 하겠는가?'라고 하였네. ³탕이 세 번이나 사람을 보내 부르자, 그제서야 이윤은 문득 마음을 바꾸어서, '내가 밭고랑 가운데 살면서 이 때문에 요·순의 도리를 즐거워했지만, 나로서는 어찌 이 임금으로 하여금 요·순 같은 임금이 되게 하는 것만이야 하겠는가? 나로서는 어찌 이 백성으로 하여금 요·순의 백성이 되게 하는 것만이야 하겠는가? 나로서는 어찌 나 자신이 요·순의 시대를 직접 보는 것만이야 하겠는가? ⁴하늘이 이 백성을 내심에, 먼저 아는 이로 하여금 뒤에 아는 이를 깨우쳐주게 하고, 먼저 깨달은 이로 하여금 뒤에 깨달은 이를 깨우쳐주게 하셨도다. 나는 하늘이 낸 백성 가운데 먼저 깨달은 자이다. 내가 장차 이 도리로 이 백성을 깨우쳐주고자 한다. 내가 깨우쳐주지 않으면 누가 하겠는가?'라 말했다네. ⁵이윤은 천하의 백성으로 보통의 남자나 여자 가운데 요·순의 은택을 입지 못한 자가 있으면, 마치 자기가 도랑 속에 밀어서 넣은 것같이 생각하였네. 그가 천하를 다스리는 중대한 일을 스스로 담당함이 이와 같았지. 그래서 탕에게 나아가 하나라를 쳐서 백성을 구원하도록 설득하였던 것일세.

⁶나는 여지껏 자신을 굽혀놓고서 남을 바로잡아주었다는 자에 대해 들어보지 못하였네. 하물며 자신을 욕되게 함으로써 천하를 바로잡았다는 자에 대해 들어볼 리가 있겠는가. 성인의 행동은 같지 않네. 혹은 멀리 초야에 물러나 있기도 하고, 혹은 가까이 조정에 나오기도 하며, 혹은 벼슬을 버리고 떠나버리기도 하고, 혹은 떠나지 않고 머물러있기도 하지만, 모두

자기 자신을 깨끗이 하는데 귀결될 뿐이네. ⁷나는 이윤이 요·순의 도리로 탕에게 요구했다는 말은 들었지만, 요리하는 일로 써주기를 요구했다는 말은 듣지 못했네. ⁸『서경』「이훈」편에 말하기를, '하늘의 토벌은 걸의 궁전인 목궁에서 스스로 초래한 것이고, 나(탕)는 박땅에서 천명에 따라 토벌을 시작하였다.'고 하였다네."

9-8:1　만장이 여쭈었다. "어떤 사람이 말하기를, '공자께서 위나라에서는 옹저의 집에 주인을 정해 머무셨고, 제나라에서는 시종 직책의 척환의 집에 주인을 정하고 머무셨다.'고 하는데, 사실입니까?"

9-8:2　¹맹자가 대답했다. "아닐세. 그렇지 않네. 일 꾸미기 좋아하는 자가 만든 말일세. 위나라에서는 안수유의 집에 주인을 정하고 머물었네. 미자의 아내는 자로의 아내와 자매였지. ²미자가 자로에게 말하기를 '공자께서 나의 집에 주인을 정하고 머무시면 위나라의 대신 벼슬도 얻을 수 있다오.'라 하였네. 자로가 이 말을 알려드리자, 공자께서는 '천명에 달려 있는 것이다.'라 말씀하셨다네. 공자께서는 예법에 맞게 나아가셨고, 의리에 맞게 물러나셨으니, 벼슬을 얻고 못 얻는 것에 대해서는 '천명에 달려 있는 것이다.'라 말씀하셨네. 옹저나 시종인 척환의 집에 주인을 정하여 머무셨다면, 이것은 의리도 없고, 천명도 없는 것일세. ³공자께서는 노나라와 위나라에서 뜻을 얻지 못하셨고, 송나라의 사마 벼슬을 하는 환퇴가 기다렸다가 죽이려 함을 당해서 변복을 하고 송나라를 지나가셨네. 이 때 공자께서는 재난을 당하였지만, 사성정자의 집에 주인을 정하고 머물었는데, 그는 진陳나라 제후 주周의 신하가 되었네. ⁴내가 듣기로는, '가까이 있는 신하를 살필 때는 누가 그 집에 주인을

정하고 머무는지를 보고, 멀리서 온 신하를 살필 때는 누구의 집을 주인으로 정하고 머무는지를 본다.'고 하였네. 만약 공자께서 옹저나 시종 척환의 집에 주인을 정하고 머무셨다면 어떻게 공자라 할 수 있겠는가?"

9-9:1 만장이 여쭈었다. "어떤 사람이 말하기를, '백리해가 진秦나라의 희생을 기르는 자에게 다섯 마리 양의 가죽을 받기로 하고 자신을 팔아서 그 희생 소를 먹이는 기회를 이용해 진秦나라 목공에게 써주기를 요구하였다.'고 하는데, 믿을 수 있는 말입니까?"

9-9:2 ¹맹자가 대답했다. "아닐세. 그렇지 않네. 일 꾸미기 좋아하는 자가 만든 말일세. 백리해는 우나라 사람이었네. ²진晉나라 사람이 수극에서 나오는 벽옥과 굴땅에서 나오는 말을 선물하고서 우나라에서 길을 빌려 괵나라를 치려고 하였는데, 궁지기는 간언하였으나, 백리해는 간언하지 않았네. ³우나라 제후에게는 간언해도 소용없을 줄을 알고 우나라를 떠나서 진秦나라에 갔는데, 나이가 이미 70세였네. 소를 먹임으로써 진나라 목공에게 벼슬을 구하는 것이 더러운 줄을 일찍이 알지 못했다면 지혜롭다고 할 수 있겠는가? 간언해도 소용없음을 알고 간언하지 않았으니 지혜롭지 않다고 할 수 있겠는가? 우나라 제후가 장차 멸망하리라는 것을 알고 먼저 떠나갔으니 지혜롭지 않다고 할 수 없을 것일세. ⁴그 때에 진나라에 천거되었는데, 목공이 함께 일할 만함을 알고서 그를 도왔으니, 지혜롭지 않다고 할 수 있겠는가? 진나라를 도와서 그 군주를 천하에 드러내고 후세에 전해질 수 있게 하였으니 현명하지 않고서야 그렇게 할 수 있었겠는가? 자신을 팔아서 그 군주의 사업을 이루는 일은 시골에 살면서 자신을 소중히 여기는 자도 하지 않

는데, 현명한 자가 그런 짓을 하였다고 하겠는가?"

『맹자』
10편 (만장하萬章下)

10-1: 1 　¹맹자가 말했다. "백이는 눈으로 나쁜 것을 보지 않았고, 귀로 나쁜 소리를 듣지 않았으며, 섬기고 싶은 군주가 아니면 섬기지 않았고, 부리고 싶은 백성이 아니면 부리지 않았다. 다스려지면 나아가고 어지러워지면 물러났다. ²포악한 정치가 시행되는 나라나 포악한 백성이 사는 지방에는 차마 머물러 살지 못했다. 예법을 모르는 시골 사람과 더불어 지내는 것을 마치 조회 때의 예복과 예관을 차려입고 진흙탕이나 숯더미에 앉아 있는 것처럼 생각했다. ³주紂가 다스리는 시대를 만나 북해의 바닷가에 살면서 천하가 맑아지기를 기다렸다. 그래서 백이의 풍모에 대해 들은 자는 탐욕스런 사내도 청렴해지고, 나약한 사내도 뜻을 세우게 된다.
　⁴이윤은 '누구를 섬긴들 군주가 아니겠는가? 누구를 부린들 백성이 아니겠는가?'라 말하고서, 다스려져도 나갔고

어지러워도 나갔다. 그리고 '하늘이 이 백성을 내심에, 먼저 아는 이로 하여금 뒤에 아는 이를 깨우쳐주게 하고, 먼저 깨달은 이로 하여금 뒤에 깨달은 이를 깨우쳐주게 하셨다. 나는 하늘이 낸 백성 가운데 먼저 깨달은 자이다. 나는 장차 이 도리로 이 백성을 깨우쳐주고자 한다.'고 말하였다. ⁵그는 생각하기를 천하의 백성으로 보통 남자나 여자 가운데 요·순의 은택을 입지 못한 자가 있으면, 마치 자기가 도랑 속에 밀어서 넣은 것같이 생각하였다. 그는 천하를 다스리는 중대한 일을 스스로 담당하였던 것이다. ⁶유하혜는 무도한 군주를 부끄러워하지 않았고, 작은 벼슬이라고 사퇴하지 않았다. 조정에 나가서는 자신의 현명함을 감추지 않고 반드시 그 도리에 맞게 처리하였으며, 버림을 받아도 원망하지 않았고, 곤궁에 빠져도 번민하지 않았다. 시골사람들과 함께 지내면서도 기뻐하여 차마 떠나지 못했다. '너는 너고, 나는 나다. 비록 내 곁에서 벌거벗고 있다 한들 네가 어찌 나를 더럽힐 수 있겠는가?'라 하였다. 그래서 유하혜의 풍모에 대해 들은 자는 비루한 사내도 너그러워지고, 야박한 사내도 넉넉해지게 된다. ⁷공자께서는 제나라를 떠나실 때 물에 담갔던 쌀을 건져서 황급히 가셨고, 노나라를 떠날 때는 '내 걸음이 더디고 더뎠던 것은 부모의 나라를 떠나는 도리이다.'라 말씀하셨다. 빨리 떠날만하면 빨리 떠나고, 오래 머물 만하면 오래 머물며, 은거할 만하면 은거하고, 벼슬할 만하면 벼슬하신 분이 공자이시다."

10-1: 2 ¹맹자가 말했다. "백이는 성인 가운데 기개가 맑은 분이고, 이윤은 성인 가운데 책임을 맡는 분이며, 유하혜는 성인 가운데 화합시키는 분이고, 공자는 성인 가운데 때에 맞게

하는 분이다.

²공자를 '집대성하셨다.'고 말하는데, 집대성한다는 것은 음악을 연주할 때 종을 쳐서 쇠소리를 내고 경쇠를 쳐서 옥소리로 떨치는 것이다. 쇠소리는 한 악장의 조리를 시작하는 것이고, 옥소리로 떨치는 것은 한 악장의 조리를 마치는 것이다. 조리를 시작하는 것은 지혜로운 사람의 일이고, 조리를 마치는 것은 성인의 일이다. ³지혜는 비유하면 기교요, 성스러움은 비유하면 힘이다. 백보 밖에서 활 쏘는 것과 같으니, 화살이 과녁에 이르는 것은 너의 힘이지만, 화살이 과녁을 맞추는 것은 너의 힘이 아니다."

10-2: 1 북궁기가 여쭈었다. "주나라 왕실의 벼슬과 녹봉 등급제도는 어떠하였습니까?"

10-2: 2 ¹맹자가 대답했다. "그 자세한 것은 알 수가 없네. 제후들이 그 자신에게 손해가 되는 것을 꺼려서 그 문헌을 모두 없애버렸던 것일세. 그렇지만 내가 일찍이 그 대략을 들었던 일이 있네. ²'천자'가 한 등급이고, '공'이 한 등급이고, '후'가 한 등급이고, '백'이 한 등급이며, '자'와 '남'이 같은 한 등급이니, 모두 다섯 등급일세. ³'군'이 한 등급이고, '경'이 한 등급이고, '대부'가 한 등급이고, '상사'가 한 등급이고, '중사'가 한 등급이고, '하사'가 한 등급이니, 모두 여섯 등급일세. ⁴'천자'의 제도는 땅이 사방 1,000리이고, '공'과 '후'는 모두 땅이 사방 100리이며, '백'은 70리이고, '자'와 '남'은 50리이니, 모두 네 등급일세. 땅이 50리에 미치지 못하는 나라는 천자에게 직접 연결되지 못하고 제후에게 부속되니, 이것을 '부용'이라 하네. ⁵천자의 '경'이 받는 땅은 '후'와 같고, '대부'가 받는 땅은 '백'과 같고, '원사'가 받는 땅은 '자'나 '남'

과 같네. ⁶큰 나라는 땅이 사방 100리일세. 군주의 녹봉은 '경'의 10배이고, '경'의 녹봉은 '대부'의 4배이고, '대부'는 '상사'의 2배이고, '상사'는 '중사'의 2배이며, '중사'는 '하사'의 2배이고, '하사'와 관직에 있는 '서인'의 녹봉은 같았네. 녹봉은 그가 밭가는 일을 대신하기에 충분하였네. ⁷그 다음 나라는 땅이 사방 70리일세. 군주의 녹봉은 '경'의 10배이고, '경'의 녹봉은 '대부'의 3배이며, '대부'는 '상사'의 2배이고, '상사'는 '중사'의 2배이며, '중사'는 '하사'의 2배이고, '하사'와 관직에 있는 '서인'의 녹봉은 같았네. 녹봉은 그가 밭가는 일을 대신하기에 충분하였네. ⁸작은 나라는 땅이 사방 50리일세. 군주의 녹봉은 '경'의 10배이고, '경'의 녹봉은 '대부'의 2배이며, '대부'는 '상사'의 2배이고, '상사'는 '중사'의 2배이며, '중사'는 '하사'의 2배이고, '하사'와 관직에 있는 '서인'의 녹봉은 같았네. 녹봉은 그가 밭가는 일을 대신하기에 충분하였네. ⁹밭가는 사람의 소득은 한 지아비에게 100이랑씩 분배하니, 100이랑을 거름주고 씨뿌리면 '상농부'는 아홉 사람을 먹이고, '상농부'에 다음가는 자는 여덟 사람을 먹이고, '중농부'는 일곱 사람을 먹이고, '중농부'에 다음가는 자는 여섯 사람을 먹이며, '하농부'는 다섯 사람을 먹이네. 관직에 있는 서인은 농부의 소득을 기준으로 삼아 그 녹봉에 차등을 두었네."

10-3: 1   만장이 여쭈었다. "감히 벗을 사귀는 도리에 대해 여쭙겠습니다."

10-3: 2   ¹맹자가 대답했다. "나이가 많음을 내세우지 않고, 지위가 높음을 내세우지 않으며, 형제의 부귀함을 내세우지 않고 벗을 사귀어야 하네. 벗이란 그 덕을 벗하는 것이니, 내

세움이 있어서는 안 되네. ²맹헌자는 수레 백대를 가진 집안인데, 벗이 다섯 사람 있었네. 악정구와 목중이요, 나머지 세 사람은 내가 잊어버렸네. 맹헌자가 이 다섯 사람과 벗함에 자기 집안을 의식함이 없었으며, 다섯 사람 또한 맹헌자의 집안을 마음에 두었다면 더불어 벗하지 않았을 것일세. ³단지 수레 백대를 가진 집안만이 그러했던 것이 아니라, 비록 작은 나라의 군주라도 역시 그러한 경우가 있네. 비의 혜공이 말하기를 '내가 자사에 대해서는 스승으로 섬기고, 내가 안반에 대해서는 벗으로 대하고, 왕순과 장식은 나를 섬기는 자들이다.'라 하였네. ⁴단지 작은 나라의 군주만 그러했던 것이 아니라, 비록 큰 나라의 군주라도 역시 그러한 경우가 있네. 진晉나라 평공은 해당을 대하면서, 들어오라고 하면 들어가고, 앉으라고 하면 앉고, 먹으라고 하면 먹었지. 비록 거친 밥과 나물국이라도 배불리 먹지 않았던 일이 없었으니, 감히 배불리 먹지 않을 수 없었기 때문이었네. 그러나 여기에서 그쳤을 뿐일세. ⁵하늘이 내려준 지위를 함께 누리지도 않았고, 하늘이 내려준 직분을 함께 수행하지도 않았으며, 하늘이 내려준 녹봉을 함께 먹지도 않았네. 이것은 선비가 현명한 이를 높이는 태도이지, 왕·공이 현명한 이를 높이는 태도는 아닐세.

⁶순이 요임금을 알현하니, 요임금은 사위(순)를 별궁에 머물게 하고 순에게 잔치를 열어주었으며, 번갈아 손님이 되기도 하고 주인이 되기도 하였네. 이것은 천자로서 보통 사람과 벗하는 것일세. ⁷아랫사람으로서 윗사람을 공경하는 것은 '귀한 이를 귀하게 여긴다.' 하고, 윗사람으로서 아랫사람을 공경하는 것을 '현명한 이를 높인다.'고 하네. 귀

한 이를 귀하게 여기는 것과 현명한 이를 높이는 것은 그 의리가 같네."

10-4: 1 　만장이 여쭈었다. "감히 여쭙겠습니다. 예물을 주고 받으며 서로 사귐은 어떠한 마음으로 합니까?"
　　　　맹자가 대답했다. "공경하는 것일세."

10-4: 2 　만장이 여쭈었다. "'예물을 거듭 물리치는 것은 공경스럽지 못하다.'고 하는 것은 어째서입니까?"

10-4: 3 　맹자가 대답했다. "높은 사람이 줄 때는, '받는 것이 의로운가 의롭지 않은가'를 스스로 물어보고서 그런 다음에 받는다면, 이것은 공경스럽지 못한 것일세. 그래서 물리치지 않는 것이네."

10-4: 4 　만장이 여쭈었다. "청컨대 남의 예물을 분명한 말로 물리치지 말고, 마음으로 물리치면서, '그가 백성에게서 거둔 것이 의롭지 않다.'고 생각하면서, 다른 말로 구실을 삼아 받지 않으면 안됩니까?"

10-4: 5 　맹자가 대답했다. "그 사귐을 도리로 하고, 그 접대를 예법으로 하면, 이런 경우에는 공자께서도 받으셨네."

10-4: 6 　만장이 여쭈었다. "이제 성문 바깥에서 사람을 막고 재물을 강탈한 자가 도리에 따라 사귀려 하고, 예법에 따라 예물을 보내준다면 강탈한 것을 받을 수 있습니까?"

10-4: 7 　맹자가 대답했다. "안 되네. 『서경』「강고」편에서는, '재물 때문에 사람을 죽이거나 넘어뜨리고서도 완강하여 죽음도 두려워하지 않는 자는 백성들이 미워하지 않는 이가 없다.'고 하였네. 이런 자는 왕명을 기다릴 것도 없이 죽여 버려야 할 자일세. 이 법도를 은나라는 하나라에서 전해 받고, 주나라는 은나라에서 전해 받았으며, 지금에도 뚜렷하게

살아있네. 어찌 그러한 것을 받겠는가?"

10-4: 8   만장이 여쭈었다. "오늘날 제후들이 백성에게서 거두는 것은 강탈하는 것과 같습니다. '진실로 교제하는 예법을 잘 한다면, 군자도 그 예물을 받아들인다.'고 하시는데, 감히 여쭙겠습니다. 무슨 말입니까?"

10-4: 9   맹자가 대답했다. "자네가 생각하기에, 임금노릇하는 자가 출현하면 장차 지금의 제후들을 모두 죽이겠는가? 이 제후들을 가르쳤는데도 고치지 않으면 그 다음에 죽이겠는가? 자기가 가지고 있는 것이 아닌데 거두어들이는 것을 도적이라 하는 것은 의리를 극단에 이르도록 지나치게 유추하여 말하는 것일세.

10-4:10   공자께서 노나라에서 벼슬할 때, 노나라 사람들이 사냥한 짐승 빼앗기 시합을 하였으니, 공자께서도 사냥한 짐승 빼앗기 시합을 하셨다네. 사냥한 짐승 빼앗기 시합도 할 수 있는데, 하물며 제후가 예물로 내려주는 것을 받는 것이야 무슨 문제가 있겠는가?"

10-4:11   만장이 여쭈었다. "그렇다면 공자께서 벼슬한 것은 도리를 행하려고 하신 것이 아닙니까?"

맹자가 대답했다. "도리를 행하려고 하신 것일세."

10-4:12   만장이 여쭈었다. "도리를 행하려고 하셨다면 어찌하여 사냥한 짐승 빼앗기 시합을 하셨습니까?"

맹자가 대답했다. "공자께서는 먼저 제사에 쓰는 제기와 제물을 문서로 바로잡아 놓아서, 사방에서 가져온 음식물은 문서에 바로잡아 놓은 제물로 올릴 수 없게 하셨다네."

10-4:13   만장이 여쭈었다. "어찌하여 벼슬을 그만두고 떠나지 않으셨습니까?"

10-4:14 ¹맹자가 대답했다. "일의 단초를 마련하신 것일세. 일의 단초가 시행될 만한 것인데도 시행되지 않으면 그런 다음에 떠나셨네. 이 때문에 3년을 마치도록 머무신 곳이 없었던 것일세. ²공자께서는 도리를 행할 만함을 보시고 벼슬하셨던 일이 있고, 예법으로 접대함이 받아들일 만하여 벼슬하셨던 일이 있으며, 군주가 현명한 인재를 배양하기에 벼슬하셨던 일이 있으셨네. 계환자에게는 도리를 행할 만함을 보고 벼슬하셨던 것이고, 위나라 영공에게는 예법으로 접대함이 받아들일 만하여 벼슬하셨던 것이며, 위나라 효공에게는 현명한 인재를 배양하기에 벼슬하셨던 것이라네."

10-5: 1 ¹맹자가 말했다. "벼슬하는 것은 가난 때문이 아니지만, 때로는 가난 때문인 경우가 있다. 아내를 맞이하는 것은 부모를 봉양하기 위한 것은 아니지만, 때로는 부모를 봉양하기 위한 경우가 있다. ²가난 때문에 벼슬하는 자는 높은 자리를 사양하고 낮은 자리에 있어야 하며, 많은 녹봉을 사양하고 적은 녹봉을 받아야 한다. 높은 자리를 사양하고 낮은 자리에 있으며, 많은 녹봉을 사양하고 적은 녹봉을 받고자 하면 어떤 자리가 마땅할 것인가? 관문을 지키고 야경을 도는 일이다. ³공자께서 일찍이 창고지기의 낮은 벼슬을 하셨는데, '들어오고 나감의 계산을 맞게 할 뿐이다.'라 말씀하셨고, 일찍이 짐승기르는 낮은 벼슬을 하셨는데, '소와 양을 무럭무럭 자라게 할 뿐이다.'라 말씀하셨다. ⁴벼슬은 낮은데 그의 말이 큰 정치를 들먹이는 것은 죄를 짓는 것이고, 어느 군주의 조정에서 벼슬을 하거나 도리가 행해지지 않는다면 부끄러운 일이다."

10-6: 1 　만장이 여쭈었다. "선비가 제후에게 의탁하지 않는 것은 무슨 까닭입니까?"

10-6: 2 　맹자가 대답했다. "감히 그렇게 못하는 것일세. 제후가 나라를 잃은 뒤에 다른 제후에게 의탁하는 것은 예법이지만, 선비가 제후에게 의탁하는 것은 예법이 아니네."

10-6: 3 　만장이 여쭈었다. "군주가 곡식을 보내주면 그것을 받습니까?"

　　　　맹자가 대답했다. "받아야 하네."

10-6: 4 　만장이 여쭈었다. "받는 것은 무슨 의리입니까?"

　　　　맹자가 대답했다. "군주는 백성에 대해 본래 구제해주기 마련이네."

10-6: 5 　만장이 여쭈었다. "구제해주면 받고, 하사하면 받지 않는 것은 무슨 까닭입니까?"

　　　　맹자가 대답했다. "감히 받지 못하는 것일세."

10-6: 6 　만장이 여쭈었다. "감히 여쭈겠습니다. 그 '감히 받지 못한다.'는 것은 무슨 까닭입니까?"

10-6: 7 　맹자가 대답했다. "관문을 지키거나 야경을 도는 자들도 모두 일정한 직책이 있어서 군주에게서 녹봉을 받아 먹고 살지만, 일정한 직책이 없는데 군주에게서 하사받는 것은 공경스럽지 않기 때문일세."

10-6: 8 　만장이 여쭈었다. "'군주가 구제해주면 받는다.'고 하셨는데, 모르겠습니다마는, 늘 계속할 수 있는 것입니까?"

10-6: 9 　[1]맹자가 대답했다. "목공이 자사에게 자주 문안하고, 자주 요리에 쓸 고기를 보냈는데, 자사는 기뻐하지 않았네. 마침내 심부름 온 사람에게 손짓을 하여 대문 밖으로 내보내고, 북쪽을 향하여 머리를 조아려 두 번 절하고 받지 않

으면서, '지금 이후는 군주께서 저를 개와 말처럼 기르려 하시는 줄로 알겠습니다.'라 하였네. 이 일이 있은 뒤부터 먹을 것을 보내오지 않았다네. ²현명한 이를 좋아하면서 등용하지 못하고, 또 양성하지 못한다면, 현명한 이를 좋아한다고 할 수 있겠는가?"

10-6:10 만장이 여쭈었다. "감히 여쭙겠습니다. 나라의 군주가 군자를 양성하고자 한다면 어떻게 해야 '양성한다.'고 할 수 있습니까?"

10-6:11 ¹맹자가 대답했다. "군주의 명령으로 보내오면 두 번 절하고 머리를 조아리며 받는 것이네. 그 뒤로는 창고지기가 곡식을 계속해서 대주고 푸줏간 사람이 고기를 계속해서 대주지만, 군주의 명령으로 가져오는 것이 아닐세. 자사는 요리에 쓸 고기가 자신을 번거롭게 자주 절하도록 하는 것이요, 군자를 양성하는 도리가 아니라 여겼던 것이네. ²요는 순에게 자신의 아홉 아들을 시켜 섬기게 하였고, 두 딸을 시집보냈으며, 모든 관료를 시켜 소나 양과 창고의 양식을 갖추어 가지고 밭고랑 가운데로 가서 순을 봉양하게 하였으며, 뒤에는 그를 들어 올려 윗자리에 앉혔네. 그래서 '천자나 제후가 현명한 이를 높이는 것'이라 한다네."

10-7: 1 만장이 여쭈었다. "감히 여쭙겠습니다. 선비가 제후를 뵙지 않는 것은 무슨 의리입니까?"

10-7: 2 맹자가 대답했다. "벼슬을 못한 사람으로 도읍에 사는 이를 '저자거리의 신하'라 말하고, 초야에 사는 이를 '풀숲의 신하'라 말하는데, 모두 '서인'이라 하네. '서인'은 예물을 올려 신하가 되지 않고서는 감히 제후를 뵙지 못하는 것이 예법일세.

10-7: 3   만장이 여쭈었다. "서인은 불러서 부역을 시키면 가서 부역을 하면서도, 군주가 보고자 하여 부르는데 가서 뵙지 않는 것은 무슨 까닭입니까?"

10-7: 4   맹자가 대답했다. "가서 부역하는 것은 의리이지만, 가서 뵙는 것은 의리가 아닐세. 그런데 군주가 만나보고자 하는 것은 무엇 때문이겠는가?"

10-7: 5   만장이 말했다. "그가 들은 것이 많고 현명하기 때문일 것입니다."

10-7: 6   ¹맹자가 말했다. "그가 들은 것이 많기 때문이라면 천자라도 스승을 부르지 못하는데 하물며 제후가 부를 수 있겠는가? 현명하기 때문이라면 나는 아직 현명한 자를 보고자 하여 불렀다는 말을 들어보지 못했네. ²목공이 자주 자사를 뵙고 말하기를, '옛날에 수레 1,000대를 가진 나라의 군주가 선비를 벗으로 사귀었다는데, 어떻습니까?'라고 하였네. ³자사가 기뻐하지 않으면서, '옛 사람의 말에 섬긴다고 말한 것이 있지 않습니까? 어찌 벗으로 사귀었다고 말씀하십니까?'라 말하였네. 자사가 기뻐하지 않았던 것은 어찌 '지위로는 그대가 군주요 나는 신하이니, 어찌 감히 군주와 더불어 벗할 수 있겠으며, 덕으로는 그대가 나를 섬겨야 할 자이니 어찌 벗으로 사귄다고 할 수 있겠는가?'라 말하였던 것이 아니겠는가? 수레 1,000대를 가진 나라의 군주가 더불어 벗으로 사귀기를 구해도 될 수 없는데 하물며 부를 수 있겠는가? ⁴제나라 경공이 사냥할 때, 대부를 부르는 깃털 장식한 깃발로 동산지기를 부르자 오지 않으니, 그를 죽이려고 하였다네. '뜻있는 선비는 도랑과 구렁에서 죽을 것을 잊지 않고, 용감한 병사는 그 머리를 잃을 것을 잊지 않는

다.'고 하였는데, 공자께서 무엇을 취하셨던 것인가? 정당한 신호로 부르는 것이 아니면 가지 않았던 점을 취하셨던 것일세."

10-7: 7 만장이 여쭈었다. "감히 여쭙겠습니다. 동산지기를 부를 때 무엇으로 부릅니까?"

10-7: 8 맹자가 대답했다. "가죽 모자로 부르네. 서인은 붉은 비단 깃발로 부르고, 선비는 교룡을 그린 깃발로 부르며, 대부는 깃털로 장식한 깃발로 부른다네.

10-7: 9 ¹대부를 부르는 깃발로 동산지기를 부르자, 동산지기가 죽어도 감히 가지 않았네. 선비를 부르는 깃발로 서인을 부르면 서인이 어찌 감히 가겠는가? 하물며 현명하지 않은 사람을 부르는 방법으로 현명한 사람을 부른다면 가야할 이치가 있겠는가? ²현명한 사람을 만나보고자 하면서 그 도리로 하지 않는 것은 마치 들어오길 바라면서 문을 닫는 것과 같네. 의로움은 길이요, 예법은 문일세. 오직 군자만이 이 길을 따라 가고 이 문으로 드나들 수 있네. 『시경』(「소아: 대동」)에서는, '주나라의 길은 숫돌처럼 평탄하고, 화살처럼 곧도다. 군자는 이 길을 밟고 가며, 소인은 이 길을 보고 본받는다.'라 하였다네."

10-7:10 만장이 여쭈었다. "공자께서는 군주가 명령하여 부르면 수레를 말에 매기를 기다리지 않고 달려가셨다 합니다. 그렇다면 공자께서 잘못하신 것입니까?"

10-7:11 맹자가 대답했다. "공자께서는 벼슬에 나가서 관직에 있으셨으니, 그 관직으로 불렀던 것일세."

10-8: 1 ¹맹자가 만장에게 말했다. "한 고을의 착한 선비라야 한 고을의 착한 선비를 벗하고, 한 나라의 착한 선비라야 한 나

라의 착한 선비를 벗하며, 천하의 착한 선비라야 천하의 착한 선비를 벗하네. ²천하의 착한 선비와 벗하는 것으로 만족하지 못하면 또한 위로 옛 사람과 의론하는데, 그 시를 읊조리고 그 글을 읽으면서도 그 사람을 모른대서야 되겠는가? 이 때문에 그의 시대를 의론하는 것은 위로 옛 사람과 벗하는 것일세."

10-9: 1 제나라 선왕이 '경'(대신)에 대해 물었다.
맹자가 말했다. "임금께서는 어떤 '경'을 물으십니까?"
선왕이 물었다. "'경'이 같지 않습니까?"

10-9: 2 맹자가 대답했다. "같지 않습니다. 왕실친족의 '경'도 있고, 친족이 아닌 '경'도 있습니다."
선왕이 물었다. "청컨대 왕실친족의 '경'에 대해 묻고자 합니다."

10-9: 3 맹자가 대답했다. "군주가 큰 허물이 있으면 간언하고, 거듭 간언해도 듣지 않으면 군주의 자리를 바꾸는 것입니다."

10-9: 4 선왕이 발끈하고 낯빛이 바뀌었다.

10-9: 5 맹자가 말했다. "임금께서는 이상하게 여기지 마십시오. 임금께서 저에게 물으시기에, 제가 감히 바른 말로써 대답하지 않을 수 없었습니다."

10-9: 6 선왕이 낯빛을 가라앉히고서 그런 다음에 친족이 아닌 '경'에 대해 물었다.

10-9: 7 맹자가 대답했다. "군주가 허물이 있으면 간언하고, 거듭 간언해도 듣지 않으면 떠나는 것입니다."

『맹자』
11편 (고자상 告子上)

11- 1:1 고자告子가 말했다. "성품은 버드나무와 같고, 의로움은 버들그릇 같으니, 사람의 성품을 어질고 의로운 덕으로 보는 것은 버드나무를 버들그릇으로 보는 것과 같지요."

11- 1:2 맹자가 대답했다. "그대는 버드나무의 성품을 따라서 버들그릇을 만들 수 있겠는가? 버드나무를 손상시킨 다음에라야 버들그릇을 만들 것일세. 만약 버드나무를 손상시켜서 버들그릇을 만들면 역시 사람을 해쳐서 어질고 의로운 덕을 행하겠다는 것인가? 천하의 사람을 몰아다가 어질고 의로운 덕에 재앙을 끼치는 것은 반드시 그대의 말일 것일세."

11- 2:1 고자가 말했다. "성품은 소용돌이치는 물과 같소. 동쪽으로 터주면 동쪽으로 흘러가고, 서쪽으로 터주면 서쪽으로 흘러가니, 사람의 성품이 선한지 선하지 않은지 갈라져 있지 않다는 것은 물이 동쪽으로 흐를지 서쪽으로 흐를지 갈

라져 있지 않은 것과 같지요."

11-2:2 ¹맹자가 대답했다. "물은 정말 동쪽으로 흐를지 서쪽으로 흐를지 갈라져 있지 않지만, 위로 갈지 아래로 갈지 갈라져 있지 않은 것이겠는가? 사람의 성품이 선하다는 것은 물이 아래로 흘러나가는 것과 같네. 사람은 선하지 않은 사람이 없고, 물은 아래로 흘러가지 않는 물이 없네. ²이제 물을 쳐서 튀어오르게 하면 사람의 이마를 넘어 올라가게 할 수 있고, 물을 막아서 거슬러 올라가게 하면 물이 산으로 올라가게 할 수 있겠지만, 이것이 어찌 물의 본성이겠는가? 그 형세가 그렇게 하는 것이네. 사람이 선하지 않은 짓을 하게 할 수는 있지만, 그 성품은 역시 본래 선한 것인데, 형세에 따라 그렇게 된 것일세."

11-3:1 고자가 말했다. "타고난 것을 성품이라 합니다."

11-3:2 맹자가 물었다. "타고난 것을 성품이라고 하는 것은 흰 것을 희다고 하는 것과 같은 것인가?"

고자가 대답했다. "그렇습니다."

11-3:3 맹자가 물었다. "흰 깃의 흰 것이 흰 눈의 흰 것과 같으며, 흰 눈의 흰 것이 흰 옥의 흰 것과 같은가?"

고자가 대답했다. "그렇습니다."

11-3:4 맹자가 물었다. "그렇다면 개의 성품이 소의 성품과 같고, 소의 성품이 사람의 성품과 같다는 것인가?"

11-4:1 고자가 대답했다. "식욕과 정욕은 성품입니다. 어진 덕은 속에 있고 밖에 있지 않으며, 의로움은 밖에 있고 속에 있지 않습니다."

11-4:2 맹자가 물었다. "어째서 어진 덕이 안에 있고, 의로움이 밖에 있다 하는가?"

11- 4:3 고자가 대답했다. "저 사람이 나이 많아서 내가 그를 나이 많은 이로 대접하는 것이니, 나이 많음이 나에게 있는 것이 아니지요. 마치 저것이 희면 내가 희다고 하여, 그 흰 것이 밖에 있음을 따르는 것과 같습니다. 그래서 밖에 있다고 하는 것이지요."

11- 4:4 맹자가 물었다. "희다는 것과는 다르네. 말이 희다는 것은 흰 사람이 희다는 것이야 다름이 없겠지. 모르기는 하지만, 나이 많이 먹은 말이 나이 많은 것이, 나이 많은 사람이 나이 많은 것과 다름이 없겠는가? 또 나이 많은 것이 의로움인가, 나이 많은 이로 대접하는 것이 의로움인가?"

11- 4:5 고자가 대답했다. "나의 아우라면 사랑하겠지만, 진秦나라 사람의 아우라면 사랑하지 않을 것이니, 이것은 나와의 관계 때문에 기뻐하는 것입니다. 그래서 어진 덕을 속에 있다고 하는 것이지요. 초나라 사람의 나이 많은 이를 어른대접 하고, 역시 자기 집의 나이 많은 이를 어른대접하니, 이것은 나이가 많다는 것 때문에 기뻐하는 것입니다. 그래서 의로움은 밖에 있다고 하는 것이지요."

11- 4:6 맹자가 물었다. "진秦나라 사람이 구워놓은 고기를 즐기는 것이 내가 구워놓은 고기를 즐기는 것과 다름이 없네. 사물에는 역시 그러한 점이 있지. 그렇다면 구운 고기를 즐기는 것도 역시 밖에 있다는 것인가?"

11- 5:1 맹계자가 공도자에게 물었다. "어찌하여 의로움을 안에 있다고 합니까"

11- 5:2 공도자가 대답했다. "나의 공경하는 마음을 행하기 때문에 안에 있다고 합니다."

11- 5:3 맹계자가 물었다. "고을 사람이 큰 형보다 한 살 많다면,

『맹자』 295

누구를 공경합니까?"

　　　　공도자가 대답했다. "형을 공경합니다."

11- 5:4　맹계자가 물었다. "술을 따른다면 누구에게 먼저 따르겠습니까?"

　　　　공도자가 대답했다. "고을 사람에게 먼저 술을 따르겠습니다."

11- 5:5　맹계자가 말했다. "공경해야 할 사람은 이쪽에 있지만, 어른으로 대접해야 할 사람은 저쪽에 있으니, 과연 의로움은 밖에 있는 것이지, 안에서 말미암는 것이 아닙니다."

11- 5:6　공도자가 대답하지 못하여, 맹자에게 그 사실을 말씀드렸다.

11- 5:7　¹맹자가 말했다. "'숙부를 공경하겠는가? 아우를 공경하겠는가?'라 물으면, 그 사람은 '숙부를 공경한다.'고 대답할 것일세. '아우가 제사 때 신神의 자리에 앉는 시동尸童이 되면 누구를 공경하겠는가?'라 물으면, 그 사람은 '아우를 공경한다.'라 대답할 것일세. ²자네가 '숙부를 공경한다고 한 것은 어떻게 되었는가?'라 물으면, 그 사람은 '(아우가) 신의 자리에 있기 때문이다.'라 대답할 것일세, 자네도 역시 '고을 사람이 먼저 술을 따라야할 빈객의 자리에 있기 때문이다. 일상의 공경함은 형에게 있고 잠시의 공경함은 고을 사람에게 있는 것이다.'라고 대답하게."

11- 5:8　맹계자가 듣고 말했다. "숙부를 공경하는 것도 공경이요, 아우를 공경하는 것도 공경이니, 과연 밖에 있는 것이지 안으로부터 말미암는 것이 아닙니다."

11- 5:9　공도자가 말했다. "겨울이면 뜨거운 물을 마시고, 여름이면 차가운 물을 마시는데, 그렇다면 먹고 마시는 것도 밖에

있는 것입니까?"

11- 6:1 ¹<u>고자</u>가 여쭈었다. "<u>고자</u>는 '성품이 선함도 없고 선하지 않음도 없다.'고 말했습니다. ²어떤 사람은 '성품이 선을 할 수도 있고, 선하지 않을 수도 있다. 그래서 <u>문왕</u>과 <u>무왕</u>이 재위하면 백성이 선함을 좋아하고, <u>유왕</u>과 <u>여왕</u>이 재위하면 백성이 포악함을 좋아한다.'고 말합니다. ³어떤 사람은 '성품이 선한 이도 있으며, 성품이 선하지 않은 이도 있다. 그래서 <u>요</u>를 군주로 두고도 <u>상</u>이 있으며, <u>고수</u>를 아버지로 두고도 <u>순</u>이 있으며, <u>주</u>를 형의 아들로 두거나 또 임금으로 두고도 <u>미자 계</u>와 왕자 <u>비간</u>이 있다.'고 말합니다. ⁴이제 말씀하시기를, '성품이 선하다.'라고 하시니, 그렇다면 저 사람들이 다 틀렸습니까?"

11- 6:2 ¹<u>맹자</u>가 대답했다. "그 실정에서 보면 선을 할 수 있으니, 그래서 '선하다'고 하는 것일세. ²선하지 않은 짓을 하는 것은 자질에 죄가 있는 것은 아니네. ³측은히 여기는 마음은 사람이면 모두 가지고 있으며, 부끄러워하는 마음은 사람이면 모두 가지고 있으며, 공경하는 마음은 사람이면 모두 가지고 있으며, 옳고 그름을 가리는 마음은 사람이면 모두 가지고 있네. ⁴측은히 여기는 마음은 어진 덕이고, 부끄러워하는 마음은 의로움이고, 공경하는 마음은 예절이고, 옳고 그름을 가리는 마음은 지혜일세. ⁵어질고 의롭고 예절바르고 지혜로움은 밖에서 나에게 부여되는 것이 아니라, 내가 본래 가지고 있는 것인데, 생각하지 않은 것일 뿐이네. ⁶그러므로 '구하면 얻게 되고, 버려두면 잃게 된다.'고 말하는 것일세. 혹 사람 사이에 서로 두 배나 다섯 배의 차이가 나거나 헤아릴 수 없는 차이가 나게 되는 것은 그 자질을

다하지 못했기 때문일세. ⁷『시경』(「대아: 증민」)에서는, '하늘이 뭇 백성을 내심에, 사물이 있고 그 법칙이 있도다. 백성이 떳떳한 도리를 붙잡았으니, 이 아름다운 덕을 좋아한다.'고 하였는데, 공자께서는 '이 시를 지은 자는 도리를 아는구나! 그러므로 사물이 있으면 반드시 법칙이 있고, 백성은 떳떳한 도리를 붙잡고 있으므로 이 아름다운 덕을 좋아한다.'고 말씀하셨다네."

11- 7:1 ¹맹자가 말했다. "풍년에는 젊은이들이 대부분 선량하고 흉년에는 젊은이들이 대부분 포악한데, 하늘이 내려준 자질이 다른 것이 아니라, 그 마음을 빠뜨리게 하는 것이 그렇게 한 것이다. ²이제 보리의 씨를 뿌리고, 고무래로 흙을 덮는데, 그 땅이 같고, 심은 때도 같으면, 부쩍 돋아나서 하지 때에 이르러 모두 여문다. 비록 차이가 있다면 땅이 비옥한지 척박한지 차이가 있고, 비와 이슬이 많고 적은 차이거나 사람의 손길이 제대로 미쳤는지에 차이가 있는 것이다. ³그러므로 종류가 같은 것은 다 서로 비슷한데, 어찌 홀로 사람에서만 그 같음을 의심하겠는가? 성인도 나와 같은 부류의 사람이다. ⁴그러므로 용자가 '발을 알지 못하고 신을 삼아도, 나는 그 신이 삼태기가 되지 않는다는 것을 안다.'고 말하였다. 신이 서로 비슷한 것은 천하 사람의 발이 대체로 같기 때문이다.

⁵사람들의 입은 맛에 있어서 똑같이 즐기는 것이 있다. 역아는 내 입이 즐기는 것을 먼저 알아낸 사람이다. 마치 입이 맛을 느끼는 것과 같다. 그 성품이 남들과 다름이 개나 말이 나와 종류가 다른 것과 같다면, 천하 사람들이 어찌 맛을 즐기는 것에서 모두 역아의 입맛을 따라가겠는가? ⁶맛에 이르

러서는 천하가 역아와 같기를 바라니, 이것은 천하 사람들의 입맛이 서로 비슷하다는 것이다. [7]귀도 역시 그러하다. 소리에 이르러서는 천하가 사광과 같기를 바란다. 이것은 천하의 귀가 서로 비슷하다는 것이다. [8]눈도 역시 그러하다. 자도에게 이르러서는 천하가 그 아름다운 용모를 알지 못하는 이가 없다. 자도의 아름다움을 알지 못하는 자는 안목이 없는 자이다. [9]그러므로 '입은 맛에서 똑같이 즐기는 것이 있고, 귀는 소리에서 똑같이 듣는 것이 있으며, 눈은 색깔에서 똑같이 아름다워 하는 것이 있다. [10]마음에 이르러서 유독 똑같이 그러하다는 것이 없겠는가? 마음이 똑같이 그러하다는 것은 무엇인가? 이른바 이치요 의로움이다. 성인은 내 마음이 똑같이 그러하다는 것을 먼저 알아내셨을 뿐이다. 그러므로 이치와 의로움이 내 마음을 기쁘게 하는 것은 마치 고기가 내 입을 기쁘게 하는 것과 같다."

11- 8:1 [1]맹자가 말했다. "우산의 나무가 일찍이 무성하여 아름다웠는데, 큰 나라 도읍의 교외에 있었기 때문에 도끼로 찍어냈으니, 무성할 수가 있겠는가? [2]나무는 밤낮으로 자라나고 비와 이슬이 윤택하게 해주어 싹이 돋아나는 일이 없지는 않지만, 소와 양을 또 놓아 기르니, 이 때문에 저렇게 반질반질한 것이다. 사람이 그 반질반질한 것을 보고 일찍이 재목이 자라고 있었던 일이 없었다고 한다. 이것이 어찌 산의 본성이겠는가?

[3]사람에게 간직되어 있는 것에 어찌 어질고 의로운 마음이 없겠는가? 자기의 선량한 마음을 잃어버리는 것은 또한 도끼로 나무를 찍어내는 것과 같다. 아침마다 찍어내는데 무성할 수가 있겠는가? [4]선량한 마음이 밤낮으로 자라나고

맑은 아침의 기운에 그 좋아하고 미워하는 것이 남들과 서로 가까운 것은, 새나 짐승과 차이가 매우 적은 본마음이지만, 다음날 낮에 하는 행동이 속박하여 없애버린다. 속박하기를 반복하면 그 밤기운을 간직할 수 없고, 밤기운을 간직할 수 없으면 새나 짐승과 거리가 멀지 않을 것이다. [5]사람이 그가 새나 짐승과 같음을 보고서, 일찍이 선량한 재질이 있지 않았다고 하니, 이것이 어찌 사람의 실정이겠는가? [6]그러므로 진실로 그 길러줌을 얻으면 자라지 않는 사물이 없고, 진실로 그 길러줌을 잃으면 사라지지 않는 사물이 없다. [7]공자께서, '붙잡으면 남아있고, 버리면 없어진다. 나가고 들어옴에 일정한 때가 없고, 그 향하는 곳을 알지 못한다.'고 말씀하신 것은, 오직 사람의 마음을 가리켜 말한 것이다."

11- 9:1 [1]맹자가 말했다. "임금이 지혜롭지 못함을 이상하게 여길 것이 없다. [2]비록 천하에 가장 쉽게 자라나는 것이 있더라도, 하루만 햇볕을 쪼이고 열흘을 차게 한다면 자라날 수 있는 것이 없다. 내가 임금을 뵙는 기회는 드물고, 내가 물러나면 임금을 냉담하게 만드는 자들이 몰려드니, 임금에게 선한 마음의 싹이 있다한들 내가 어찌하겠는가? [3]바둑 두는 것으로 말하면 그 기술이란 대단찮은 기술이지만, 마음을 오로지 하고 뜻을 극진히 하지 않으면 얻을 수 없는 것이다. 혁추는 온 나라에서 바둑을 가장 잘 두는 자이다. 혁추를 시켜서 두 사람에게 바둑을 가르치게 하는데, 그 중 한 사람은 마음을 오로지 하고 뜻을 극진히 하여 오직 혁추의 말을 듣는다. [4]다른 한 사람은 비록 듣기는 하지만 마음속으로 기러기가 오면 활을 당겨 쏠 것을 생각한다면 비록

함께 배운다 하더라도 남만 못할 것이다. 이것은 그 지혜가 같지 못하기 때문이겠는가? '그렇지 않다.'고 말할 것이다."

11-10:1 ¹맹자가 말했다. "물고기는 내가 좋아하는 것이며, 곰발바닥도 내가 좋아하는 것이다. 두 가지를 함께 얻을 수 없다면 물고기를 버리고 곰발바닥을 가질 것이다. 살아 있는 것도 내가 바라는 것이요, 의로움도 내가 바라는 것이다. 두 가지를 함께 얻을 수 없다면 목숨을 버리고 의로움을 가질 것이다. ²살아 있는 것도 또한 내가 바라는 것이지만, 바라는 것이 목숨보다 심한 것이 있으니, 그러므로 구차하게 목숨을 얻으려고 하지 않는다. 죽는 것도 또한 내가 싫어하는 것이지만, 싫어함이 죽는 것보다 심한 것이 있으니, 그러므로 환난을 피하지 않는 경우가 있다. ³만약 사람이 바라는 것이 사는 것보다 심한 것이 없다면, 목숨을 얻을 수 있는 방법일 경우 무슨 방법인들 쓰지 않겠는가? 사람들이 미워하는 것이 죽음보다 심한 것이 없다면, 환난을 피할 수 있을 경우 무슨 짓인들 하지 않겠는가? ⁴이렇게 하면 살 수 있어도 그 방법을 쓰지 않는 경우가 있고, 이렇게 하면 환난을 피할 수 있어도 그 짓을 하지 않는 경우가 있다. 그러므로 바라는 것이 목숨보다 심한 것이 있으며, 싫어하는 것이 죽음보다 심한 것이 있다. ⁵현명한 자만 이 마음을 가지고 있는 것이 아니다. 사람은 모두 이 마음을 가지고 있지만, 현명한 자는 이 마음을 잃어버리지 않을 수 있을 뿐이다.

⁶한 그릇의 밥과 한 그릇의 국을 얻으면 살고, 얻지 못하면 죽을지라도, 꾸짖으면서 주면 길 가던 사람도 받지 않으며, 발로 차서 주면 거지도 달갑게 여기지 않는다. ⁷64,000

섬의 녹봉이라 하여 예법과 의리를 가리지 않고 받는다면, 64,000섬의 녹봉이 나에게 무슨 보탬이 되겠는가? 주택의 화려함이나 아내와 첩이 받들어줌이나 아는 사람으로 궁핍한 자가 자기에게서 얻어가게 함을 위해서인가? ⁸저번에는 자신이 죽더라도 받지 않다가 이제는 주택의 화려함을 위해서 받으며, 저번에는 자신이 죽더라도 받지 않다가 이제는 아내와 첩이 받들어 줌을 위해서 받으며, 저번에는 자신이 죽더라도 받지 않다가 이제는 아는 사람으로 궁핍한 자가 자기에게서 얻어가게 하기 위해서 받는다. 이런 일 역시 그만둘 수 없는가? 이것을 일러 그 본심을 잃었다고 한다."

11-11:1 맹자가 말했다. "어진 덕은 사람의 마음이요, 의로움은 사람의 길이다. 그 길을 버리고서 따라가지 않으며, 그 마음을 잃어버리고서도 찾을 줄을 모르니, 슬프다! 사람이 닭이나 개를 잃어버리면 찾을 줄을 알지만, 마음을 잃어버리고서도 찾을 줄을 모른다. 학문의 도리는 다른 것이 없다. '그 잃어버린 마음을 찾는 것'(求放心)일 뿐이다."

11-12:1 맹자가 말했다. "이제 무명지 손가락이 구부러져서 펴지지 않는 사람은, 아프거나 일하는데 방해되지 않더라도, 그 손가락을 펴줄 수 있는 사람이 있다면 진秦나라나 초나라로 가는 길이라도 멀다고 여기지 않는 것은 손가락이 남들만 못하기 때문이다. 손가락이 남들만 못하면 싫어할 줄 알지만, 마음이 남들만 못하면 싫어할 줄 모르니, 이것을 일러 '무엇이 중요한지를 알지 못한다'(不知類)고 한다."

11-13:1 맹자가 말했다. "한두 줌 굵기밖에 안되는 오동나무나 가래나무라도 사람이 키우려고만 하면 누구나 기르는 방법을 알지만, 자기 몸에 이르러서는 기르는 방법을 알지 못하니,

어찌 자기 몸을 사랑함이 오동나무나 가래나무보다 못한 것인가? 생각하지 않음이 심하구나."

11-14:1 ¹맹자가 말했다. "사람이 자기 몸에 대해서는 어느 부분이나 다 같이 사랑한다. 어느 부분이나 다 같이 사랑하면, 다 같이 길러준다. 한 자나 한 치의 살갗이라도 사랑하지 않음이 없으니 한 자나 한 치의 살갗도 길러주지 않음이 없다. 기르기를 잘할지 아닐지를 살피는 데는 어찌 다른 방법이 있겠는가? 자기에게서 소중한지 아닌지를 따를 뿐이다. ²몸에는 귀한 것과 천한 것이 있고, 큰 것과 작은 것이 있으니, 작은 것 때문에 큰 것을 해치는 일이 없고, 천한 것 때문에 귀한 것을 해치는 일이 없어야 한다. 그 작은 것을 기르는 자는 소인이 되고, 그 큰 것을 기르는 자는 대인이 된다. ³이제 원예사가 오동나무나 가래나무를 버려두고 산대추나무나 가시나무를 기른다면 천한 원예사가 될 것이다. ⁴한 손가락의 병을 치료하다가 어깨와 등의 병을 놓쳐버리는데도 알지 못한다면 사리분별을 못하는 사람이 된다. ⁵먹고 마시는 것만 밝히는 사람은 남들이 천하게 여기니, 그 작은 것을 기르느라 큰 것을 잃었기 때문이다. ⁶먹고 마시는 것만 밝히는 사람이 잃어버림이 없다면, 입과 배가 어찌 단지 한 자나 한 치의 살갗 정도밖에 안되겠는가?"

11-15:1 공도자가 여쭈었다. "다 같은 사람인데 어떤 사람은 대인이 되고, 어떤 사람은 소인이 되는 것은 무슨 까닭입니까?"

11-15:2 맹자가 대답했다. "마음(大體)을 따르면 대인이 되고, 감각기관(小體)을 따르면 소인이 된다네."

11-15:3 공도자가 물었다. 다 같은 사람인데, 어떤 사람은 몸의 큰 부분인 마음을 따르고, 어떤 사람은 몸의 작은 부분인 감각

기관을 따르는 것은 무슨 까닭입니까?"

11-15:4 ¹맹자가 대답했다. "귀와 눈이라는 감각기관은 생각하지 못하여 사물에 가리워지네. 감각기관이 바깥의 사물과 만나면 그것을 끌어당길 뿐일세. 마음이라는 기관은 생각하는 것이네. 생각하면 알게 되고, 생각하지 않으면 알지 못하지. 이것은 하늘이 나에게 주신 것일세. ²먼저 그 큰 부분인 마음을 세우면 그 작은 부분인 감각기관이 빼앗을 수 없으니, 이에 대인이 될 뿐이네."

11-16:1 ¹맹자가 말했다. "하늘이 내린 벼슬이 있고, 사람이 주는 벼슬이 있다. 어질고, 의롭고, 충직하고, 믿음 있으며, 선을 즐거워하여 게을리 하지 않는 것은 하늘이 내린 벼슬이다. 대신과 대부는 사람이 주는 벼슬이다. ²옛 사람들은 하늘이 내린 벼슬을 닦으니, 사람이 주는 벼슬이 따라왔다. 오늘날 사람들은 하늘이 내린 벼슬을 닦아 가지고 사람이 주는 벼슬을 구한다. 사람이 주는 벼슬을 얻고 나서는 하늘이 내린 벼슬을 버리니, 미혹됨이 심한 자이다. 끝내는 반드시 사람이 주는 벼슬마저 잃고 말 뿐이다."

11-17:1 ¹맹자가 말했다. "고귀하게 되기를 바라는 것은 사람들의 다 같은 마음이다. 사람마다 자기 안에 고귀한 것을 가지고 있지만, 생각하지 않을 뿐이다. ²남이 고귀하게 해주는 것은 진정한 고귀함이 아니다. 조맹이 고귀하게 해주는 것은 조맹이 비천하게 할 수 있다. ³『시경』(「대아: 기취」)에서는, '이미 술에 취하였고, 이미 덕에 배불렀소.'라 하였다. 어질고 의로움에 배부르기 때문에 남의 고량진미를 원하지 않는 것이요, 좋은 소문과 널리 퍼진 명예가 자신에 있는데 남의 화려한 옷을 원하지 않는 것을 말한다."

11-18:1 맹자가 말했다. "어진 덕이 어질지 않음을 이기는 것은 물이 불을 이기는 것과 같다. 오늘날의 어진 덕을 실현하려는 자는 한 잔의 물로써 한 수레의 땔나무에 붙은 불을 끄려는 것과 같다. 꺼지지 않으면, '물이 불을 이기지 못한다.'고 하니, 이것은 또 어질지 않음을 크게 도와주는 것이요, 끝내는 반드시 그 어진 행실까지 잃을 뿐이다."

11-19:1 맹자가 말했다. "오곡은 씨앗 가운데 좋은 것이지만, 진실로 여물지 못하면 돌피나 피만도 못하다. 어진 덕도 또한 여물게 하는데 달려 있을 뿐이다."

11-20:1 맹자가 말했다. "예가 사람들에게 활 쏘기를 가르침에는 반드시 당기는 정도에 뜻을 두게 하였다. 배우는 자들도 역시 반드시 당기는 정도에 뜻을 두었다. 대목이 사람들을 가르침에는 반드시 걸음쇠와 곱자를 가지고 가르쳤고, 배우는 자들도 역시 반드시 걸음쇠와 곱자를 가지고 배웠다."

『맹자』
12편 (고자하 告子下)

12- 1:1   임나라의 어떤 사람이 옥려자에게 물었다. "예법과 먹을 것은 어느 것이 더 소중합니까?"
옥려자가 대답했다. "예법이 소중합니다".
12- 1:2   임나라 사람이 물었다. "아내를 얻는 것과 예법은 어느 것이 더 소중합니까?"
옥려자가 대답했다. "예법이 소중합니다."
12- 1:3   임나라 사람이 물었다. "예법을 지키면서 먹으려 하면 굶어서 죽게 되고, 예법을 지키지 않고 먹으려 하면 먹을 수 있게 된다 하더라도 반드시 예법을 지키겠습니까? 직접 맞이하는 예법(親迎)을 하자면 아내를 얻지 못하고 직접 맞이하는 예법을 행하지 않으면 아내를 얻을 수 있게 된다 하더라도 반드시 직접 맞이하는 예법을 행하겠습니까?"
12- 1:4   옥려자가 대답하지 못했다. 이튿날 추나라에 가서 맹자에

게 이 일을 말씀드렸다.

12- 1:5 ¹맹자가 말했다. "이런 질문에 대답하는 데 무슨 어려움이 있겠는가? 그 바탕을 헤아리지 않고서 그 꼭대기의 끝을 가지런히 하려들면, 한 치 두께의 나무를 산처럼 우뚝 솟은 누각보다 높게 할 수 있을 것이네. 쇠가 깃털보다 무거운 것이지만, 어찌 혁대 고리 하나의 쇠와 수레 하나의 깃털을 두고 말한 것이겠는가? ²먹는 것에서 중요한 것과 예법에서 가벼운 것을 비교하면, 어찌 먹는 것이 소중할 뿐이겠는가? 아내를 맞이함에서 중요한 것과 예법에서 가벼운 것을 비교하면, 어찌 아내를 맞이함이 소중할 뿐이겠는가? ³그 사람에게 가서 응답하면서, '형의 팔을 비틀어서 먹을 것을 빼앗으면 먹을 것을 얻게 되고, 비틀지 아니하면 먹을 것을 얻지 못하게 된다면, 형의 팔을 비틀겠는가? 동쪽 집 담을 넘어서 그 집 처녀를 끌고 오면 아내를 얻게 되고, 끌고 오지 않으면 아내를 얻지 못하게 된다면, 끌고 오겠는가?'라 말하게."

12- 2:1 조교가 여쭈었다. "사람이 모두 요나 순이 될 수 있다고 하는데, 사실입니까?"

맹자가 대답했다. "그렇다네."

12- 2:2 조교가 물었다. "제가 듣기로 문왕의 키는 10척이고, 탕은 9척이었다고 하는데, 지금 저는 9척 4촌으로 키가 크지만, 곡식만 먹어치우고 있을 뿐이니 어떻게 하면 좋겠습니까?"

12- 2:3 ¹맹자가 대답했다. "키가 무슨 상관이 있겠는가? 역시 하기에 달려있을 뿐이네. 여기 어떤 사람이 있는데 힘이 병아리 한 마리도 들어 올리지 못한다면 힘이 없는 사람이라 할

것이지만, 이제 3천근을 들어 올린다고 하면 힘이 있는 사람이라 할 것일세. 그렇다면 오확이 감당한 것을 들어 올리면 그 역시 오확이 되는 것일 뿐이네. 사람이 어찌 이겨내지 못하는 것을 근심하겠는가? 하지 않는 것일 뿐이네. ²천천히 걸으며 어른의 뒤를 따르는 것을 '공손하다' 하고, 빨리 걸어서 어른의 앞에서 가는 것을 '공손하지 않다.'고 하네. 천천히 걷는 것이 어찌 사람이 할 수 없는 것이겠는가? 하지 않는 것일세. 요와 순의 도리는 효도와 공손함일 뿐이네. ³그대가 요의 옷을 입고, 요의 말씀을 외우며, 요의 행실을 행한다면, 이는 요일 뿐이네. 그대가 걸의 옷을 입고, 걸의 말을 외우며, 걸의 행실을 행한다면, 이는 걸일 뿐이네."

12- 2:4 조교가 말했다. "제가 추나라 임금을 만나보면 머물 곳을 빌릴 수 있을 것입니다. 그곳에 머물면서 선생님의 문하에서 배우기를 원합니다."

12- 2:5 맹자가 말했다. "도리는 큰 길 같은 것이니, 어찌 알기 어렵겠는가? 사람들이 찾지 않는 것이 병통일 뿐이네. 자네가 돌아가서 찾는다면 스승이야 많이 있을 것일세."

12- 3:1 공손추가 여쭈었다. "고자高子가 '「소반」(『시경』, 소아)은 소인의 시이다.'라 말했습니다. 그렇습니까?"

12- 3:2 맹자가 물었다. "무엇으로 그렇게 말하는가?"
공손추가 말했다. "원망하였기 때문입니다".

12- 3:3 ¹맹자가 말했다. "고지식하구나. 고노인(고자)이 시를 해석함이여! 여기 어떤 사람이 있다고 하세. 월나라 사람이 활을 당겨 사람을 쏘았다면, 그는 웃으면서 그 일을 이야기할 것일세. 그것은 다른 까닭이 아니라, 월나라 사람과는 관계가 멀기 때문이네. ²그의 형이 활을 당겨 사람을 쏘았다면,

그는 눈물을 뿌리면서 그 일을 이야기할 것일세. 그것은 다른 까닭이 아니라, 자기 형은 친근하기 때문이네.「소반」의 시가 원망함은 어버이를 사랑하는 데서 나온 것일세. 어버이를 사랑하는 것은 어진 덕이네. 고지식하구나. 고노인이 시를 해석함이여!"

3:4 공손추가 여쭈었다. "「개풍」(『시경』, 패풍)의 시는 어찌하여 원망하지 않았습니까?"

3:5 ¹맹자가 대답했다. "「개풍」의 시는 어버이의 허물이 적은 데 말미암은 것이고,「소반」의 시는 어버이의 허물이 큰 데 말미암은 것일세. 어버이의 허물이 큰데도 원망하지 않으면 더욱 멀어지게 되고, 어버이의 허물이 적은데도 원망하면 건드리지도 못하게 하는 것이네. ²더욱 멀어지는 것은 불효요, 건드리지도 못하게 하는 것 역시 불효라네. 공자께서 말씀하시기를, '순은 지극히 효성스러우셨도다. 50세가 되어서도 부모를 사모하셨다.'고 하였다네."

12- 4:1 송경이 초나라로 가는 길이었는데, 맹자가 석구땅에서 그를 만나, "선생은 어디로 가려고 하십니까?"하고 물었다.

12- 4:2 송경이 대답했다. "나는 진秦나라와 초나라가 전쟁을 하려고 한다는 말을 들었소. 그래서 나는 초나라 임금을 뵙고 설득하여 전쟁을 그만두게 하려고 하오. 초나라 임금이 기뻐하지 않으면, 나는 또 진나라 임금을 뵙고 설득하여 전쟁을 그만두게 하려고 하오. 두 임금 가운데 나와 뜻이 합치되는 분이 있을 것이오."

12- 4:3 맹자가 물었다. "저는 그 자세한 내용을 묻고자 하는 것이 아니라, 그 요지를 듣고 싶습니다. 어떻게 설득시키려 하십니까?"

12- 4:4 송경이 대답했다. "나는 전쟁이 이롭지 않음을 말하려 하오."

12- 4:5 ¹맹자가 말했다. "선생의 뜻은 크지만, 선생의 이로움을 내세우는 명목은 옳지 않습니다. 선생이 이로움으로 진나라와 초나라 임금을 설득하고, 진나라와 초나라 임금은 이로움을 기뻐하여 삼군의 군사를 중지시킨다면, 이것은 삼군의 군사들이 중지됨을 즐거워하면서 이로움을 기뻐하는 것입니다. ²남의 신하 된 자가 이로움을 생각하고서 그 임금을 섬기며, 남의 자식 된 자가 이로움을 생각하고서 그 부모를 섬기며, 남의 아우 된 자가 이로움을 생각하고서 그 형을 섬긴다면, 이것은 임금과 신하나 부모와 자식이나 형과 아우가 마침내 어질고 의로움을 버리고서 이로움을 생각하면서 서로 대하는 것입니다. 그렇게 되고서도 자신을 망치지 않은 자는 없었습니다. ³선생이 어질고 의로움으로 진나라와 초나라의 임금을 설득하고, 진나라와 초나라의 임금은 어질고 의로움을 기뻐하여 삼군의 군사를 중지시킨다면, 이것은 삼군의 군사들이 중지됨을 즐겨하면서 어질고 의로움을 기뻐하는 것입니다. ⁴남의 신하 된 자가 어질고 의로움을 생각하고서 그 임금을 섬기며, 남의 자식 된 자가 어질고 의로움을 생각하고서 그 부모를 섬기며, 남의 아우 된 자가 어질고 의로움을 생각하고서 그 형을 섬긴다면, 이것은 임금과 신하나 부모와 자식이나 형과 아우가 이로움을 버리고서 어질고 의로움을 생각하면서 서로 대하는 것입니다. 그렇게 되고서도 임금 노릇 하지 못한 자는 없었습니다. 하필 이로움을 말하십니까?"

12- 5:1 맹자가 추나라에 있을 때 계임이 임나라의 유수로 국정을

대신하면서 예물을 보내 맹자와 사귀고자 하였는데, 예물을 받고서 회답하지 않았다. 평륙땅에 있을 때 저자가 정승이 되었는데, 예물을 보내 사귀고자 하자 예물을 받고서 회답하지 않았다.

12- 5:2 뒷날 추나라에서 임나라로 가서 계자(계임)를 만나보았으나, 평륙에서 제나라로 가서는 저자를 보지 않았다. 옥려자가 기뻐하여 말했다. "내가 따져볼 거리를 얻었다."

12- 5:3 옥려자가 여쭈었다. "선생님은 임나라에 가서는 계자를 만나보셨지만, 제나라에 가서는 저자를 만나보지 않으셨으니, 저자가 정승이 되었기 때문입니까?"

12- 5:4 맹자가 대답했다. "아닐세. 『서경』(「낙고」)에서는, '예물을 드리는 데는 의례가 많은데, 의례가 예물에 미치지 못하면 예물을 드리는 것이 아니라 하니, 예물을 드리는데 뜻을 기울이지 않은 것이다.'라 하였네. 저자가 예물을 드리는 의례를 이루지 못했기 때문일세."

12- 5:5 옥려자가 기뻐하였다. 어떤 사람이 물으니, 옥려자가 대답했다. "계자는 추나라로 맹자를 찾아 갈 수 없는 형편이었지만, 저자는 평륙땅으로 찾아갈 수 있었기 때문이오."

12- 6:1 순우곤이 물었다. "명예와 공적을 앞세우는 것은 남을 위한 것이요, 명예와 공적을 가볍게 여기는 것은 자신을 위한 것입니다. 선생께서 세 사람 대신 가운데 한 사람이셨는데도, 명예와 공적을 아래나 위에 보태주지 못하고서 가시니, 어진 사람도 원래 이와 같습니까?"

12- 6:2 맹자가 대답했다. "아랫자리에 있으면서 자신의 현명함으로 못난 자를 섬기지 않은 사람은 백이요, 다섯 번 탕에게 나아가고 다섯 번 걸에게 나아간 사람은 이윤이요, 무도한

임금을 싫어하지 않고 낮은 벼슬도 사양하지 않은 사람은 유하혜라오. 세 사람은 도리가 같지 않지만, 그 방향은 한 가지요."

순우곤이 물었다. "한 가지란 무엇입니까?"

맹자가 대답했다. "어진 덕이요. 군자는 역시 어질 뿐이요. 하필 같아야 하겠소?"

12-6:3 순우곤이 물었다. "노나라 목공 때에 공의자가 정치를 담당하고, 자류와 자사가 신하로 있었으나, 노나라가 쇠약해짐이 더욱 심했습니다. 현명한 자가 나라에 무익함이 이와 같습니까?"

12-6:4 맹자가 대답했다. "우나라가 백리해를 쓰지 않아서 망하고, 진나라 목공이 그를 써서 패자가 되었소. 현명한 자를 쓰지 않으면 망할 것이니, 쇠약해지는 데서 그치겠소?"

12-6:5 순우곤이 말했다. "옛날에 왕표가 기수 강가에 거처하자 황하 서쪽 지역이 합창을 잘하였고, 면구가 고당땅에 거처하자 제나라 서쪽 지역이 노래를 잘하였고, 화주와 기량의 아내가 남편의 죽음에 곡을 잘 하자 나라의 풍속이 변하였습니다. 안에 있는 것은 반드시 밖으로 드러납니다. 일을 하고서 공적이 없는 자는 제가 일찍이 보지 못했습니다. 그러므로 현명한 자가 없는 것입니다. 있다면 제가 반드시 알 것입니다."

12-6:6 맹자가 말했다. "공자께서 노나라 형벌을 담당한 사구 벼슬을 하였지만 크게 쓰이지는 않았소. 군주를 따라 제사에 참여하였는데, 제사에 올렸던 고기를 보내오지 않자, 관을 벗지 않고 떠나버렸소. 실정을 모르는 자는 고기 때문이라 여겼고, 아는 자는 무례하기 때문이라 여겼소. 공자께서

는 작은 허물로 떠나고자 하셨고, 까닭없이 구차하게 떠나고자 하지 않았소. 군자가 하는 바를 보통사람들은 본래 알지 못하는 것이오."

12- 7:1 ¹맹자가 말했다. "패도를 행했던 다섯 사람(제 환공·진 문공·송 양공·진 목공·초 장왕)은 왕도를 행했던 세 사람(우·탕·문왕)의 죄인이요, 지금의 제후들은 패도를 행했던 다섯 사람의 죄인이고, 지금의 대부들은 지금의 제후들의 죄인이다. ²천자가 제후에게 가는 것은 '순수'라 하고, 제후가 천자에게 조회하는 것은 '술직'이라 한다. 봄에는 논밭 가는 것을 살펴서 부족한 사람을 보조해주고, 가을에는 거둬들이는 것을 살펴서 넉넉하지 못한 사람을 도와준다. ³제후의 봉지 경계에 들어가서 토지가 개간되고, 밭과 들이 경작되며, 늙은이가 봉양되고 현명한 이가 존중되며, 준수하고 걸출한 인재가 관직에 있으면 상을 주는데, 땅을 상으로 준다. 그 경계에 들어가서 토지가 황폐하며, 늙은이가 버려져 있고 현명한 인재가 임용되지 않으며, 착취하는 자들이 관직에 있으면 견책이 있다. ⁴한 번 조회하지 않으면 그 작위를 강등시키고, 두 번 조회하지 않으면 그 땅을 삭감하고, 세 번 조회하지 않으면 군대를 그곳에 이동시킨다. 이런 까닭에 천자는 죄를 징벌하지만 군사로 치지는 않고, 제후는 군사로 치지만 죄를 징벌하지는 못한다.

⁵패도를 행했던 다섯 사람은 제후를 끌어모아서 다른 제후를 치는 자이다. 그러므로 '패도를 행했던 다섯 사람은 왕도를 행했던 세 사람의 죄인이다.'라 말하는 것이다. 패도를 행했던 다섯 사람 가운데 제 환공이 강성했는데, 규구땅에서 맹약모임을 할 때, 제후들이 희생을 묶어놓고 그 위에 맹

약의 글을 실어놓았지만, 희생의 피를 입에 바르는 '삽혈'의 의례는 하지 않았다. ⁶맹약의 첫 번째 조목은, '불효한 자를 징벌하고, 태자를 바꾸지 말며, 첩으로 처를 삼지 말 것이다.'라 하였고, 두 번째 조목은, '현명한 이를 높이며 인재를 기르고, 덕이 있는 이를 표창할 것이다.'라 하고, 세 번째 조목은, '늙은이를 공경하고 어린이를 사랑하며, 귀빈과 나그네를 소홀히 잊지 말 것이다.'라 하고, 네 번째 조목은, '선비를 대대로 벼슬하게 하지 말고, 관직의 일을 겸직하지 말며, 선비의 임용은 반드시 합당한 인물을 얻도록 하며, 대부를 독단으로 죽이지 말 것이다.'라 하고, 다섯 번째 조목은, '제방을 아무 곳에나 쌓지 말고, 이웃나라에서 곡식을 수입해가는 것을 막지 말며, 대부를 봉하고서 보고하지 않는 일이 없도록 할 것이다.'라 하였다. ⁷마지막에 말하기를, '우리 동맹한 사람들은 맹약을 맺은 이후 옛날의 우호를 회복할 것이다.'라 하였다. 지금 제후들은 모두 이 다섯 가지 금지한 것을 범하고 있으니, 그러므로 '지금의 제후들은 패도를 행했던 다섯 사람의 죄인이다.'라고 하는 것이다. ⁸군주의 악을 조장하는 것은 그 죄가 작지만, 군주의 악에 영합하는 것은 그 죄가 크다. 지금의 대부들은 모두 군주의 악에 영합하니, 그러므로 '지금의 대부들은 지금의 제후들의 죄인이다.'라고 한다."

12- 8:1 노나라에서는 신자를 장군으로 삼으려고 하였다.

12- 8:2 맹자가 신자에게 말했다. "백성을 가르치지 않고 전쟁에 동원하는 것은 '백성을 재앙에 빠뜨리는 것'이라 하였소. 백성을 재앙에 빠뜨리는 자는 요와 순의 세상에서는 용납되지 않는다오. 한 번 싸워서 제나라를 이겨 마침내 남양땅을

12- 8:3   차지한다 하더라도, 그래도 옳지 않소."
신자가 발끈하며 기뻐하지 아니하여 말했다. "그런 것이야 나는 모르는 것이요."

12- 8:4   ¹맹자가 말했다. "내가 그대에게 분명하게 알려주리다. 천자의 땅은 사방이 천리인데, 땅이 천리가 못되면 제후를 대접하기에 부족하오. 제후의 땅은 사방이 백리인데, 땅이 백리가 못되면 제사드리고 천자의 조회에 참여하는 예법을 지키기에 부족하오. ²주공이 노나라에 봉해졌을 때 사방이 백리였소. 땅이 부족한 것이 아니지만, 백리보다 작게 하였던 것이요. ³태공이 제나라에 봉해졌을 때, 역시 사방이 백리였소. 땅이 부족한 것이 아니지만 백리보다 작게 하였던 것이요. ⁴지금 노나라는 사방이 백리인 땅이 다섯인데, 그대는 성군이 출현하면 노나라에서 땅을 덜어낼 것 같소? 땅을 보태줄 것 같소? ⁵한갓 저 나라에서 가져다가 이 나라에 주는 것일지라도 어진 사람은 하지 아니하는데, 하물며 사람을 죽이고서 땅을 차지하려고 하겠소? ⁶군자가 군주를 섬김은 그 군주를 마땅한 도리로 인도하여 어진 덕에 뜻을 두도록 힘쓸 뿐이요."

12- 9:1   ¹맹자가 말했다. "지금 군주를 섬긴다는 자들은, '나는 군주를 위해 토지를 개간하고, 창고를 채울 수 있다.'고 말하니, 지금의 이른바 '좋은 신하'란 옛날의 이른바 '백성을 해치는 도적'이다. 군주가 도리를 향하지 않고, 어진 덕에 뜻을 두지 않는데도 군주를 부유하게 해주려고 하니, 이것은 폭군 걸을 부유하게 하는 것이다. ²또 '나는 군주를 위해 우방국과 맹약을 맺게 하고, 전쟁에서는 반드시 이길 수 있다.'고 말하니, 지금의 이른바 '좋은 신하'란 옛날의 이른바

'백성을 해치는 도적'이다. 군주가 도리를 향하지 않고, 어진 덕에 뜻을 두지 않는데도 군주를 위해 힘써 전쟁하기를 구하니, 이것은 폭군 걸을 돕는 것이다. ³지금의 도리에 말미암아 지금의 풍속을 변화시키지 않으면, 비록 천하를 준다 하더라도 하루아침도 지탱해내지 못할 것이다."

12-10:1 백규가 물었다. "내가 20분의 1을 세금으로 걷고자 하는데, 어떻습니까?"

12-10:2 맹자가 대답했다. "그대의 법도는 오랑캐인 맥의 법도요. 10,000호가 되는 나라에 한 사람이 질그릇을 만들면 되겠소?"

12-10:3 백규가 말했다. "안되지요. 그릇이 수요에 부족합니다."

12-10:4 ¹맹자가 말했다. "맥땅에서는 오곡이 나지 않고 단지 기장이 나며, 성곽과 궁실이나 종묘에서 제사드리는 예법이 없으며, 제후들 사이에 주고받는 예물과 빈객의 접대가 없으며, 온갖 관청과 담당관리가 없기 때문에 20분의 1을 걷어도 충분하지요. ²지금 중국에 살면서 인륜을 버리고 군자를 담당관리로 쓰지 못하게 되는데, 어떻게 괜찮겠소? ³질그릇이 쓰임에 모자라도 또한 나라를 다스릴 수 없는데, 하물며 군자가 직책에 없는 경우이리오? ⁴요와 순의 법도보다 가볍게 하고자 하는 자는 큰 맥이나 작은 맥의 오랑캐이고, 요와 순의 법도보다 무겁게 하고자 하는 자는 큰 걸이거나 작은 걸의 폭군이오."

12-11:1 백규가 말했다. "제가 물을 다스린 것이 우보다 낫습니다."

12-11:2 맹자가 말했다. "그대의 말이 틀렸소. 우가 물을 다스린

것은 물의 성질을 따르는 것이오. 그래서 우는 네 바다를 골짜기로 삼아 흘러가게 한 것이고, 지금 그대는 이웃 나라를 골짜기로 삼아 흘러가게 한 것이오. 물이 거슬러 가는 것을 '강수'라 하는데, '강수'는 홍수니, 어진 사람이 싫어하는 것이오. 그대의 말이 틀렸소."

12-12:1 　맹자가 말했다. "군자가 믿음직스럽지 않으면 어떻게 지키는 바가 있겠는가?"

12-13:1 　노나라가 악정자에게 정치를 담당하게 하고자 하니, 맹자가 말했다. "나는 이 소식을 듣고 기뻐서 잠을 못잤다."

12-13:2 　공손추가 여쭈었다. "악정자는 역량이 있습니까?"
　　　맹자가 대답했다. "아닐세."

12-13:3 　공손추가 여쭈었다. "악정자는 지혜와 책략이 있습니까?"
　　　맹자가 대답했다. "아닐세."

12-13:4 　공손추가 여쭈었다. "악정자는 들어서 아는 것이 많습니까?"
　　　맹자가 대답했다. "아닐세."

12-13:5 　공손추가 여쭈었다. "그러면 어찌 기뻐하여 잠을 못 주무셨습니까?"
　　　맹자가 대답했다. "그 사람됨이 착한 말을 듣기 좋아하네."

12-13:6 　공손추가 여쭈었다. "착한 말을 듣기 좋아하는 것으로 넉넉합니까?"

12-13:7 　[1]맹자가 대답했다. "진실로 착한 말을 듣기 좋아한다면 천하에도 넉넉하니, 하물며 노나라이겠는가! [2]진실로 착한 말을 듣기 좋아하면, 온 천하 안에서 모두가 천리를 멀다하지 않고 찾아와서 착한 말로 알려줄 것일세. 진실로 착한 말을 좋아하지 않으면 사람들이 '아는 체하는 꼴이라니. 나

는 이미 알아봤다.'고 말할 것일세. 아는 체하는 목소리와 안색은 사람들을 천리 밖으로 밀어낸다네. ³선비들이 천리 밖에서 발길을 멈추고 찾아오지 않으면, 참소하고 아첨하며 면전에서 비위맞추는 사람들이 모여들 것일세. 참소하고 아첨하며 면전에서 비위맞추는 사람들과 함께 있으면, 나라를 다스리고자 하여도 다스려지겠는가?"

12-14:1 <u>진자(진진)</u>가 물었다. "옛날의 군자는 어떻게 해야 벼슬길에 나갑니까?"

12-14:2 ¹<u>맹자</u>가 대답했다. "나아가는 경우가 세 가지 있고, 떠나가는 경우가 세 가지 있소. 자기를 맞이해주는 데 공경하고 예법이 있으며, 자기가 말을 할 때 그 말을 시행하려 하면 나아가고, 자기를 공경하는 모습은 감소되지 않았으나 자기 말이 시행되지 않으면 떠나가오. ²그 다음은 비록 자기 말이 아직 시행되지 않았지만 자기를 맞이해주는 데 공경하고 예법이 있으면 나아가고, 공경하는 모습이 감소되면 떠나가오. ³그 아래로는 아침을 먹지 못하고 저녁도 먹지 못하여 굶주려서 문밖을 나가지도 못하는데, 군주가 듣고서, '내가 크게는 그의 도리를 행할 수 없고, 또 그의 말을 따르지 못하지만, 내 영토에서 그를 굶주리게 하는 것을 내가 부끄러워한다.'고 말하면서 구제해준다면, 또한 받아들일 수 있지만, 죽기를 면할 따름이오."

12-15:1 ¹<u>맹자</u>가 말했다. "<u>순</u>은 밭두렁 가운데서 발탁되었고, <u>부열</u>은 성벽을 쌓다가 등용되었으며, <u>교격</u>은 생선과 소금 파는 데서 등용되었고, <u>관이오(관중)</u>는 감옥에 갇힌 데서 등용되었으며, <u>손숙오</u>는 바다에서 등용되고, <u>백리해</u>는 저자거리에서 등용되었다. ²그러므로 하늘이 장차 이 사람에게

큰 임무를 내리려 할 때는, 반드시 먼저 그 마음과 의지를 괴롭게 하고, 그 근육과 뼈대를 수고롭게 하며, 그 신체와 살갗을 굶주리게 하고, 그 자신에게 아무 것도 없게 하여, 그가 행하는 것이 그가 해야 할 일과 어긋나서 어지럽게 한다. 그것은 마음을 격동시키고 성질을 참게 하여, 그가 할 수 없었던 것을 더욱 많이 할 수 있게 하려는 것이다. [3]사람은 언제나 잘못을 저지르고 난 다음에야 고칠 수 있으며, 마음이 괴롭고 생각이 막힌 다음에 분발하며, 안색에 나타나고 소리로 터져나온 다음에 깨닫는다. [4]들어와서는 법도 있는 집안과 보필하는 선비가 없고, 나가서는 적국과 외환이 없으면, 그런 나라는 언제나 멸망하기 마련이다. 그런 다음에야 '우환 속에서 살아갈 수 있고 안락 속에서 죽게 된다'는 것을 알 것이다."

12-16:1 맹자가 말했다. "가르치는 데에도 방법이 많다. 내가 탐탁하게 여기지 않아서 가르치지 않는다면, 그것 역시 가르치는 것일 뿐이다."

★『맹자』
13편 (진심상 盡心上)

13- 1:1 　맹자가 말했다. "자기 마음을 다 하는 자는 자기 성품을 알고, 자기 성품을 알면 하늘을 안다. 자기 마음을 간직하고 자기 성품을 배양하는 것이 하늘을 섬기는 방법이다. 일찍 죽거나 오래 사는 것에 대해 의심하지 않고, 자신을 닦아서 천명을 기다리는 것이 천명을 실현하는 방법이다."

13- 2:1 　맹자가 말했다. "천명 아닌 것이 없으니, 천명의 정당함을 순응하여 받아들여야 한다. 그렇기 때문에 천명을 아는 자는 돌담 아래에 서지 않는다. 자기의 도리를 다 하고 죽는 사람은 정당한 천명을 받은 것이요, 형벌을 받아 죽는 사람은 정당한 천명을 받은 것이 아니다."

13- 3:1 　맹자가 말했다. "덕처럼 구하면 얻게 되고, 버려두면 잃게 되는 것은 구함이 얻는 데 유익하다. 구하는 것이 나에게 있기 때문이다. 지위나 재물처럼 구하는 데 법도가 있고 얻

는 데 운명이 있는 것은 구함이 얻는 데 유익함이 없다. 구하는 것이 밖에 있기 때문이다.

13- 4:1 맹자가 말했다. "만물이 모두 나에게 갖추어져 있다. 자신을 돌이켜 보아 성실하면 즐거움이 더 클 수 없고, 힘써 자기를 미루어 남에게 이르기를 행하면, 어진 덕을 구함이 더 가까울 수 없다."

13- 5:1 맹자가 말했다. "행하면서도 뚜렷이 알지 못하고, 익숙하면서도 자세히 살피지 못하며, 죽을 때까지 이를 따르면서도 그 도리를 알지 못하는 자가 많다."

13- 6:1 맹자가 말했다. "사람이 부끄러워하는 마음이 없어서는 안 된다. 부끄러워하는 마음이 없는 것을 부끄러워하면 부끄러워할 일이 없게 될 것이다."

13- 7:1 맹자가 말했다. "사람에게 부끄러워하는 마음이 중대하다. 임기응변의 기교를 부리는 자는 부끄러워하는 마음을 써볼 데가 없다. 남만 못함을 부끄러워하지 않는다면, 어떻게 남과 같음이 있겠는가?"

13- 8:1 맹자가 말했다. "옛날의 현명한 임금은 선을 좋아하고 권세를 잊었다. 옛날의 현명한 선비인들 어찌 그렇지 않았겠는가? 자기의 도리를 즐거워하고 남의 권세를 잊었다. 그래서 임금이나 제후가 공경하여 예를 다 하지 않으면 선비를 자주 만나볼 수 없었다. 만나보는 것도 자주 할 수 없었는데, 하물며 그들을 신하로 삼을 수 있었겠는가?"

13- 9:1 맹자가 송구천에게 말했다. "그대는 유세하기를 좋아하시오? 내가 그대에게 유세하는 것에 대해 말해주리다. 남들이 자기 말을 알아주어도 태연하고 남들이 자기 말을 알아주지 않아도 태연해야 하오."

13- 9:2   송구천이 물었다. "어떻게 해야 태연할 수 있습니까?"

13- 9:3   ¹맹자가 대답했다. "덕을 높이고 의로움을 즐거워하면 태연할 수 있소. 그래서 선비는 곤궁해도 의로움을 잃지 않고, 출세해도 도리에서 벗어나지 않는 법이요. 곤궁해도 의로움을 잃지 않으니, 그래서 선비는 자기가 지키는 바를 얻는 것이고, 출세해도 도리에서 벗어나지 않으니, 그래서 백성들이 바라는 바를 잃지 않는 것이요. ²옛 사람은 뜻을 얻으면 혜택이 백성에게 더해지고, 뜻을 얻지 못하면 자신의 덕을 닦아 세상에 드러내니, 곤궁하면 홀로 그 자신을 선하게 하였고, 출세하면 천하를 아울러 선하게 하였소."

13-10:1   맹자가 말했다. "문왕이 나오기를 기다린 다음에 분발하는 자는 일반 백성이다. 만약 호걸스런 선비라면 비록 문왕이 없다 하더라도 오히려 분발한다."

13-11:1   맹자가 말했다. "춘추시대 진晉나라의 한씨와 위씨 집안의 엄청난 재산을 그에게 보태주더라도, 만약 스스로 만족스럽게 여기지 않는다면 남들보다 훨씬 뛰어난 사람이다."

13-12:1   맹자가 말했다. "편안하게 해주는 법도로 백성을 부리면 비록 수고로워도 원망하지 않으며, 살려내는 법도로 백성을 죽이면 비록 죽더라도 죽이는 자를 원망하지 않는다."

13-13:1   ¹맹자가 말했다. "패도를 행하는 자의 백성은 환호하는 듯하고, 왕도를 행하는 자의 백성은 쾌활한 듯하다. ²왕도를 행하는 자의 백성은 죽여도 원망하지 않고, 이롭게 해주어도 공적을 칭찬하지 않으며, 백성들은 날로 착한 데로 나아가면서도 누가 그렇게 해주는지를 알지 못한다. ³무릇 군자는 지나가는 자리가 교화되고, 머무는 자리가 신령스럽다. 위로 하늘과 아래로 땅과 더불어 흐름

을 같이 하니, 어찌 도움됨이 작다고 말하겠는가?"

13-14:1 맹자가 말했다. "어진 말씀은 어질다는 소문이 사람에게 깊이 스며드는 것만 못하다. 선한 정치는 선한 교화가 백성을 얻는 것만 못하다. 선한 정치는 백성이 두려워하고, 선한 교화는 백성이 사랑하며, 선한 정치는 백성의 재물을 얻고, 선한 가르침은 백성의 마음을 얻는다."

13-15:1 맹자가 말했다. "사람이 배우지 않아도 할 수 있는 것은 타고난 능력이고, 생각하지 않아도 아는 것은 타고난 지혜이다. 어린 아이가 그 어버이를 사랑할 줄 모르는 일이 없으며, 그가 자라서는 그 형을 공경할 줄 모르는 일이 없다. 어버이를 사랑하는 것은 어진 덕이요, 어른을 공경하는 것은 의로움이다. 다른 까닭이 없다. 어질고 의로움은 천하에 통하기 때문이다."

13-16:1 맹자가 말했다. "순이 깊은 산 속에 살면서 나무와 돌 틈에 거처하고, 사슴이나 멧돼지와 더불어 놀았으니, 그 깊은 산의 촌사람과 다른 점이 거의 없었다. 그가 선한 말 한마디를 듣고 선한 행실 한 가지를 보게 되면, 장강과 황하의 물을 터놓아 쏟아져 나오는 것 같아서 막을 수가 없었다."

13-17:1 맹자가 말했다. "하지 않아야 할 것을 하지 말며, 하고자 하지 말아야 할 것을 하고자 하지 말아야 한다. 이렇게 할 뿐이다."

13-18:1 맹자가 말했다. "사람이 덕행과 지혜와 학술과 슬기를 가지고 있으면 언제나 환난에 놓이기 마련이다. 오직 임금의 버림을 받은 외로운 신하와 아비의 사랑을 받지 못하는 서얼의 자식은 그 마음을 지킴이 두려워하고, 그 환난을 염려함이 깊으니, 그래서 사리에 통달한다."

13-19:1 맹자가 말했다. "군주를 섬기는 사람이 있으니, 그 군주를 섬기면서 안색을 부드럽게 하여 기쁘게 해주는 자이다. 나라를 안정시키는 신하가 있으니, 나라를 편안하게 하는 것으로 기쁨을 삼는 자이다. 천명을 따르는 백성인 '천민天民'이 있으니, 높은 지위에 올라 천하에 자기 뜻을 행할 수 있게 된 다음에 그 뜻을 행하는 자이다. 위대한 인격인 '대인大人'이 있으니, 자기를 바로잡아서 만물이 바로 잡히도록 하는 자이다."

13-20:1 ¹맹자가 말했다. "군자는 세 가지 즐거움이 있는데, 천하에서 임금노릇하는 것은 여기에 들어 있지 않다. ²부모가 모두 살아 계시고 형제에게 아무 탈이 없는 것이 첫째 즐거움이요, 우러러 하늘에 부끄럽지 않고, 굽어 살펴 사람에게 부끄럽지 않은 것이 둘째 즐거움이요, 천하의 영재를 얻어서 교육하는 것이 셋째 즐거움이다. ³군자는 세 가지 즐거움이 있는데, 천하에서 임금 노릇하는 것은 여기에 들어 있지 않다."

13-21:1 ¹맹자가 말했다. "토지를 넓히고 백성을 많이 모여들게 하는 것은 군자가 바라지만 즐거워하는 바는 여기에 있지 않다. 천하의 한 가운데 서서 온 세상의 백성들을 안정시키는 것은 군자가 즐거워하지만 본성으로 삼는 바는 여기에 있지 않다. ²군자가 본성으로 삼는 바는 비록 자기 뜻이 크게 행해지더라도 여기에 보탬이 되지 않고, 비록 곤궁하게 살더라도 여기에 손상이 되지 않으니, 분수가 정해져 있기 때문이다. ³군자가 본성으로 삼는 바는 어진 덕과 의로움과 예법과 지혜가 마음속에 뿌리 내리고 있는 것이다. 그것이 안색에 드러나면 맑고 윤택이 나서, 얼굴에 나타나고 등에 넘쳐흐르며 사지에 베풀어지니, 사지는 말하지 않아도 한

눈에 알게 해준다."

13-22:1 ¹맹자가 말했다. "백이가 주를 피해 북쪽 바닷가에 살았는데, 문왕이 일어났다는 소문을 듣고서, '어찌 그에게 돌아가지 않겠는가? 나는 서백(문왕)이 늙은이를 잘 봉양한다고 들었다.'고 하였다. ²태공이 주를 피하여 동쪽 바닷가에 살았는데, 문왕이 일어났다는 소문을 듣고서, '어찌 그에게 돌아가지 않겠는가? 나는 서백이 늙은이를 잘 봉양한다고 들었다.'고 하였다. 천하에 늙은이를 잘 봉양하는 이가 있으면, 어진 사람이 자기가 돌아갈 곳으로 삼는다. ³다섯 이랑의 집터에, 담밑에는 뽕나무를 심어 아낙네가 누에를 치면 늙은이는 넉넉히 비단옷을 입을 것이다. 다섯 마리 어미닭과 두 마리 어미돼지를 길러 번식시킬 때를 잃지 않으면 늙은이가 넉넉히 고기를 거르지 않고 먹을 것이다. 100이랑의 밭을 남정네가 경작하면 여덟 식구의 집안이 굶주리는 일이 없을 것이다. ⁴이른바 서백이 늙은이를 잘 봉양한다고 하는 것은 토지와 주택제도를 제정하며, 뽕나무 심고 가축 기르는 법을 가르쳐서, 백성의 아내와 자식들을 이끌어서 그들의 늙은이를 봉양하도록 하는 것이다. 오십 세에는 비단이 아니면 따뜻하지 않고, 칠십 세에는 고기가 아니면 배부르지 아니하다. 따뜻하지 않고 배부르지 않음을 얼고 굶주리는 것이라고 한다. 문왕의 백성에는 얼고 굶주린 늙은이가 없었다는 것은 이를 두고 말한 것이다."

13-23:1 ¹맹자가 말했다. "백성의 농토를 정비해주고, 세금을 내려주면, 백성을 부유하게 해줄 수 있다. 제철에 나는 것을 먹게 하고, 예법에 따라 쓰게 하면, 재물은 이루 다 쓸 수가 없다. ²백성들은 물과 불이 아니면 살아가지 못할 것인데,

저녁이나 밤중에 남의 집 대문을 두드려서 물과 불을 구해도, 주지 않는 자가 없는 것은 물과 불이 매우 풍족하기 때문이다. 성인이 천하를 다스리면 콩과 조를 물이나 불과 같게 하니, 콩과 조가 물이나 불처럼 풍족하다면, 백성에 어찌 어질지 않은 자가 있겠는가?"

13-24:1 ¹맹자가 말했다. "공자께서 동산에 올라가서는 노나라를 작다고 여기셨고, 태산에 올라가서는 천하를 작다고 여기셨다. 그러므로 바다를 본 자에게는 물 이야기하기가 어렵고, 성인의 문하에서 배운 자에게는 말을 하기가 어렵다. ²물을 관찰하는 데 방법이 있으니, 반드시 그 물결을 관찰해야 한다. 해와 달은 밝음이 있으니, 빛을 받아들일 수 있는 곳이면 반드시 비쳐든다. 흐르는 물이라는 것은 웅덩이를 채우지 못하면 흘러나가지 않는다. 군자가 도리에 뜻을 두었더라도 문채를 이루지 않으면 통달하지 못한다."

13-25:1 맹자가 말했다. "닭이 울면 일어나서 부지런히 힘써 선한 일을 하는 자는 순의 무리이고, 닭이 울면 일어나서 부지런히 이익 볼 일을 하는 자는 도척의 무리이다. 순과 도척의 분별을 알고자 한다면 다른 것이 없다. 이욕과 선함의 사이이다."

13-26:1 ¹맹자가 말했다. "양자(양주)는 자기를 위할 것을 주장하여, 터럭 하나를 뽑으면 천하를 이롭게 할지라도 하지 않았다. 묵자(묵적)는 아울러 사랑할 것을 주장하여, 머리끝부터 발꿈치까지 닳아 없어지더라도 천하를 이롭게 한다면 하였다. ²자막은 중간을 붙잡았다. 중간을 붙잡는 것이 도리에 가깝지만, 중간을 붙잡고서 변화에 적응함이 없으니, 한 가지를 고집하는 것과 같다. 한 가지를 고집하는 것을 미워하

는 것은 그것이 도리를 해치며, 한 가지를 내걸고 모든 것을 폐지하기 때문이다."

13-27:1 맹자가 말했다. "굶주린 자는 달게 먹고, 목마른 자는 달게 마신다. 이것은 먹고 마시는 올바른 맛을 아는 것이 아니다. 굶주리고 목마름이 입맛을 해쳤기 때문이다. 어찌 입과 배에만 굶주리고 목마름의 해로움이 있겠는가? 사람의 마음에도 다 그러한 해로움이 있다. 사람이 굶주리고 목마름의 해로움으로 마음의 해로움을 삼지 않을 수 있으면, (재물이나 지위가) 다른 사람에게 미치지 못하는 것을 근심으로 여기지 않을 것이다."

13-28:1 맹자가 말했다. "유하혜는 재상의 벼슬로 자기의 절개를 바꾸지 않았다."

13-29:1 맹자가 말했다. "하는 일이 있는 자는 비유하면 우물을 파는 것과 같다. 우물을 아홉 길이나 팠더라도 샘에 미치지 못했다면 내버려놓은 우물과 마찬가지이다."

13-30:1 맹자가 말했다. "요와 순은 본성대로 행하였고, 탕과 무왕은 몸소 체험하여 행하였고, 패도를 행했던 다섯 사람은 빌려다 썼다. 오래 빌려쓰고 돌려보내지 않았으니, 끝내 자기가 가진 것이 아님을 어찌 알겠는가?"

13-31:1 [1]공손추가 여쭈었다. "이윤이 '나는 의리를 따르지 않는 자와 친근하고자 하지 않는다. 그래서 태갑을 동땅으로 쫓아내었는데, 백성들이 크게 기뻐하였다. 태갑이 현명하게 변하자 다시 임금자리에 돌아오게 하였는데, 백성이 크게 기뻐하였다.'고 말했습니다. 현명한 자가 신하가 되어서 그 임금이 현명하지 못하면 원래 쫓아낼 수 있는 것입니까?" [2]맹자가 대답했다. "이윤과 같은 뜻을 지

니고 있다면 괜찮지만, 이유과 같은 뜻을 지니고 있지 않다면 찬탈이다."

13-32:1 ¹공손추가 여쭈었다. "『시경』(위풍: 벌단)에서는, '하는 일 없이 밥 먹지 않는다.'고 하였는데, 군자가 밭 갈지 않고서도 먹고사는 것은 무슨 까닭입니까?"

²맹자가 대답했다. "군자가 그 나라에서 사는데, 그 군주가 그를 등용하면 나라가 편안하고 부유하며 존귀해지고 영광스러워지며, 그 젊은이들이 따라가 배우면 효성스럽고 공손하며 충성스럽고 믿음 있게 되니, '하는 일 없이 밥 먹지 않는다.'는 것으로 무엇이 이보다 더 대단하겠는가?"

13-33:1 왕자 점이 물었다. "선비는 무엇을 일삼습니까?"

13-33:2 맹자가 대답했다. "뜻을 숭상합니다."

13-33:3 점이 물었다. "뜻을 숭상한다는 것은 무엇을 말합니까?"

13-33:4 맹자가 대답했다. "어질고 의로움을 행할 뿐입니다. 한 사람의 죄 없는 자를 죽이는 것은 어진 덕이 아니요, 자기가 가진 것이 아닌데 취하는 것은 의로움이 아닙니다. 사는 곳이 어디 있는가? 어진 덕입니다. 가는 길이 어디 있는가? 의로움입니다. 어진 덕에 머물러 살고 의로움에 말미암아 행하면 대인의 일이 갖추어진 것입니다."

13-34:1 맹자가 말했다. "중자(진중자)는 의롭지 않으면 제나라를 주더라도 받지 않을 것임을 사람들이 모두 믿겠지만, 이것은 한 그릇의 밥과 한 그릇의 국을 포기하는 의로움이다. 사람에게는 친척과 군신과 상하를 저버리는 것보다 더 큰 죄가 없다. 그의 작은 지조를 보고서 큰 지조도 그럴 것이라 믿는다면, 어찌 옳겠는가?"

13-35:1 도응이 여쭈었다. "순이 천자가 되고 고요가 법관이 되었

는데, 고수가 사람을 죽였다면 어떻게 했을까요?"

13-35:2 맹자가 대답했다. "체포했을 따름이지."

13-35:3 도응이 여쭈었다. "그렇다면 순이 막지 않았겠습니까?"

13-35:4 맹자가 대답했다. "순이 어찌 막을 수 있었겠느냐? 고요 에게는 부여받은 법이 있네."

13-35:5 도응이 여쭈었다. "그렇다면 순은 어떻게 하였겠습니까?"

13-35:6 맹자가 대답했다. "순은 천자의 자리 버리는 것을 떨어진 짚신 버리는 것같이 하여, 몰래 아버지를 업고 달아나 바닷 가에 가서 숨어 살면서 죽을 때까지 기뻐하고, 즐거워하여 천하를 잊었을 것일세."

13-36:1 맹자가 범땅에서 제나라 도읍으로 갔는데, 제나라 임금의 아들을 멀리서 바라보고는 길게 감탄하면서, "사는 환경이 기상을 변화시켰고, 배양됨이 체질을 변화시켰구나. 중요 하도다. 사는 환경이야 말로! 누군들 사람의 자식이 아니겠 는가?"라 하였다.

13-36:2 [1]맹자가 말했다. "왕자의 궁궐이나 수레나 말이나 의복이 야 대부분 남들과 같지만, 왕자가 저러한 것은 그가 사는 환 경이 그렇게 만든 것이다. 하물며 천하의 넓은 집인 어진 덕에 거처하는 사람이야 어떻겠는가? [2]노나라 군주가 송나 라에 가서 동남쪽 성문인 질택문에서 소리치자, 문지기가, '이 사람은 우리 군주가 아닌데, 어찌하여 그 목소리가 우리 군주와 닮았는가?'라 하였다. 이것은 다름이 아니라 사는 환경이 서로 비슷하기 때문이다."

13-37:1 맹자가 말했다. "먹이지만 사랑하지 않으면 돼지로 대하 는 것이고, 사랑하지만 공경하지 않으면 짐승으로 기르는 것이다. 공경하는 마음은 예물을 보내기 이전에 갖추어져

야 하는 것이다. 공경한다고 하면서 실상이 없으면, 군자는 이런 헛된 예절에 구애받을 수 없다."

13-38:1 　맹자가 말했다. "사람의 모습과 안색은 타고나는 것이다. 오직 성인이라야 타고난 제 모습을 온전하게 실현할 수 있다."

13-39:1 　제나라 선왕이 상례를 짧게 하려고 하자, 공손추가 여쭈었다. "1년 상복을 입는 것이 그대로 그만두는 것보다 낫지 않겠습니까?"

13-39:2 　맹자가 대답했다. "이것은 누가 형의 팔을 비틀자 자네가 말하기를, '좀 천천히 비틀게.'라고 하는 것과 같네. 역시 그에게 효도와 공손을 가르쳐주어야 할 뿐이네."

13-39:3 　왕자 가운데 그 어머니가 죽은 자가 있었는데, 그 스승이 그에게 몇 개월만이라도 상복을 입도록 청하였다. 공손추가 여쭈었다. "이 같은 자는 어떻습니까?"

13-39:4 　맹자가 대답했다. "이것은 제대로 상례를 마치고자 하여도 할 수 없는 경우이네. 비록 상복을 하루만 더 입더라도 그만두는 것보다 낫네. 먼저 경우는 금하는 사람이 없는데도 하지 않는 자를 두고 말한 것일세."

13-40:1 　맹자가 말했다. "군자가 가르치는 방법은 다섯 가지이니, 제때에 내리는 비가 초목을 변화시키듯이 하는 것이 있고, 덕을 이루게 해주는 것이 있으며, 재능을 통달하게 해주는 것이 있고, 물으면 대답해주는 것이 있으며, 다른 사람의 선함을 취하여 스스로 자신을 다스리게 하는 것도 있다. 이 다섯 가지는 군자가 가르치는 방법이다."

13-41:1 　[1]공손추가 여쭈었다. "도리는 높고도 아름다우나, 하늘에 오르는 것과 같아서 도달하지 못할 것만 같습니다. 어찌하

여 저들이 도리에 거의 도달할 수 있게 하여, 매일같이 부지런히 힘쓰도록 해주지 않습니까?"

13-41:2 맹자가 대답했다. "훌륭한 장인은 서툰 장인을 위해 먹줄을 고치거나 없애지 않으며, 예는 서툰 활잡이를 위해 활 당기는 법도를 바꾸지 않네. 군자는 활시위를 당기고서 쏘지 아니하나, 화살이 튀어 나갈듯한 자세를 보여주니, 법도에 맞게 서 있다면 능력 있는 자는 따라 갈 수 있네."

13-42:1 맹자가 말했다. "천하에 도리가 행해지면 도리가 자신을 따라가 공적을 베풀고, 천하에 도리가 행해지지 않으면 자신이 도리를 따라가 은둔한다. 도리를 가지고 남을 따라간다는 것은 아직 듣지 못하였다."

13-43:1 공도자가 여쭈었다. "등경이 선생님 문하에 있을 때, 예우해줄 바가 있는 듯하였는데, 그의 질문에 대답해주지 않으신 것은 어째서입니까?"

13-43:2 맹자가 대답했다. "신분이 귀함을 믿고서 묻거나, 현명함을 믿고서 묻거나, 나이 많음을 믿고서 묻거나, 공훈이 있음을 믿고서 묻거나, 연고가 있음을 믿고서 묻는 것은 모두 대답해 주지 않을 것인데, 등경은 그 중에 두 가지가 걸려 있었네."

13-44:1 맹자가 말했다. "그만 두어서는 안되는 데에서 그만두는 자는 그만두지 않는 것이 없고, 후하게 대해야 할 자리에 박하게 대하면 박하게 대하지 않는 일이 없다. 그 나아감이 날랜 자는 그 물러감도 빠르다."

13-45:1 맹자가 말했다. "군자는 사물에 대해 아껴주지만 어질게 대하지 않고, 백성에 대해서는 어질게 대하지만 친밀하게 하지는 못한다. 어버이를 섬겨 친밀하게 하고서, 나아가 백성을 어질게 대하며, 백성을 어질게 대하고서, 나아가 사물

을 아껴준다."

13-46:1 ¹맹자가 말했다. "지혜로운 사람은 알지 못할 것이 없겠지만, 마땅히 힘써야 할 것을 급한 것으로 삼아야 한다. 어진 사람은 사랑하지 못할 것이 없겠지만, 서둘러 현명한 인재와 친하기를 힘써야 한다. 요와 순의 지혜로도 만물을 두루 포괄하지 못한 것은 먼저 힘쓸 것을 급하게 했기 때문이다. 요와 순의 어진 덕으로도 사람을 두루 사랑하지 못한 것은 현명한 인재와 친하기를 급하게 했기 때문이다. ²3년 상을 행할 수 없으면서 3개월복인 '시마'와 5개월복인 '소공'을 따진다거나, 밥을 마구 퍼먹고 국을 소리내어 마시면서 이빨로 끊지 말라고 나무라는 것은, '힘쓸 것이 무엇인지 모른다'고 한다."

『맹자』
14편 (진심하 盡心下)

14- 1:1   맹자가 말했다. "어질지 못하도다. 양혜왕이여! 어진 자는 자기가 사랑하는 것에 대한 마음을 자기가 사랑하지 않는 것에까지 미루어가고, 어질지 않은 자는 자기가 사랑하지 않는 것에 대한 마음을 자기가 사랑하는 것에까지 미루어 간다."

14- 1:2   공손추가 여쭈었다. "무엇을 말씀하시는 것입니까?"

14- 1:3   맹자가 대답했다. "양혜왕은 땅 때문에 자기 백성을 썩어 문드러지도록 전쟁을 하다가 크게 패배했었지. 이를 보복하려 하면서, 이기지 못할까 두려워했네. 그래서 자기가 사랑하는 자제를 전쟁터에 몰아넣어 죽게 하였지. 이런 것을 두고 '자기가 사랑하지 않는 것에 대한 마음을 자기가 사랑하는 것에까지 미루어 간다.'고 하는 것일세."

14- 2:1   맹자가 말했다. "춘추시대에는 의로운 전쟁이 없었으나,

저쪽 군주가 이쪽 군주보다 낫다는 경우는 있다. 정벌은 위에서 아래를 치는 것이니, 대등한 나라 사이에는 서로 정벌하는 것이 아니다."

14- 3:1 맹자가 말했다. "『서경』을 그대로 다 믿으면 『서경』이 없는 것만 못하다. 나는 「무성」편에서 두 세 구절을 취할 뿐이다. 어진 사람은 천하에 대적할 자가 없는데, 지극히 어진 자가 지극히 어질지 못한 자를 쳤는데, 어찌 죽은 자의 피가 흘러 절굿공이가 떠다니게까지 되었겠는가?"

14- 4:1 [1]맹자가 말했다. "어떤 사람이 '나는 진법을 잘하고, 나는 전쟁을 잘한다.'고 말한다면, 그것은 큰 죄이다. [2]나라의 군주가 어진 덕을 좋아하면 천하에 대적할 자가 없을 것이니, 남쪽을 향해 정벌하면 북쪽 오랑캐가 원망하고, 동쪽을 향해 정벌하면 서쪽 오랑캐가 원망하며, '왜 우리를 뒤로 미루는가?'라 하였다. [3]무왕이 은나라를 칠 때 전차가 300대이고, 용맹한 군사가 3,000명이었다. 임금이 '두려워하지 말라. 너희를 편안하게 해주려는 것이지, 백성들을 적으로 삼으려는 것이 아니다.'라고 말했다. [4]그러자 백성들은 뿔을 땅에 박듯 머리를 조아렸다. '정벌'이란 말은 바로잡는다는 뜻이다. 각각 자기 자신을 바로잡으려 하는데, 어찌 전쟁을 하겠는가?"

14- 5:1 맹자가 말했다. "목수와 수레 만드는 장인이 남에게 걸음쇠와 곱자를 줄 수는 있겠지만, 남에게 기술을 교묘하게 해줄 수는 없다."

14- 6:1 맹자가 말했다. "순은 마른 밥 먹고 푸성귀 먹기를 죽을 때까지 할 것 같았는데, 천자가 되더니, 그림을 수놓은 옷을 입고, 거문고를 타며, 두 여인이 시종하였는데, 본래 그렇게

갖추고 살았던 것 같았다."

14- 7:1 맹자가 말했다. "나는 이제야 남의 어버이를 죽이는 것이 엄중함을 알겠다. 내가 남의 어버이를 죽이면 남도 내 어버이를 죽이고, 내가 남의 형을 죽이면 남도 내 형을 죽일 것이다. 그렇다면 자기가 죽이지 않았던 것이지만, 한 칸의 사이에 불과할 뿐이다."

14- 8:1 맹자가 말했다. "옛날에 관문을 세운 것은 난폭함을 막으려는 것이었는데, 지금에 관문을 세우는 것은 난폭함을 행하려는 것이다."

14- 9:1 맹자가 말했다. "자신이 도리를 행하지 않으면 아내와 자식에게도 도리가 행해지지 않고, 도리로 사람을 부리지 않으면 아내와 자식에게도 명령이 행해질 수 없다."

14-10:1 맹자가 말했다. "이익 추구에 빈틈없는 자는 흉년이 죽일 수 없고, 덕의 실현에 빈틈없는 자는 사악한 세상도 어지럽게 할 수 없다."

14-11:1 맹자가 말했다. "명예를 좋아하는 사람은 전차 1,000대를 가진 나라도 사양할 수 있지만, 진실로 사양받을 수 있는 사람이 아니라면, 한 그릇의 밥과 한 그릇의 국을 사양하는 일에도 싫어하는 기색이 얼굴에 나타난다."

14-12:1 맹자가 말했다. "어질고 현명한 사람을 믿지 않으면 나라가 공허하게 되고, 예법과 의리를 무시하면 상하의 질서가 어지러워지고, 정치의 실무를 무시하면 재정이 부족해진다."

14-13:1 맹자가 말했다. "어질지 못하면서 나라를 차지한 사람은 있지만, 어질지 못하면서 천하를 차지한 사람은 아직 없었다."

『맹자』 335

14-14:1 ¹맹자가 말했다. "백성이 귀중하고, 사직은 그 다음이며, 군주는 가볍다. 그러므로 백성의 마음을 얻으면 천자가 되고, 천자의 마음을 얻으면 제후가 되고, 제후의 마음을 얻으면 대부가 된다. ²제후가 나라를 위태롭게 하면 바꾸어 세운다. 제물로 바치는 희생이 살찌게 자랐고, 제사에 올릴 곡식이 정결하게 갖추어졌으며, 시기에 맞게 제사를 드리는데도, 가뭄으로 마르거나 홍수로 물이 넘치면 사직의 제단을 바꾸어 설치한다."

14-15:1 ¹맹자가 말했다. "성인은 백대의 스승이다. 백이와 유하혜가 이런 인물이다. 그러므로 백이의 풍모에 대해 들은 자는 탐욕스런 사람도 청렴해지고, 나약한 사람도 뜻을 세우게 된다. 유하혜의 풍모를 들은 자는 각박한 사람도 넉넉해지고, 편협한 사람도 너그러워진다. ²백이와 유하혜는 백대 이전에 떨쳐 일어났는데, 백대 이후에 그 풍모를 들은 자가 감동하여 분발하지 않는 자가 없다. 성인이 아니고서야 이와 같을 수 있겠는가? 하물며 직접 성인의 가르침을 받은 자야 어떠하겠는가?"

14-16:1 맹자가 말했다. "어진 덕이란 것은 사람다움이다. 어진 덕과 사람을 결합시켜 말하면 도리이다."

14-17:1 맹자가 말했다. "공자께서 노나라를 떠날 때는 '더디고, 더디구나. 내 발걸음이여!'라 말씀하셨으니, 이는 부모의 나라를 떠나는 도리이다. 제나라를 떠날 때는 물에 불렸던 쌀을 건져 가지고 떠나셨으니, 이는 다른 나라를 떠나는 도리이다."

14-18:1 맹자가 말했다. "군자(공자)가 진陳과 채 사이에서 고난을 당한 것은 위아래로 사귄 사람이 없었기 때문이다."

14-19:1　맥계가 말했다. "저는 남들의 구설수에 크게 당하고 있습니다."

14-19:2　맹자가 대답했다. "해로울 것이 없소. 선비는 구설수를 더욱 많이 당하지요. 『시경』(「패풍: 백주」)에, '근심하는 마음 가슴에 가득하구나. 여러 소인에게 노여움을 받는도다.'라 하였으니, 공자의 경우이고, 『시경』(「대아: 면」)에서는, '그 노여움을 없애지 못했으나, 또한 자신의 명예를 잃지 않았도다.'라 하였으니, 문왕의 경우요."

14-20:1　맹자가 말했다. "현명한 자는 먼저 자기를 밝게 함으로써 남을 밝게 해주는데, 오늘날 사람들은 자기의 모호함으로써 남을 밝게 하려고 하는구나."

14-21:1　맹자가 고자高子에게 말했다. "산비탈 좁은 길은 잠깐사이라도 다니면 길이 이루어지지만, 잠깐사이라도 다니지 않으면 띠풀이 막아버리네. 지금 띠풀이 그대의 마음을 막았구려."

14-22:1　고자高子가 말했다. "우의 음악은 문왕의 음악보다 훌륭합니다."

14-22:2　맹자가 물었다. "무슨 근거로 그렇게 말하는가?"
고자가 대답했다. "우의 종은 많이 연주되어 매단 끈이 끊어질 듯하기 때문입니다."

14-22:3　맹자가 말했다. "그것이 어찌 충분한 증거가 되겠는가? 성문의 수레바퀴 자국이 말 몇 필의 힘으로 그렇게 된 것이겠는가?"

14-23:1　제나라에 기근이 들자, 진진이 말했다. "나라 안의 사람이 모두 선생님이 제나라 임금께 청하여 다시 당땅의 양곡을 풀도록 하실 것이라고 하는데, 아마도 다시 청하셔서는 안

될 것입니다."

14-23:2 맹자가 말했다. "다시 그렇게 하면 풍부같이 되는 것일세. 진晉나라 사람으로 풍부라는 자가 범을 때려잡기를 잘하다가 나중에 좋은 선비가 되었네. 그후 들판에 나갔는데 여러 사람들이 범을 쫓다가 범이 험난한 곳에 의지하여 버티자 감히 다가서지 못했는데, 풍부를 바라보고는 달려가 맞이하였지. 풍부가 팔을 걷고 수레에서 내리자, 사람들은 모두 기뻐하였지만, 선비들은 비웃었다네."

14-24:1 ¹맹자가 말했다. "입이 좋은 맛에 대응하고, 눈이 아름다운 빛깔에 대응하고, 귀가 고운 소리에 대응하고, 코가 향기로운 냄새에 대응하고, 사지가 편안함에 대응하는 것은 타고난 성질이지만, 얻는지 못 얻는지는 운명이다. 군자는 이런 것을 본성이라 하지 않는다.

14-24:2 어진 덕이 부모와 자식 사이에 베풀어지고, 의로움이 임금과 신하 사이에 베풀어지고, 예법이 빈객과 주인 사이에 베풀어지고, 지혜가 현명한 자에게 밝혀지고, 성인이 하늘의 도리를 행함이 실현되는지 못 되는지는 운명이지만, 필연적인 본성이다. 군자는 이런 것을 운명이라 하지 않는다."

14-25:1 호생불해가 물었다. "악정자는 어떤 사람입니까?"
맹자가 대답했다. "선한 사람이고, 믿음직스러운 사람이요."

14-25:2 호생불해가 물었다. "무엇을 선하다 하고, 무엇을 믿음직스럽다 합니까?"

14-25:3 맹자가 대답했다. "하고자 할 만한 것을 '선하다.'하고, 그 선이 자기에게 실제로 있는 것을 '믿음직스럽다.'하며, 선을

실행하여 자기 속에 가득 차있는 것을 '아름답다.'하고, 속에 충만한 아름다움이 밖으로 밝게 빛나는 것을 '위대하다.'하며, 위대하면서 세상을 감화시키는 것을 '성스럽다.'하고, 성스러우면서 그 자취를 알 수 없는 것을 '신령스럽다.'하오. 악정자는 앞의 두 가지 가운데 있고, 뒤의 네 가지 아래에 있소."

14-26:1 맹자가 말했다. "묵적의 무리에서 도망쳐 나오면 반드시 양주의 무리로 돌아가고, 양주의 무리에서 도망쳐 나오면 반드시 유교로 돌아온다. 돌아오거든 받아들일 뿐이다. 지금 양주·묵적의 무리와 더불어 변론하는 사람은 풀어놓은 돼지를 쫓듯이 한다. 이미 돼지우리 속에 들어갔는데도 또 따라가서 다리를 묶어 놓는구나."

14-27:1 맹자가 말했다. "베와 실의 징세, 곡식과 쌀의 징세, 노동력의 징발이 있는데, 군자는 이 세 가지 가운데 하나만 적용하고, 나머지 둘은 풀어주어야 한다. 세 가지 가운데 두 가지를 적용하면 백성이 굶어죽는 자가 있게 되고, 그 세 가지를 다 적용하면 부모와 자식이 흩어지게 된다."

14-28:1 맹자가 말했다. "제후에게는 보배가 세 가지이니, 토지와 인민과 정치이다. 주옥을 보배로 여기는 자는 재앙이 반드시 자신에게 미치게 될 것이다."

14-29:1 분성괄이 제나라에서 벼슬하게 되자, 맹자가 말했다. "죽겠구나. 분성괄은."

14-29:2 분성괄이 죽임을 당하자, 제자가 여쭈었다. "선생님은 그가 죽게 될 줄을 어떻게 아셨습니까?"

14-29:3 맹자가 대답했다. "그의 사람됨이 재주는 조금 있지만, 군자의 큰 도리를 듣지 못하였으니, 자기 몸을 죽이기에 충분

했을 뿐이네."

14-30:1 맹자가 등나라에 가서 빈객을 위한 누각에 묵었다. 삼던 짚신이 창틀 위에 있었는데, 그 집 사람이 찾다가 못찾았다.

14-30:2 어떤 사람이 맹자에게 물었다. "그런 짓을 합니까? 따라 온 사람이 감춘 것입니까?"

14-30:3 맹자가 다시 물었다. "자네는 그들이 짚신 훔치러 왔다고 생각하는가?"

14-30:4 그 사람이 대답했다. "그렇지야 않겠지요. 선생님께서 가르치는 과정을 마련하시면서, 떠나가는 사람은 붙들지 않고, 찾아오는 사람은 거절하지 않으시며, 진실로 배우려는 마음으로 오면, 받아주실 뿐입니다."

14-31:1 ¹맹자가 말했다. "사람이 모두 차마 하지 못하는 것이 있으니, 그 마음을 차마 하는 것에까지 확충시키는 것이 어진 덕이다. 사람이 모두 하려고 하지 않는 것이 있으니, 그 마음을 하려고 하는 것에까지 확충시키는 것이 의로움이다. ² 사람이 남을 해치지 않으려는 마음을 확충시키면 어진 덕을 이루 다 쓸 수가 없을 것이다. 사람이 남의 집 벽을 뚫거나 담을 넘지 않으려는 마음을 확충시키면 의로움을 이루 다 쓸 수 없을 것이다. 사람이 '너 따위'라 경멸받지 않을 실상을 확충시킬 수 있으면 어디를 가도 의롭지 않을 수 없을 것이다. ³선비가 말해서는 안 되는데 말하면 이는 말로써 이익을 낚으려는 것이고, 말해야 하는데 말하지 않으면 이는 말하지 않음으로써 이익을 낚으려는 것이다. 이것이 모두 남의 집 벽을 뚫고 담을 넘는 부류이다."

14-32:1 맹자가 말했다. "말은 비근하지만 뜻이 원대한 것은 좋은 말이고, 지킴은 간략하지만 시행됨이 넓은 것은 좋은 도리

이다. 군자의 말은 눈으로 보는 일상적 일에 대한 것이라도 도리가 간직되어 있으며, 군자의 지킴은 자신을 닦아서 천하를 화평하게 하는 것이다. 사람의 병통은 자기 밭을 버려두고 남의 밭을 김매는 것이니, 남에게 요구하는 것은 엄중하게 하고 자신이 맡은 것은 소홀히 하는 것이다.

14-33:1 맹자가 말했다. "요와 순은 본성대로 살았던 분이고, 탕과 무왕은 본성을 회복하였던 분이다. 동작과 용모가 예법에 맞지 않음이 없는 것은 성대한 덕이 지극함이요, 죽은 이를 위해 곡하여 슬퍼하는 것은 산 사람에게 잘 보이려는 것이 아니며, 덕에 따라 행하고 예법을 어기지 않는 것은 녹봉을 구하는 것이 아니다. 말이 반드시 믿음직스러운 것은 나의 행실이 바름을 남에게 보여주려는 것이 아니다. 군자는 법도대로 행하고서 천명을 기다릴 따름이다."

14-34:1 ¹맹자가 말했다. "제후를 설득할 때에는 그를 가볍게 여겨서 그의 높은 지위를 보지 말아야 한다. ²전각의 높이가 두어 길이나 되고, 서까래의 끝이 두어 자나 되는 것은 내가 뜻을 얻는다 해도 그런 집에 살지 않을 것이다. 먹을 것이 앞에 사방으로 한 길이나 되고, 모시는 첩이 수백 명이 되는 것은 내가 뜻을 얻는다 해도 누리지 않을 것이다. 음악을 성대하게 벌여놓고 술 마시는 것이나 말을 달리며 사냥하는 것과 뒤 따르는 수레가 1,000대나 되는 것은 내가 뜻을 얻는다 해도 원하지 않을 것이다. 그에게 있는 것은 모두 내가 원하지 않는 것이고, 나에게 있는 것은 모두 옛 제도이니, 내가 어찌 그를 두려워하겠는가?"

14-35:1 맹자가 말했다. "마음을 수양하는 데는 욕심을 적게 하는 것보다 더 좋은 것이 없다. 그 사람됨이 욕심이 적으면 비

록 착한 성품을 잃는 일이 있더라도 그런 일이 적을 것이고, 그 사람됨이 욕심이 많으면 비록 착한 성품을 간직함이 있더라도 그런 일이 적을 것이다."

14-36:1 증석이 고욤을 즐겼는데, 증자가 차마 고욤을 먹지 못하였다.

14-36:2 공손추가 여쭈었다. "육회나 구운 고기와 고욤은 어느 것이 맛이 좋습니까?"

맹자가 대답했다. "육회와 구운 고기이지."

14-36:3 공손추가 여쭈었다. "그렇다면 증자는 어찌하여 육회와 구운 고기를 먹으면서 고욤을 먹지 않았습니까?"

14-36:4 맹자가 대답했다. "육회와 구운 고기는 다 같이 좋아하던 것이지만, 고욤은 홀로 좋아하던 것이었기 때문일세. 이름은 부르기를 피하지만 성은 부르기를 피하지 않는 것은, 성은 공동으로 가진 것이고, 이름은 혼자 가진 것이기 때문일세."

14-37:1 만장이 여쭈었다. "공자께서 진陳나라에 계실 때, '어찌 돌아가지 않으랴! 우리 고장의 젊은이들은 뜻이 크지만 일처리는 소략하여, 진취적이면서 처음 먹은 마음을 잃지 않는다.'고 말씀하셨습니다. 공자께서 진나라에 계시면서 어찌하여 노나라의 뜻이 큰 선비들을 생각하였습니까?"

14-37:2 맹자가 대답했다. "공자께서 말씀하시기를, '중용의 도리를 행하는 사람을 얻어서 함께하지 못한다면, 반드시 뜻이 크거나 지조가 굳센 사람과 함께 할 것이다. 뜻이 큰 자는 진취적이고, 지조가 굳센 자는 하지 않는 것이 있다.'고 하셨네. 공자께서 어찌 중용의 도리를 행하는 사람을 바라지 않았겠는가? 그런 사람을 반드시 얻지 못하기 때문에 그 다음가는 사람을 생각하셨던 것일세."

14-37:3　만장이 여쭈었다. "감히 여쭙겠습니다. 어떠해야 뜻이 큰 사람이라 할 수 있습니까?"

14-37:4　맹자가 대답했다. "금장(금뇌)·증석·목피 같은 사람이 공자께서 뜻이 크다고 하는 사람일세."

14-37:5　만장이 여쭈었다. "어찌하여 뜻이 큰 사람이라 합니까?"

14-37:6　¹맹자가 대답했다. "그들의 뜻이 몹시 커서, '옛 사람이여, 옛 사람이여'라 말하지만, 그들의 행실을 공평하게 살펴보면, 그들의 말을 다 실천하지는 못하고 있네. ²뜻이 큰 자를 또 얻을 수 없으면, 깨끗하지 않는 것을 달갑게 여기지 않는 선비를 얻어서 함께 하고자 하니, 이것이 지조가 굳센 사람이네. 이것이 또 그 다음가는 사람일세. ³공자께서는, '나의 문을 지나면서 내 집에 들어오지 않을지라도 내가 유감스러워 하지 않을 자는 오직 시골에서 점잖은 체하는 사람일 것이다. 시골에서 점잖은 체하는 사람은 덕을 해치는 자이다.'라 말씀하셨네."

14-37:7　만장이 여쭈었다. "어떠해야 시골에서 점잖은 체하는 사람이라 할 수 있습니까?"

14-37:8　맹자가 대답했다. "뜻이 큰 사람을 비난하여, '뜻이 어찌하여 그리 큰가? 말은 자기 행실을 돌아보지 못하고, 행실은 자기 말을 돌아보지 못하면서, 옛 사람이여, 옛사람이여 라고 하는가.'라 하고, 지조가 굳센 사람을 비난하여, '행실이 어찌하여 그리 외롭고 쓸쓸한가? 이 세상에 났으면 이 세상에 맞게 살아야지. 착하면 그만이다.'라 하면서, 몰래 세상에 아첨하는 자가 바로 시골에서 점잖은 체하는 사람이네."

14-37:9　만장이 여쭈었다. "한 고을 사람들이 모두 점잖은 사람

이라 일컫는다면, 어디를 가도 점잖은 사람이 되지 않음이 없을 것인데, 공자께서 덕을 해친다고 하신 것은 무엇 때문입니까?"

14-37:10 ¹맹자가 대답했다. "그를 비난하려 해도 드러낼 거리가 없고, 풍자하려 해도 풍자할 거리가 없다네. 유행하는 풍속에 동조하고, 혼탁한 세상에 영합하면서, 생활함은 충성스럽고 믿음직한 것 같고, 행동함은 청렴결백한 것 같아서, 대중들이 모두 기뻐하고, 자신도 옳다고 여기지만, 더불어 요와 순의 도리에 들어갈 수 없네. 그래서 '덕을 해친다.'고 하는 것일세. ²공자께서는 '겉으로는 비슷하지만 실지는 그렇지 않은 것을 미워한다. 가라지를 미워하는 것은 곡식의 싹을 어지럽힐까 두려워하기 때문이요, 말 잘 둘러대는 자를 미워하는 것은 의로움을 어지럽힐까 두려워하기 때문이다. 말이 번지르르한 자를 미워하는 것은 믿음을 어지럽힐까 두려워하기 때문이요, 정나라 노래를 미워하는 것은 음악을 어지럽힐까 두려워하기 때문이다. 자주색을 미워하는 것은 붉은색을 어지럽힐까 두려워하기 때문이요, 시골에서 점잖은 체하는 사람을 미워하는 것은 덕을 어지럽힐까 두려워하기 때문이다.'라 하셨네. ³군자는 떳떳한 도리로 돌아갈 따름일세. 떳떳한 도리가 바로잡히면 백성들에 선한 기풍이 일어나고, 백성에 선한 기풍이 일어나면 그 때에는 사특함이 없어질 것이네."

14-38:1 ¹맹자가 말했다. "요와 순으로부터 탕에 이르기까지 500여 년인데, 우와 고요는 요·순의 덕을 직접 보고서 알았고, 탕은 전해 듣고서 알았다. ²탕으로부터 문왕에 이르기까지 500여 년인데, 이윤과 내주는 탕의 덕을 직접 보고서 알았

고, 문왕은 전해 듣고서 알았다. ³문왕으로부터 공자에 이르기까지는 500여 년인데, 태공망(태공)과 산의생은 문왕의 덕을 직접 보고서 알았고, 공자는 전해 듣고서 알았다. ⁴공자로부터 지금에 이르기까지는 100여 년인데, 성인이 살았던 시대로부터 이처럼 멀지 않으며, 성인의 살던 고장과 이처럼 가깝다. 그러나 성인의 덕을 이을 사람이 없구나! 역시 성인의 덕을 이을 사람이 없구나!"

사서 인명목록

〈공자와 제자 및 후학 인명 목록〉

공　　자孔子　　　노魯. 성명:공孔-구丘(551-479B.C.). 자:중니仲尼.
공명고公明高　　　증자曾子의 제자.
공명의公明儀　　　노魯. 증자曾子의 제자.
　　　　　　　　(자장子張의 제자라는 설도 있음)
공서화公西華　　　노魯. 성명:공서公西-적赤. 자:자화子華. 42세연하.
공야장公冶長　　　노魯. 성명:공야公冶-장長. 공자의 사위.
금　　뇌琴牢　　　위衛. 성명:금琴-뢰牢. 자:자개子開·자장子張.
　　　　　　　　칭:자뢰子牢·금장琴張.
남궁괄南宮适　　　노魯. 성명:남궁南宮-괄适. 자:경숙敬叔.
　　　　　　　　남용南容과 동일인이라고도 함.
남　　용南容　　　노魯. 성명:남궁南宮-도縚. 자:자용子容.
　　　　　　　　공자의 조카사위.
담대멸명澹臺滅明　노魯. 성명:담대澹臺-멸명滅明. 자:자우子羽.
　　　　　　　　39세 연하.
무마기巫馬期　　　노魯. 성명:무마巫馬-시施. 자:자기子期·子旗.

민자건閔子騫	노魯. 성명:민閔-손損. 자:자건子騫. 15세연하.
백 어伯魚	노魯. 성명:공孔-리鯉. 자:백어伯魚. 19세연하. 공자의 아들.
백 우伯牛	노魯. 성명:염冉-경耕. 자:백우伯牛.
번 지樊遲	제齊. 성명:번樊-수須. 자:자지子遲. 36세연하.
사마우司馬牛	송宋. 성명:사마司馬-리犂. 자:자우子牛. 환퇴桓魋의 아우.
신 상申詳	진陳. 자장子張의 아들. 자유子游의 사위.
신 정申棖	노魯. 성명:신申-정棖. 자:자주子周.
심유행沈猶行	노魯. 성명:심유沈猶-행行. 증자曾子의 제자.
안 로顔路	노魯. 성명:안顔-무요無繇. 자:계로季路. 6세연하. 안연의 아버지.
안 연顔淵	노魯. 성명:안顔-회回. 자:자연子淵 30세연하. 칭:안자顔子.
양 부陽膚	노魯. 증자曾子의 제자.
염백우冉伯牛	노魯. 성명:염冉-경耕. 자:백우伯牛. 7세연하.
염 유 冉有	노魯. 성명:염冉-구求. 자:자유子有. 29세연하.
원 헌原憲	노魯. 성명:원原-헌憲. 자:자사子思.
유 자有子	노魯. 성명:유有-약若. 자:자유子有. 43세연하.
임 방林放	노魯.
자 고子羔	위衛. 성명:고高-시柴. 자:자고子羔. 30세연하.
자 공子貢	위衛. 성명:단목端木-사賜. 자:자공子貢. 31세연하.
자 금子禽	진陳. 성명:진陳-항亢. 자:자금子禽. 40세연하. 칭:진자금陳子禽.
자 로子路	변卞. 성명:중仲-유由. 자:자로子路. 9세연하. 칭:계로季路.
자 사子思	노魯.성명:공孔-급伋. 공자의 손자.
자 양子襄	증자曾子의 제자.
자 유子游	오吳. 성명:언言-언偃. 자:자유子游. 45세연하.
자 장子張	진陳. 성명:전손顓孫-사師. 자:자장子張. 48세연하.

자 천子賤	노魯. 성명:복宓-부제不齊. 49세연하.
자 하子夏	위衛. 성명:복卜-삼商. 자:자하子夏. 44세연하.
장 식長息	증자曾子의 제자인 공명고公明高의 제자.
재 아宰我	노魯. 성명:재宰-여予. 자:자아子我.
중 궁仲弓	노魯. 성명:염冉-옹雍.
증 서曾西	노魯. 성명:증曾-신申. 자:자서子西. 증자曾子의 손자.
증 석曾晳	노魯. 성명:증曾-점點. 자:자석子晳. 증자의 부친
증 원曾元	노魯 증자曾子의 아들.
증 자曾子	노魯. 성명:증曾-참參. 자:자여子輿. 46세연하.
칠조개漆雕開	노魯. 성명:칠조漆雕-개開. 자:자개子開.

〈맹자와 제자 인명목록〉

맹 자孟子	추鄒. 성명:맹孟-가軻 자:자여 子輿.
고 자高子	제齊.
공도자公都子	성명:공도公都-?.
공손추公孫丑	제齊. 성명:공손公孫-추丑.
도 응桃應	미상.
등 경滕更	등滕. 군주의 아우.
만 장萬章	제齊. 성명:만萬-장章.
맹중자孟仲子	추鄒. 맹자의 종제從弟.
서 벽徐辟	미상.
악정자樂正子	노魯. 성명:악정樂正-극克.
옥려자屋廬子	명:련連.
진 대陳代	미상.
진 진陳臻	성명:진陳-진臻. 칭:진자陳子.
충 우充虞	미상.
팽 갱彭更	제齊.
함구몽咸丘蒙	성명:함구咸丘-몽蒙. 함구咸丘는 본래 노魯의 지명.

〈기타 인명 목록〉

간 干		노魯. 악관樂官. 아반亞飯을 담당.
간 공簡公		제齊. 제후. 명: 임壬.
갈 백葛伯		갈葛. 제후.
거백옥蘧伯玉		위衛. 대부. 성명:거蘧-원瑗.
걸 桀		하夏. 천자. 시호:걸桀 하의 마지막 천자. 폭군.
걸 닉桀溺		초楚. 은사.
결 缺		노魯. 악관樂官. 사반四飯을 담당.
경 공景公		제齊. 제후. 명: 저구杵臼 시호:경景.
경추씨景丑氏		제齊. 대부. 성명:경景-추丑.
경 춘景春		맹자와 같은 시대에 살았던 종횡가縱橫家.
계 啓		하夏. 천자. 명:개開라고도 함. 우禹의 아들.
계강자季康子		노魯. 경卿. 성명:계손季孫-비肥. 시호:강康. 칭:강자康子.
계문자季文子		노魯. 대부. 성명:계손季孫-행보行父. 시호:문文.
계손씨季孫氏		미상. 맹자의 제자라는 설은 잘못된 것이라 봄.
계 임季任		임任. 성:풍風 임任나라 군주의 아우.
계환자季桓子		노魯. 대부. 성명:계손季孫-사斯. 시호:환桓. 계강자季康子의 아버지.
계 씨季氏		노魯. 대부. 성명:계손季孫-의여意如. 칭:평자平子. 계우季友후손.
계자연季子然		노魯. 대부. 성:계손季孫. 평자平子(意如)아들, 환자桓子의 아우.
고 수瞽瞍		순舜의 아버지. 악독한 인간.
고 요皐陶		순舜임금때 재상.
고 자告子		성명:고告-불해不害. 호생불해好生不害 · 고자승告子勝과 동일인지 의문.
고 자高子		제齊. 맹자가 고노인(高叟)이라 칭함. 맹자의 제자라는 설은 부정됨.

사서 인명목록 349

고 종高宗		은殷. 천자. 명:무정武丁.
곤 鯀		우禹의 아버지. 호:숭백崇伯.
		치수治水에 실패하여 순舜에게 죽임을 당함.
공거심孔距心		제齊. 대부. 성명:공孔-거심距心.
		제나라 평륙平陸의 읍재邑宰.
공 공共工		공공共工은 원래 수관水官의 명칭.
		사흉四凶의 하나. 순舜이 유배보냄.
공 류公劉		후직后稷의 후손. 주周를 창업한 시조.
공명가公明賈		위衛. 성명:공명公明-가賈.
		당시 공숙문자公叔文子의 가신.
공문자孔文子		위衛. 대부 성명:공길孔姞-어圉. 시호:문文.
		칭:중숙어仲叔圉
공백료公伯寮		노魯. 성명:공公-백료伯寮. 자:자주子周
공산불요公山弗擾		노魯. 성명:공산公山-불요弗擾. 자:자설子洩.
		비費땅의 읍재邑宰였음.
공손연公孫衍		위魏. 성명:공손公孫-연衍.
		진秦나라를 위해 활동한 종횡가縱橫家.
공손조公孫朝		위衛. 대부.
공수자公輸子		노魯. 성명:공수公輸-반般[班]. 뛰어난 장인匠人.
공숙문자公叔文子		위衛. 대부. 성명:공손公孫-발拔[枝]. 시호:문文
공의자公儀子		노魯. 박사博士. 성명:공의公儀-휴休.
공행자公行子		제齊. 대부.
관 숙管叔		주周. 제후.
		주공周公의 형이라는 설과 아우라는 설이 있음.
관 중管仲		제齊. 대부. 성명:관管-이오夷吾
광 장匡章		제齊. 장수. 맹자의 제자라는 설이 있음.
교 격膠鬲		은殷. 주紂의 신하.
구 범舅犯		진晉. 명:호언狐偃. 자:자범子犯. 문공文公의 삼촌.
구 천句踐		월越. 제후.

궁지기宮之奇	우虞. 현명한 신하.	
규 규糾	제齊. 공자公子. 희공僖公의 아들. 환공桓公의 형.	
극자성棘子成	위衛. 대부.	
기 량杞梁	제齊. 대부. 성명:기杞-식殖. 자:량梁.	
기 자箕子	은殷. 제후. 명:서여胥餘. 주紂의 숙부.	
	기箕는 봉국封國. 자子는 작위.	
남 자南子	송宋. 위衛영공靈公의 부인.	
노 공魯公	노魯. 제후. 성명:희姬-백금伯禽. 주공周公의 아들.	
노 팽老彭	은殷. 대부. 현인賢人.	
단간목段干木	진晉. 성명:단간段干-목木.	
단 주丹朱	명:주朱. 단丹에 봉封해짐. 요堯의 아들.	
담대멸명澹臺滅明	성명:담대澹臺-멸명滅明. 자-자우子羽.	
대불승戴不勝	송宋. 신하.	
대영지戴盈之	송宋. 대부. 대불승戴不勝과 같은 인물?	
도 척盜蹠	명:척蹠(跖). 춘추시대 큰 도적. 유하혜柳下惠의 아우?	
동곽씨東郭氏	제齊. 대부.	
료 료繚	노魯. 악관樂官. 삼반三飯을 담당.	
맥 계貉稽	성명:맥貉-계稽. 벼슬하던 사람.	
맹경자孟敬子	노魯. 대부. 성명:중손仲孫-첩捷. 시호:경敬.	
	맹무백의 아들.	
맹계자孟季子	미상. 계자季子라는 인물로 보는 설.	
	임계任季와 동일인이라는 설.	
맹공작孟公綽	노魯. 대부.	
맹무백孟武伯	노魯. 대부. 성명:중손仲孫-체彘. 시호:무武.	
	맹의자의 아들.	
맹시사孟施舍	성명:맹孟-시사施舍(孟施-舍).	
맹의자孟懿子	노魯. 대부. 성명:중손仲孫-하기何忌. 시호:의懿.	
맹장자孟莊子	노魯. 대부. 성명:중손仲孫-속速. 시호:장莊.	
맹지반孟之反	노魯. 대부. 성명:맹孟-지측之側. 자:자반子反.	

맹헌자孟獻子	노魯. 대부. 성명:중손仲孫-멸蔑.
면　구緜駒	제齊. 읍봉揖封. 노래를 잘한 사람.
목　공穆公	추鄒. 제후.
목　공穆公	진秦. 제후. 명:임호任好. 진秦덕공德公의 아들.
목　공繆公	노魯. 제후. 성명:희姬-현顯.
목　중牧仲	노魯. 맹헌자孟獻子의 벗.
무　　武	노魯. 악관樂官. 도鼗를 담당.
무　왕武王	주周. 천자 성명:희姬-발發. 문왕의 아들 주공의 형.
무　정武丁	은殷. 천자. 은殷의 고종高宗.
묵　적墨翟	송宋. 명:적翟. 춘추전국시대 사상가. 겸애설兼愛說.
문　공文公	진晉. 제후. 명:중이重耳. 춘추시대 오패五霸의 한 사람.
문　공文公	등滕. 제후. 정공定公의 아들.
문　왕文王	주周. 제후. 성명:희姬-창昌. 무왕의 아버지.
문　후文侯	위魏. 제후.
미생무微生畝	은사隱士. 성명:미생微生-무畝.
미　자微子	은殷. 명:계啓. 주紂의 서형庶兄. 미微는 봉국封國. 자子는 작위.
미　자彌子	위衛. 위衛영공靈公이 총애하는 신하.
미　중微仲	은殷. 명:연衍. 미자微子의 아우.
방　몽逄蒙	하夏. 이름(逄蒙·蓬蒙·蠭門·逢門) 여러 가지로 표기. 예羿의 제자.
방　숙方叔	노魯. 악관樂官. 고鼓를 담당.
백　규白圭	주周. 성명:백白-단丹. 자:규圭.
백리해百里奚	우虞. 진秦목공穆公의 현명한 신하.
백　씨伯氏	제齊. 대부.
백　이伯夷	고죽국孤竹國 임금의 아들. 숙제의 형.
백　익伯益	순舜 시대 동이東夷부족의 족장. 영嬴씨 성姓의 시조.
변장자卞莊子	노魯. 변읍卞邑대부.
부　열傳說	은殷 명:열說. 부험傳險에서 성벽을 쌓고 있는데

		은왕殷王 무정武丁이 발탁.
부	추負芻	사람이름. 이름이 아니라 '나무꾼'을 말한 것이라는 설.
북궁기北宮錡		위衛. 성명:북궁北宮-기錡.
북궁유北宮黝		제齊. 성명:북궁北宮-유黝.
분성괄盆成括		성명:분성盆成-괄括. 『안자춘추晏子春秋』에 동명이인.
비	간比干	은殷. 주紂의 숙부.
비	렴比廉	은殷. 주紂에 아부하던 신하.
비	심裨諶	정鄭. 대부. 성명:비裨-조竈. 자:심諶(煁).
사	광師曠	진晉 평공平公때 태사太師(樂長). 음률을 잘 분별함.
사	면師冕	명: 면冕. 악사. 맹인이었음.
사성정자司城貞子		진陳. 공손정자公孫貞子와 동일인.
사	어史魚	위衛. 대부. 성명:사史-추鰌. 자:백어伯魚. 사史는 관직이라함.
사	윤史尹	주周. 태사太師. 성:윤尹. 사윤史尹이 관직명칭이라는 견해도 있음.
삼	묘三苗	제후. 진운씨縉雲氏 후예. 호:도철饕餮. 사흉四凶의 하나. 원래 나라이름.
삼	환三桓	노魯 환공桓公의 자손으로.
상	象	순舜의 이복동생.
서	시西施	월越. 춘추시대 절세미인.
선	僎	위衛. 대부. 공숙문자公叔文子의 가신이었다.
선	왕宣王	제齊. 제후. 명:벽강辟疆. 위왕威王의 아들.
설	契	요堯임금 때 교육 담당 신하. 은殷왕조 조상.
설거주薛居州		송宋. 신하.
설	류泄柳	노魯. 자:자류子柳. 목공繆公때의 현인.
섭	공葉公	초楚. 대부. 명:제량諸梁. 자:자고子高.
상	象	순舜의 이복異腹아우. 악독한 자.
성	간成覸	제齊. 용맹한 신하.

사서 인명목록 353

세 숙世叔	정鄭. 대부. 명:유길游吉. 칭:자대숙子大叔.
소 공昭公	노魯. 제후. 성명:희姬-주稠.
소 런少連	동이東夷사람.
소 홀召忽	제齊. 공자公子 규糾의 가신家臣.
손숙오孫叔敖	초楚. 영윤令尹. 초楚 장왕莊王이 발탁.
송 경宋牼	송宋. 명:경牼. 송견宋鈃·송영宋榮과 동일인.
송구천宋句踐	성명:송宋-구천句踐.
송 조宋朝	송宋. 공자公子.
숙손무숙叔孫武叔	노魯. 대부. 성명:숙손叔孫-주구州仇. 시호:武.
숙 제叔齊	고죽국孤竹國 임금의 아들. 백이의 아우.
순 舜	우虞. 천자. 호:중화重華. 고수瞽叟의 아들. 칭:도군都君.
순우곤淳于髡	제齊. 성명:순우淳于-곤髡.
시 자時子	제齊. 신하.
신 농神農	전설상의 고대 제왕 염제炎帝. 처음 농사법을 가르침.
신 자愼子	명:활리滑釐. 법가法家에 속하는 신도愼到라는 설.
신 정申棖	노魯.
심 동沈同	제齊. 대신.
악정구樂正裘	노魯. 맹헌자孟獻子의 벗.
안 반顔般	비費. 혜공惠公의 벗.
안수유顔讎由	위衛. 대부.
안평중晏平仲	제齊. 대부. 성명:안晏-영嬰. 시호:평平. 환자桓子의 아들.
애 공哀公	노魯. 제후. 성명:희姬-장蔣. 정공定公의 아들.
양 陽	노魯. 악관樂官. 소사少師의 직책.
양 襄	노魯. 악관樂官. 경磬을 담당.
양양왕梁襄王	위魏. 제후. 시호:양襄. 혜왕惠王을 이어 즉위.
양 주楊朱	위魏. 자:자거子居. 전국시대 사상가. 위아설爲我說.

양혜왕梁惠王		위魏. 제후. 명:앵罃. 시호:혜惠. 대량大梁에 도읍. 칭:양혜왕.
양 화陽貨		노魯대부. 성명:양陽-호虎. 字:화貨.
여 厲		주周천자 폭군.
역 아易牙		옹雍. 명:무巫. 자:역아易牙. 제齊 환공桓公의 신하. 칭:옹무雍巫.
연 우然友		등滕. 문공文公이 세자시절 사부師傅.
영 공靈公		위衛. 제후.
영무자甯武子		위衛. 대부. 성명:영甯-유兪. 시호:무武.
예 羿		하夏. 제후. 유궁국有窮國군주. 활을 잘 쏘았음. 제자 방몽逄蒙에게 피살.
오 奡(傲)		단주丹朱(요堯의 아들)의 무리. 기운이 세었음.
오맹자吳孟子		오吳. 성명:희姬-맹자孟子. 노魯 소공昭公의 부인. 칭:오희吳姬.
오 획烏獲		진秦무왕武王때 역사力士. 3천근을 들었음.
옹 저癰疽		위衛. 옹거雍渠·옹서雍鉏·옹저雍雎로도 기록. 환관 혹은 의원이라 함.
왕 계王季		문왕文王의 아버지.
왕 량王良		진晉. 일명:우무휼郵無恤. 전국시대 뛰어난 말몰이꾼.
왕손가王孫賈		위衛. 대부.
왕 순王順		비費혜공惠公의 신하.
왕 표王豹		위衛. 노래를 잘한 사람.
왕 환王驩		제齊. 대부. 자:자오子敖. 합蓋의 읍재邑宰였음.
외 병外丙		은殷. 왕자. 탕湯의 아들. 태정太丁의 아우. 명:복병卜丙이라고도 함.
요 堯		당唐. 천자. 호:방훈放勳. 제곡帝嚳의 아들.
용 자龍子		미상. 옛 현인이라 함.
우 禹		하夏. 천자. 성명:사姒-문명文命. 곤鯀의 아들.
우 중虞仲		주周. 중옹仲雍의 손자 오자吳子 주장周章의 아우.

사서 인명목록 355

		무왕이 우虞에 봉함.
원	양原壤	노魯. 공자의 옛 친구.
위	씨魏氏	진晉. 경卿.
유	유幽	주周. 천자. 폭군
유공지사庾公之斯		위衛. 대부.
유	비孺悲	노魯.
유하혜柳下惠		노魯. 대부. 성명:전展-획獲. 자:금禽. 시호:혜惠. 칭:전금展禽. 유하柳下는 식읍.
윤공지타尹公之他		유공지사庾公之斯의 활쏘기 스승.
윤	사尹士	제齊.
이	루離婁	이주離朱. 황제黃帝때 인물. 시력이 극히 뛰어남.
이	윤伊尹	은殷. 재상. 명:아형阿衡. 탕湯의 신하.
이	일夷逸	미상.
이	지夷之	미상. 묵가墨家학설의 신봉자.
익	益	백익伯益. 요堯·순舜의 신하.
자	도子都	미남자. 정鄭장공莊公때의 공손알公孫閼과 동일인?
자	류子柳	설류泄柳.
자	막子莫	노魯.
자	문子文	제齊. 대부. 성명:투鬪-곡어토穀於菟. 자:자문子文. 투백비鬪伯比의 아들.
자복경백子服景伯		노魯. 대부. 성명:자복子服-하何. 자:백伯 시호:경景. 맹손씨孟孫氏의 별족別族.
자	산子產	정鄭. 대부. 성명:공손公孫-교僑. 호:동리東里. 칭:정자산鄭子產. 목공穆公의 손자.
자	서子西	초楚. 공자. 명:신申. 자사子駟의 아들 공손하公孫夏?
자상백사子桑伯子		노魯.
자숙의子叔疑		미상. 맹자의 제자라는 설은 잘못된 것이라 봄.
자	우子羽	정鄭. 대부. 성명:공손公孫-휘揮(翚).
자	지子之	연燕. 재상. 자쾌子噲로부터 국권을 물려받음.

356 우리말 사서

		제齊선왕宣王의 침공에 패배.
자	쾌子噲	연燕. 제후. 재상 자지子之에게 국권을 물려줌.
자탁유자子濯孺子		정鄭. 대부.
장무중臧武仲		노魯. 대부. 성명:장손臧孫-흘紇. 장문중臧文仲의 손자.
장문중臧文仲		노魯. 대부.
장	식長息	비費혜공惠公의 신하.
장	의張儀	위魏. 진秦나라를 위해 연횡책連橫策을 제시한 종횡가縱橫家.
장	저長沮	초楚. 은사.
장	창臧倉	노魯. 노魯평공平公이 총애하던 소신小臣.
장	포莊暴	제齊. 제齊선왕宣王의 신하.
저	자儲子	제齊. 제齊민왕閔王때의 재상으로 짐작되기도 함.
점	점墊	제齊. 왕자. 성명:강姜-점墊. 칭:왕자점王子墊.
접	여接輿	초楚. 은사. 성명:육陸-통通. 자:接輿.
정	공定公	노魯. 제후. 명:송宋. 양공襄公의 아들. 소공昭公의 아우.
정	공定公	등滕. 제후. 문공文公의 아버지.
조간자趙簡子		진晉. 정경正卿. 성명:조趙-앙鞅.
조	교曺交	조曺. 군주의 아우 명:교交. 의문점이 제기되고 있음.
조	맹趙孟	진晉. 정경正卿. 성명:조순趙盾. 자:맹孟.
조	씨趙氏	진晉. 경卿.
좌구명左丘明		노魯. 관:태사太史
주	紂	은殷. 천자. 명:신辛. 자:수受. 시호:주紂. 은의 마지막 임금. 폭군.
주	周	진陳. 제후. 진陳회공懷公의 아들. 초楚에 멸망되어 시호가 없음.
주	공周公	주周. 성명:희姬-단旦. 문왕의 아들. 무왕의 아우.
주	소周霄	위魏.

사서 인명목록 357

주	임周任	주周. 대부. 옛날의 훌륭한 사관史官.
주	장朱張	자:자궁子弓.
중	임仲壬	은殷. 왕자. 탕湯의 아들. 태정太丁의 아우.
		명:중임中任이라고도 함.
지	지摯	노魯. 악관樂官. 태사大師의 직책.
		칭:사지師摯・태사지大師摯.
지	와蚳鼃	제齊. 대부.
직	직稷	후직后稷. 그의 자손이 주周나라를 세움.
진	가陳賈	제齊. 대부.
진	대陳戴	제齊. 진중자陳仲子의 형.
진	량陳良	초楚. 중원에 와서 유도儒道를 배웠음.
진문자陳文子		제齊. 대부. 성명:진陳-수무須無.
진	상陳相	진량陳良의 제자.
진성자陳成子		제齊. 대부. 성명:진陳-항恒.
진	신陳辛	진량陳良의 제자. 진상陳相의 아우.
진중자陳仲子		제齊. 전중田仲. 오릉於陵에서 살았음.
		맹자의 제자라는 설이 있음.
척	환瘠環	제齊. 성명:척瘠-환環.
		군주 측근의 시종 혹은 환관이라 봄.
최	자崔子	제齊. 대부. 성명:최崔-저杼.
축	타祝鮀	위衛. 대부. 자:자어子魚. 종묘의 축관.
탕	탕湯	은殷. 천자. 성명:자子-리履(본명:天乙).
		칭:탕湯, 성탕成湯.
태	갑太甲	은殷. 천자. 탕湯의 손자. 태정太丁의 아들.
태	공太公	성명:강姜(여呂)-상尙.
		칭:강태공姜太公・태공망太公望・강자아姜子牙.
태	백泰伯	주周. 태왕大王의 큰 아들.
		아우 계력季歷에게 왕위를 양보.
태	왕太王	주周. 명:단보亶父. 호:고공古公.

		추존:태왕太王 문왕文王의 조부.
태	정太丁	은殷. 태자. 탕湯의 태자.
평	공平公	노魯. 제후. 명:숙叔. 시호:평平.
		노魯 경경景公의 아들.
평	공平公	진晉. 제후.
풍	부馮婦	진晉. 성명:풍馮-부婦.
필	전畢戰	등滕. 문공文公의 측근 신하.
필	힐佛肹	진晉. 중모中牟의 읍재邑宰.
		조간자趙簡子의 가신家臣.
해	奚	진晉. 조간자趙簡子가 총애하던 하급 신하.
해	당亥唐	진晉. 은사. 진晉평공平公의 존중을 받았음.
허	행許行	초楚. 성명:허許-행行. 농가農家에 속하는 사상가.
혁	추奕秋	명:추秋 바둑을 잘두어 혁추奕秋라 일컬음.
형	荊	위衛. 공자公子.
혜	공惠公	비費. 제후. 비費는 노魯의 부용국 설과 비費에
		도읍한 허활虛滑의 활비滑費 설.
호생불해浩生不害		제齊. 성명:호생浩生-불해不害.
호	흘胡齕	제齊. 선왕宣王의 측근 신하.
화	주華周	제齊. 대부. 성명:화華-선旋. 자:주周.
환	공桓公	제齊. 제후. 성명:강姜-소백小白. 춘추 오패의 한 사람.
환	두驩兜	요堯·순舜 때에 대신이었던 인물. 사흉四凶의 하나.
환	퇴桓魋	송宋. 성명:향向-퇴魋. 관:사마司馬. 사마우司馬牛의 형.
효	공孝公	위衛. 제후. 출공出公 첩輒으로 봄.
후	직后稷	명:기棄. 요堯임금때 농사를 담당한 신하.
		주周왕조의 시조.

금장태(琴章泰)

1943년 부산 생
서울대 종교학과 졸업
성균관대 대학원 동양철학과 수료(철학박사)
동덕여대·성균관대·서울대 교수역임
현 서울대 종교학과 명예교수

• 주요저서
『비판과 포용-한국실학의 정신』
『귀신과 제사-유교의 종교적 세계』
『한국유교와 타종교』
『퇴계평전-인간의 길을 밝혀준 스승』
『율곡평전-나라를 걱정한 철인』
『다산평전-백성을 사랑한 지성』
『경전과 시대-한국 유학의 경전활용』
『실학과 서학-한국근대사상의 원류』
『선비의 가슴 속에 품은 하늘』
『솔바람 계곡 물소리』 외

우리말 사서

초판 인쇄 | 2013년 10월 30일
초판 발행 | 2013년 11월 6일

저　　자　금장태

책임편집　손경아

발 행 인　윤석원
발 행 처　도서출판 지식과교양
등록번호　제 2010-19호
주　　소　서울시 도봉구 창5동 262-3번지 3층
전　　화　(02) 900-4520 (대표)/ 편집부 (02) 900-4521
팩　　스　(02) 900-1541
전자우편　kncbook@hanmail.net

ⓒ 금장태 2013 All rights reserved. Printed in KOREA

ISBN 978-89-6764-033-0　93810　　　　　　　　정가 25,000원

저자와 협의하여 인지는 생략합니다. 잘못된 책은 바꾸어 드립니다.
이 책의 무단 전재나 복제 행위는 저작권법 제98조에 따라 처벌받게 됩니다.

이 도서의 국립중앙도서관 출판도서목록(CIP)은 e-CIP홈페이지(http://www.nl.go.kr/ecip)에서
이용하실 수 있습니다. (CIP제어번호: CIP2013022331)